国家出版基金项目
NATIONAL PUBLICATION FOUNDATION

清宫林則徐檔案匯編

25

中國第一歷史檔案館
福建省林則徐研究會
編

海峽出版發行集團
海峽文藝出版社

第二五册 目録

大學士穆彰阿等奏摺	議覆布彥泰奏全慶林則徐查勘和闐地畝請安回户情形摺	道光二十五年七月十八日 一八四五年八月二十日	一
上諭	著布彥泰等傳知全慶林則徐履勘塔爾納沁官荒情形	道光二十五年七月二十五日 一八四五年八月二十七日	一四
大學士穆彰阿等奏摺	議覆布彥泰奏全慶林則徐勘明葉爾羌荒地請給回户承種摺	道光二十五年七月二十六日 一八四五年八月二十八日	一五
大學士穆彰阿等奏摺	議覆全慶林則徐勘辦喀喇沙爾續墾荒地招户事宜	道光二十五年八月十八日 一八四五年九月十九日	二六
伊犁將軍布彥泰奏片	遵旨令全慶林則徐查勘塔爾納沁官荒林則徐差竣何往請旨	道光二十五年八月 一八四五年九月 *	三六

上諭	林則徐效力墾荒著有微勞著回京以四五品京堂候補	道光二十五年九月二十八日 一八四五年十月二十八日	四〇
上諭	著林則徐於布彥泰未赴新任之前署理陝甘總督	道光二十五年十一月初四日 一八四五年十二月二日	四一
上諭	著林則徐迅赴署理陝甘總督	道光二十五年十一月初四日 一八四五年十二月二日	四二
大學士穆彰阿等奏摺	會議布彥泰奏全慶林則徐查勘回疆新墾地畝給回民承種摺	道光二十五年十一月初五日 一八四五年十二月三日	四三
上諭	著林則徐將伊犁應需餉乾等銀附入伊犁正項餉銀一併撥解	道光二十五年十二月十六日 一八四六年一月十三日	五七
署理陝甘總督林則徐題本	題報接陝甘總督印任事日期	道光二十五年十二月十八日 一八四六年一月十五日	五八
上諭	著林則徐督飭將弁嚴密巡防保護馬場	道光二十五年十二月二十三日 一八四六年一月二十日	六三
上諭	著布彥泰林則徐妥議約束伯克以防科斂回民事	道光二十六年正月十三日 一八四六年二月八日	六五
上諭	著林則徐督飭將弁東西兩路剿番妥速議奏	道光二十六年正月十八日 一八四六年二月十三日	六七
上諭	著照林則徐所請遴員陞補邊要副將遊擊各缺	道光二十六年正月十八日 一八四六年二月十三日	六九

署理陝甘總督林則徐奏摺	奏報甘肅省上年十二月份糧價及二十六年正月份得雪情形	道光二十六年二月初十日 一八四六年三月七日	一二二
署理陝甘總督林則徐清單	甘肅省道光二十五年十二月份糧價清單	道光二十六年二月初十日 一八四六年三月七日	一二五
署理陝甘總督林則徐清單	甘肅省道光二十六年正月份得雪清單	道光二十六年二月初十日 一八四六年三月七日	一三七
署理陝甘總督林則徐奏片	甘肅省道光二十六年正月份收捐監生銀兩及實存藩庫銀數	道光二十六年二月初十日 一八四六年三月七日	一四〇
署理陝甘總督林則徐等奏摺	拏獲貴德廳搶劫拒捕番犯加科等審明分別定擬	道光二十六年二月初十日 一八四六年三月七日	一四四
署理陝甘總督林則徐奏片	遵旨函商新疆南路八城回民生計情形	道光二十六年二月初十日 一八四六年三月七日 *	一五六
上諭	著林則徐與達洪阿胡超布置堵剿防守機宜	道光二十六年二月十三日 一八四六年三月十日	一六一
上諭	著布彥泰秉公嚴訊林則徐所奏驍騎校常慶具控等情具奏	道光二十六年二月十三日 一八四六年三月十日	一六三
署理陝甘總督林則徐題本	甘肅雲騎尉候補守備趙俊依例調補涼州鎮土門堡守備員缺	道光二十六年二月十五日 一八四六年三月十二日	一六四
上諭	著布彥泰察看提督胡超是否勝任具奏林則徐留辦番案	道光二十六年二月二十三日 一八四六年三月二十日	一六九

上諭	著林則徐交卸署篆後仍留甘肅同布彥泰等籌辦番案	道光二十六年二月二十三日 一八四六年三月二十日	一七一
署理陝甘總督林則徐題本	請以郭人經借署甘肅省階州直隸州西固州同（污損）	道光二十六年二月二十五日 一八四六年三月二十二日	一七二
署理陝甘總督林則徐題本	題銷肅州哈密安西等標協營道光二十四年份買補馬匹價銀	道光二十六年二月二十九日 一八四六年三月二十六日	一七八
上諭	著照林則徐所請以英貴補授甘肅高臺縣知縣	道光二十六年三月初三日 一八四六年三月二十九日	一八四
上諭	著吏部揀選引見林則徐奏請赴甘肅差委之員	道光二十六年三月初三日 一八四六年三月二十九日	一八五
署理陝甘總督林則徐奏片	委令李秉宣署理皋蘭縣知縣余懋官署理河州知州	道光二十六年三月初三日 一八四六年三月二十九日 ※	一八六
署理陝甘總督林則徐奏片	拏獲奸犯細加究詰並量選弁兵操練預備情形	道光二十六年三月初三日 一八四六年三月二十九日 ※	一八七
署理陝甘總督林則徐奏摺	請以保忠借調哈密通判	道光二十六年三月初七日 一八四六年四月二日	一九一
署理陝甘總督林則徐等奏摺	添兵前赴循化廳卡外剿辦並請將洮岷協副將札勒罕布休致	道光二十六年三月初七日 一八四六年四月二日	一九八
署理陝甘總督林則徐等奏摺	迭獲搶馬戕官之漢奸番犯請暫緩處決留備質訊	道光二十六年三月初七日 一八四六年四月二日	二〇五

署理陝甘總督林則徐奏片	委派西寧鎮總兵站柱等員出卡查辦雍希葉布族内番犯情形	道光二十六年三月初七日 一八四六年四月二日 *	二五三
署理陝甘總督林則徐題本	陣亡陝甘督標中營馬魁嫡長子馬吉貴請准承襲雲騎尉世職	道光二十六年三月初九日 一八四六年四月四日	二五五
上諭	著林則徐等選派將兵接應會剿黄冕著准暫留差遣	道光二十六年三月十三日 一八四六年四月八日	二六一
署理陝甘總督林則徐等奏片	請將原任江蘇知府黄冕暫留西寧差遣	道光二十六年三月十三日 一八四六年四月八日 ※	二六三
陝甘總督布彦泰籌辦番務林則徐奏摺	遵旨會議新疆各城破除積習並核明哈密地畝安置民户情形	道光二十六年三月二十日 一八四六年四月十五日	二六六
上諭	著布彦泰馳赴西寧接印與林則徐等訪拏漢奸妥辦番務	道光二十六年三月二十三日 一八四六年四月十八日	二七六
上諭	著布彦泰等嚴飭將弁擒犯務獲林則徐著准暫行給假調理	道光二十六年三月二十四日 一八四六年四月十九日	二七八
上諭	著准林則徐所奏動支武威縣義倉貯糧以為團練義勇之資	道光二十六年三月二十四日 一八四六年四月十九日	二八〇
上諭	著准林則徐等所奏陝西洮泯協副將札勒罕布勒令休致	道光二十六年三月二十四日 一八四六年四月十九日	二八一
上諭	著准林則徐所奏護永昌協副將隆盛友賞還頂戴	道光二十六年三月二十四日 一八四六年四月十九日	二八二

上諭	著准林則徐所請前參將徐福休致遊擊馬進祿留西寧差遣	道光二十六年三月二十四日 一八四六年四月十九日	二八三
上諭	著照林則徐所請以同知保忠借調哈密通判	道光二十六年三月二十四日 一八四六年四月十九日	二八四
上諭	著林則徐補授陝西巡撫待籌辦番務事竣再赴新任	道光二十六年三月三十日 一八四六年四月二十五日	二八五
上諭	著布彥泰等巡視卡隘確勘布置林則徐達洪阿會同商辦	道光二十六年四月初九日 一八四六年五月四日	二八六
陝西巡撫林則徐奏摺	補授陝西巡撫謝恩請覲	道光二十六年四月二十二日 一八四六年五月十七日	二八八
大學士穆彰阿等奏摺	議覆奕山所奏和闐新墾地畝招墾陞科摺	道光二十六年四月二十八日 一八四六年五月二十三日	二九四
上諭	甘肅提督胡超經布彥泰林則徐察看稽延畏葸著交部嚴加議處	道光二十六年五月初二日 一八四六年五月二十六日	三〇四
陝甘總督布彥泰陝西巡撫林則徐奏摺	陝甘兩省捐輸請隨時即予議敘	道光二十六年五月十八日 一八四六年六月十一日	三〇五
上諭	布彥泰林則徐達洪阿剿辦黑錯寺番族迅速有方著分別議敘	道光二十六年六月十三日 一八四六年八月四日	三一一
陝西巡撫林則徐奏摺	兼兵部侍郎銜謝恩	道光二十六年六月二十四日 一八四六年八月十五日	三一三

陝西巡撫林則徐奏摺	奏報赴陝西巡撫新任起程日期	道光二十六年六月二十四日 一八四六年八月十五日	三一六
陝甘總督布彥泰籌辦番務林則徐奏摺	審明黑錯寺番犯抗拒官兵戕害土司案分別定擬	道光二十六年六月二十六日 一八四六年八月十七日	三二二
陝西巡撫林則徐奏摺	奏報接陝撫關防任事日期	道光二十六年七月十三日 一八四六年九月三日	三三三
陝甘總督布彥泰籌辦番務林則徐奏摺	續獲指引番犯迭次搶劫拒捕及提問留質各犯審明分別定擬	道光二十六年七月十三日 一八四六年九月三日 ※	三三七
陝西巡撫林則徐奏摺	請以郃陽縣知縣陳煦與鄜縣知縣沈壽曾對調	道光二十六年七月十五日 一八四六年九月五日	三五一
陝西巡撫林則徐奏摺	特參大荔縣典史薛謙疎防監犯越獄逃逸請旨革職拏問	道光二十六年七月十五日 一八四六年九月五日	三五五
陝西巡撫林則徐奏摺	奏報陝西省道光二十六年六月至七月上旬雨水田禾情形	道光二十六年七月十五日 一八四六年九月五日	三五九
陝西巡撫林則徐奏片	奏報陝西省道光二十六年六月份收捐監生銀數	道光二十六年七月十五日 一八四六年九月五日	三六二
陝西巡撫林則徐題本	題報接陝西撫篆任事日期	道光二十六年七月十五日 一八四六年九月五日	三六四
陝西巡撫林則徐題本	請以白本初署理山陽縣知縣	道光二十六年七月二十四日 一八四六年九月十四日	三六九

陝西巡撫林則徐題本	請以潘清署理城固縣知縣	道光二十六年七月二十四日 一八四六年九月十四日	三七五
陝西巡撫林則徐題本	審明刀犯張蒜尾把等聚衆中途奪犯等情分別定擬	道光二十六年七月二十四日 一八四六年九月十四日	三八二
陝西巡撫林則徐題本	永壽縣客民楊成潰等捉姦砍傷姦夫白到娃身死分別定擬	道光二十六年七月二十四日 一八四六年九月十四日	四一四
上諭	著准林則徐所奏陝西鄜縣知縣沈壽曾與郃陽縣知縣陳煦對調	道光二十六年七月二十九日 一八四六年九月十九日	四三八
上諭	著林則徐嚴審究辦已革之陝西大荔縣典史薛謙	道光二十六年七月二十九日 一八四六年九月十九日	四三九
陝西巡撫林則徐奏摺	剿番蒙加軍功三級謝恩	道光二十六年八月初五日 一八四六年九月二十四日	四四〇
陝西巡撫林則徐奏摺	盤查司道庫貯銀錢無虧挪情弊	道光二十六年八月初五日 一八四六年九月二十四日	四四五
陝西巡撫林則徐奏摺	寶鷄縣估修神農皇帝等祠宇動支庫貯陵租銀數	道光二十六年八月初五日 一八四六年九月二十四日	四四九
大學士管理户部事務潘世恩等題本	題撥前署陝甘總督林則徐請撥甘省道光二十五年兵馬銀糧	道光二十六年八月初七日 一八四六年九月二十六日	四五三
陝西巡撫林則徐奏片	請以候補道程德潤接署潼商道印務	道光二十六年八月十七日 一八四六年十月六日 ※	四六三

陝西巡撫林則徐奏片	降調編修胡林翼請援照成案改捐中書並捐陞知府	道光二十六年八月十七日 一八四六年十月六日 ※	四六四
陝西巡撫林則徐奏摺	監臨文闈鄉試暨駐防翻譯情形	道光二十六年八月二十四日 一八四六年十月十三日	四六八
陝西巡撫林則徐奏摺	奏報陝西省道光二十六年七月中旬至八月雨水田禾情形	道光二十六年八月二十四日 一八四六年十月十三日	四七二
陝西巡撫林則徐奏片	奏報陝西省道光二十六年七月份收捐監生銀數	道光二十六年八月二十四日 一八四六年十月十三日	四七六
陝西巡撫林則徐奏摺	前任漢中鎮總兵伍魁英進京陛見途次西安患病請回籍調理	道光二十六年八月二十四日 一八四六年十月十三日	四七八
陝西巡撫林則徐題本	報明甘肅中衛縣知縣李懷庚嗣父病故丁憂日期	道光二十六年八月二十四日 一八四六年十月十三日	四八二
上諭	著照林則徐所奏陝西渭南縣知縣余炳燾送部引見	道光二十六年九月初五日 一八四六年十月二十四日	四八六
陝西巡撫林則徐奏摺	已獲回民糾聚包庇逃軍奪犯傷差首從多名審明分別定擬	道光二十六年九月初五日 一八四六年十月二十四日 ※	四八七
陝西巡撫林則徐奏片	渭南縣知縣余炳燾緝拏刀犯尤為出力請予鼓勵	道光二十六年九月初五日 一八四六年十月二十四日 ※	五〇二
上諭	著照林則徐所奏漢中鎮總兵伍魁英以原品休致賞給全俸	道光二十六年九月初六日 一八四六年十月二十五日	五〇五

陝西巡撫林則徐奏摺	署延長縣知縣詹世申自揣才具疎庸稟請改教	道光二十六年九月十六日 一八四六年十一月四日	五〇六
陝西巡撫林則徐奏摺	甄別未能稱職之府縣請旨分別開缺察看勒休以肅吏治	道光二十六年九月十六日 一八四六年十一月四日	五一〇
陝西巡撫林則徐奏摺	奏報陝西省西安等府州屬道光二十六年秋禾約收分數	道光二十六年九月十六日 一八四六年十一月四日	五一五
陝西巡撫林則徐清單	西安等府州屬道光二十六年秋禾約收分數清單	道光二十六年九月十六日 一八四六年十一月四日	五一八
陝西巡撫林則徐奏摺	奏報陝西省道光二十六年八月下旬至九月上旬雨水田禾情形	道光二十六年九月十六日 一八四六年十一月四日	五二一
陝西巡撫林則徐奏片	奏報陝西省道光二十六年八月份收捐監生銀數	道光二十六年九月十六日 一八四六年十一月四日	五二四
陝西巡撫林則徐奏摺	廣西大挑知縣張榮先患病回籍現病痊資斧不給請改教職	道光二十六年九月二十二日 一八四六年十一月十日	五二六
陝西巡撫林則徐奏摺	鄉試查出中式副榜硃墨不符據實檢舉自請議處	道光二十六年九月二十二日 一八四六年十一月十日	五二九
陝西巡撫林則徐奏摺	迭飭各屬拏獲著名刀犯訊出搶劫輪姦拒捕傷差各情分別飭辦	道光二十六年九月二十二日 一八四六年十一月十日	五三六
上諭	著照林則徐所奏未能稱職之吉昌傅德謙侯國璋各員分別開缺休致	道光二十六年九月二十八日 一八四六年十一月十六日	五四三

上諭	著照林則徐所奏陝西大挑知縣詹世申改就教職歸部銓選	道光二十六年九月二十八日 一八四六年十一月十六日	五四四
陝西巡撫林則徐奏摺	審明朝邑縣民親屬相姦商同謀殺本夫命案分別定擬	道光二十六年九月二十八日 一八四六年十一月十六日 ※	五四五
上諭	著查明更正陝西鄉試硃墨不符之處林則徐等交部議處	道光二十六年十月初五日 一八四六年十一月二十三日	五五二
上諭	著照林則徐所請廣西大挑知縣張榮先改就教職歸部銓選	道光二十六年十月初五日 一八四六年十一月二十三日	五五三
陝西巡撫林則徐奏摺	陝西布政使裕康因病出缺唐樹義堪委兼署請旨迅賜簡放	道光二十六年十月十四日 一八四六年十二月二日	五五四

大學士穆彰阿等奏摺
議覆布彥泰奏全慶林則徐查勘和闐地畝請安回戶情形摺

道光二十五年七月十八日

大學士臣穆彰阿等謹
奏為遵
旨會議具奏事道光二十五年六月十九日伊犂將
軍布彥泰奏查勘和闐地畝請安回戶情形一
摺奉
硃批軍機大臣會同該部議奏欽此據原奏內稱據
全慶林則徐呈稱道光二十四年十月欽奉
上諭奕山奏查出可墾荒地招集回戶承種並捐廉
開挖渠道興工日期一摺和闐開墾事宜著暫行
停止候旨辦理此項荒地是否可以開墾其招集
回戶日後有無流弊該處現在有無民戶可以招
墾著達洪阿於查勘阿克蘇烏什兩處地畝事竣

後即赴和闐將該大臣所指達瓦克地方詳細履
勘體察情形咨商布彦泰會同具奏等因欽此嗣
因達洪阿告病開缺當蒙
傳奉
上諭著林則徐周歷履勘並奉
諭令全慶會勘各等因欽此欽遵在案兹全慶等於
勘過阿克蘇之後遵即赴和闐詳加履勘恭繹
原奉
諭旨指示各層一條此項荒地是否可開一條有無
民户可以招墾一條招集回户有無流弊均悉
心體察從長計議不敢遷就目前查和闐一城
在葉爾羌東南八百餘里由該城東北至新墾

之達瓦克地方又有二百餘里本皆樹窩草地一片老荒因和闐境内有玉河一道源遠流長經辦事大臣奕山以該河水利永遠可資此項荒地不宜聽其久廢於上年七月間前往相度地形在達瓦克西南二十餘里之處築壩開渠修立龍口將玉河之水源順勢導入遂使久荒之地頓成腴潤仍恐冬春河水消減復自洋阿里克至達瓦克一帶覓得泉源五十餘處接引入渠終年皆堪灌注是此項荒地實係可以開墾並無格礙又查達瓦克係該地總名就中更分土名數處曰雜克坦愛海里曰蘇爾坦葉里雅克曰阿提巴什皆犬牙交錯之地當經逐段

丈量除砂磧岡梁外實在可耕者總有十萬餘畝原奏内稱約計可招一千餘户按地而論固屬綽然有餘然就全慶等現勘情形細加體察不患人多地少轉患人少地多緣和闐在回疆中最屬偏隅而新墾地畝則又偏隅中之偏隅以八城形勢較之烏什亦在偏處由阿克蘇而入仍由阿克蘇而出與和闐之由葉爾羌而入仍由葉爾羌而出者地形偏僻雖同而烏什距阿克蘇僅二百數十里和闐距葉爾羌則遠至八百餘里是以民人較之烏什更為稀少實因地勢使然即設法招徠亦恐難以強致且不獨招民户為難即招回户亦復不易緣和闐原轄

回城六處境地較廣而且蠶棉並產以紡織為業者甚多其所轄各回莊或與新墾之地相距窎遠或回子本有恒業難以兼營皆不便強為安户即傭力作之人亦不樂舍近圖遠惟與新地較近之處以及無田田少之人則皆欣欣然布圖承種然一時招集未必遽得千户之多竊思該處既無民人可招祗得給與回子耕種但亦不必遽以千户為定如蒙
天恩准其招集回户應由該城大臣就其情願承種者先行分給將來能安千户與否隨時察看酌辦並嚴禁各伯克不得強為勒派似即可無流弊惟今歲春耕已過應以來歲為試種之年其

口食牛具等項該處業已捐資自應聽其給發
俾回子咸知踴躍俟秋後察其收成分數再行
定則升科至原奏所請徵糧一石折納銀五錢
或按市價折交普爾錢之處係因該地距城較
遠馱運維艱是以請從簡便查前次阿克蘇大
臣奏請每糧一石折交普爾錢二百文以四百
文抵銀一兩荷蒙
勅部議准鈔揩行知在案是以此次查勘毋庸議及
呈請歟
奏前來覆查和闐地土較回疆各城本為寛廣回
户以蠶棉為業者居多向稱富庶該城為最遠
之區民人在彼貿易者亦屬極少新開達瓦克

之地僻在一隅不但不能招致民户即有恒產
回户亦難強令承種致啟抑勒之端俱係實在
情形可否照全慶等所議仍行撥給回户耕種
並責成該處辦事大臣妥為經理嚴飭各伯克
張貼告示招致願去之回户前往承種則無業
者得有恒產而地力免致拋荒等語臣等伏查
上年十月間和闐辦事大臣奕山具奏查出可
墾荒地請招集回户承種奉
旨此項荒地是否可以開墾其招集回户日後有無
流弊該處現在有無民户可以招墾
諭令林則徐周歷履勘並
諭全慶會勘由布彥泰具奏各等因仰見

聖慮周祥至深且遠茲據全慶林則徐同赴和闐詳
加履勘由伊犂將軍奏稱和闐一城在葉爾羌
東南八百里由該城至新墾之達瓦克地方又
有二百餘里因和闐境内有玉河一道經辦事
大臣奕山在達瓦克西南二十餘里築壩開渠
修立龍口將玉河之水源順勢導入復自洋阿
里克至達瓦克一帶覓得泉源五十餘處接引
入渠終年皆堪灌注是此項荒地實在可墾之
處業經查勘明確擬即准其開墾惟既有可墾
之地即應招承種之人據稱達瓦克地方可墾
者總有十萬餘畝原奏内稱可招一千餘户就
地而論固屬寬然有餘然全慶等現勘情形不

患人多地少轉患人少地多緣和闐在回疆中
最屬偏隅而新墾地畝則又偏隅中之偏隅和
闐必由葉爾羌出入而相距葉爾羌遠至八百
餘里是以民人稀少即使設法招徠恐難強致
且不獨民戶為難即招回戶亦復不易緣和闐
蠶棉並產以紡織為業者甚多其所轄各回莊
或與新墾之地相距窵遠或回子本有恒業難
以兼營即傭工力作之人亦不樂舍近圖遠惟
與新地較近之處及無田田少之人則皆希圖
承種然亦未必能招集千戶之多但該處既無
民人可招祗得給與回子承種應由該大臣就
其情願承種者先行分給將來能安一千戶與

否隨時酌辦並嚴禁各伯克不得強為勒派似即可無流弊等語臣等查全慶等既於該處民回分別悉心體察自係實在情形應如所奏辦理至聲稱今歲春耕已過應以來歲為試種之年俟秋成後再行定則升科覈與試種之例相符其該大臣原奏所請徵糧一石折納銀五錢或按市價折交普爾錢二百文以四百文抵銀一兩查與上年阿克蘇大臣奏准成案亦屬符合應准其照辦統俟定則升科後將每年折收銀錢即於該處請調經費時如數減調以昭覈實再臣等細覈該將軍原奏總以和闐達瓦克地方僻在一隅不但不能招致民户即有恒產

之回民亦難強令承種是該處荒地十萬餘畝
是否能全行招種原未可定如日後招集回户
不敷該大臣原奏一千餘户之數則人少地多
即未足以盡地力且每一回户若分給畝數過
多亦覺漫無限制除撥給回户承種各畝外其
餘荒地當即暫停招墾以杜抑勒之弊或設法
招民承種陸續開墾庶地畝不致抛荒民回亦
兩有裨益應請
勅下伊犂將軍等隨時察看其招集回户究有若干
每户給畝若干尚有餘地若干並如何按畝徵
糧之處一併確實查明妥議章程具奏所有臣
等會議緣由是否有當伏乞

皇上訓示遵行此摺係户部主稿合併聲明謹
奏
道光二十五年七月十八日具奏本日奉
旨依議欽此

臣穆彰阿
臣潘世恩
臣賽尚阿
臣祁寯藻
臣何汝霖
臣端華
臣賈楨
臣花沙納

臣徐士芬

上諭　著布彦泰等傳知全慶林則徐履勘塔爾納沁官荒情形

軍機大臣　字寄
伊犁將軍布　内閣學士全　署哈密辦事大
臣恒　道光二十五年七月二十五日奉
上諭恒毓等奏查勘官荒地畝籌議開墾一摺據奏
塔爾納沁地方有官荒地八千餘畝堪以開墾該
處附近並無回户亦無回民耕種之地等語此項
官荒地畝恒毓無庸前往查勘著全慶林則徐前
赴該處詳細履勘是否可以開墾並能否招徠户
民承種納糧之處妥為定議由布彦泰覈明具奏
將此諭知布彦泰全慶恒毓並傳諭林則徐知之
欽此遵
旨寄信前來

議覆布彥泰奏全慶林則徐勘明葉爾羌荒地請給回户承種摺

臣穆彰阿等跪

奏為遵

旨會議具奏事道光二十五年七月初八日伊犂將軍布彥泰奏勘明葉爾羌所墾荒地請給回户

承種一摺奉

硃批軍機大臣會同該部議奏欽此據原奏内稱據

全慶林則徐呈稱承准

廷寄欽奉

上諭奕經等奏查出和爾罕可開荒地試驗水利充裕一摺現在全慶會同林則徐查勘各城墾荒事宜著於行抵葉爾羌時即將和爾罕荒地情形一併確切查明是否可以開墾並應否賞給無業回

戶承種交糧之處妥為定議由布彥泰覈明具奏
原摺鈔給閱看將此諭知布彥泰全慶並傳諭林
則徐知之欽此全慶等欽遵於路過葉爾羌之時即
赴和爾罕地方一體會勘查此次該處籌辦開
墾係欽遵歷奉
上諭先將可開之地據實奏明候
旨遵辦與上年各城之一面興工一面具奏者不同
緣和爾罕地本膏腴須將西北之哈拉木札什水
渠並東南之和色熱瓦特大渠接引到地便可
耕種惟中隔大小沙梁五道恐有阻遏滲漏之
虞先經奕經賽什雅勒泰各自捐資將沙梁試
行挑穵於去秋即已開通過水猶恐冬寒水凍

究難作準於今春解凍之後復經驗試通暢如
前然後統估工程督屬籌捐請辦現在大小渠
道尚未一律開成此次所勘機宜自仍以沙梁
之果否通流定該地之能否開墾全慶等先詣
進水處所勘得龍口吸溜甚緊勢若建瓴又歷
各處沙梁測量水勢或激湍奔注或繞越瀠洄
雖緩急稍殊而皆不至有所壅滯此時尚未建
築壩座開濬深渠而水勢已能如此順利若再
施工挑辦並於沙梁衝要之處砌護塊石攔釘
排樁則沙土自不至坍卸入渠而渠道亦愈刷
愈深良田足資灌溉已於履勘之際告知承辦
章京等以壩工倍須堅固挑工更要寬深並囑

酌議歲修以冀永垂樂利所有該地畝數本係十萬有零除去沙梁鹻灘覈與原奏九萬八千餘畝之數亦屬符合至原奏援照舊案請給回户承種之處全慶等查葉爾羌為回疆重鎮非無内地游民但統計其所轄地方尤以巴爾楚克一處最為扼要是以道光十二年奏准於該處大開屯田廣招民户至今墾田地四萬餘畝陸續招户二百有零而未種之地極多並無回莊夾襍現仍分投招募未見户有增添如目下有民可招似應先儘巴爾楚克安置以成巨鎮而固藩籬若和爾罕祇係偏隅即使設法招民亦恐徒形單薄且與回莊錯襍更難相安祇得

仍如原奏請給回子承種納糧庶足仰副
聖諭務期日久相安之至意所有捐辦工程及將來
定則升科等事宜仍由參贊大臣等隨時酌議
奏明辦理呈請敷奏前來覆查和爾罕荒地既
經全慶林則徐勘明本膏腴水利足資灌溉自
應即行開墾所需經費應辦工程並將來定則
升科各事宜均由該城參贊大臣等隨時斟酌
情形奏明請
旨遵辦至和爾罕地處偏隅與回莊錯襍招民徒形
單薄更恐難以相安且附近之巴爾楚克曠地
甚多招民尚未足額即有可招民户自應先儘
巴爾楚克安插以成巨鎮可否將新墾和爾罕

荒地照依原奏分給回户承種之處伏候
聖裁等語臣等伏查回疆各城開墾地畝經全慶等
陸續報勘將庫車烏什喀喇沙爾阿克蘇和闐
等處可墾荒地請給回户情形由伊犁將軍先
後具奏均經臣等遵
旨會議並令將日後安户納糧事宜詳細覈覆在案
茲全慶等復同赴葉爾羌所屬和爾罕地方詳
加履勘由伊犁將軍奏稱和爾罕地方須將西
北之哈拉木札什水渠並東南之和色熱瓦特
大渠接引到地便可耕種惟中隔大小沙梁五
道先經奕經賽什雅勒泰各自捐資將沙梁試
行挑空現在大小渠道雖未一律開成而全慶

等歷看龍口水勢及各處沙梁皆不至有所壅
滯若再施工挑辦並於沙梁衝要之處砌石排
樁則沙土自不至坍卸入渠而渠道亦愈刷愈
深良田足資灌溉所有該地畝數本係十萬有
零除去沙梁鹻灘叢與原奏九萬八千餘畝之
數亦屬符合是和爾罕地本膏腴加以人工開
挑渠道荒地漸成沃壤其實在可墾之處既據
詳確查明自應准其招戶承種又稱葉爾羌為
回疆重鎮非無內地游民但統計其所轄地方
尤以巴爾楚克為扼要前於道光十二年奏請
大開屯田廣招民戶墾成田四萬餘畝陸續招
戶二百有零而未種之地極多如目下有民可

招似應先儘巴爾楚克安插以成巨鎮而固藩籬若和爾罕祇係偏隅即使設法招民徒形單薄更恐民回難以相安祇得給與回子承種等語臣等查和爾罕地畝既據該將軍等詳加覆覈地處偏隅與回莊錯雜招民承種既多未便不若分給回户轉可相安自係實在情形應如所奏辦理惟每户給田若干應令查照成案酌給不得濫無限制如該處回户既有本業並無閒散可招下餘地畝應即停其開墾至巴爾楚克爲葉爾羌扼要之區向無回莊夾襍其未種餘地甚多應令該城叅賛大臣設法招徠將餘地全數招民開墾務期糧足民多漸成富庶即

以寓控制邊陲之意至該處捐辦工程並將
來定則升科各事宜據稱由該城叅贊大臣隨
時奏明辦理臣等查此次和爾罕工程既係捐
辦總須妥為經理不得藉端勒派致滋流弊其
將來定則升科之處查葉爾羌歷年奏銷冊
報回子交納舊額新增糧石共四萬一千二百
七十八石零內回子自種之地十分抽一承種
官地平半分收此次和爾罕新墾地九萬八千
餘畝自應援照承種官地之例將歲收糧石平
分入官仍令該大臣悉心查覈隨年豐歉約計
每畝歲收之數酌定每畝徵糧之數以杜收多
報少情弊統由伊犁將軍妥議章程具奏所有

臣等會議緣由是否有當伏乞

皇上聖鑒此摺係户部主稿合併聲明謹

奏

道光二十五年七月二十六日

臣穆彰阿

臣潘世恩

臣賽尚阿

臣祁寯藻

臣何汝霖

臣宗室端華

臣賈楨

臣花沙納

臣徐士芬

道光二十五年七月二十六日奉

旨依議欽此

大學士穆彰阿等奏摺　議覆全慶林則徐勘辦喀喇沙爾續墾荒地招户事宜
道光二十五年八月十八日

大學士穆彰阿等奏摺　議覆全慶林則徐勘辦喀喇沙爾續墾荒地招户事宜

臣穆彰阿等跪

奏為會議具奏事道光二十五年七月二十七日

據全慶奏會勘喀喇沙爾續墾荒地先將招致

民户事宜辦有頭緒現在商議籌款動工請免

捐輸以杜流弊一摺奉

硃批軍機大臣會同該部議奏欽此據原奏内稱先

到庫爾勒地方該處係喀喇沙爾所轄距城尚

有二百里其北山根一帶當經會同林則徐順

道履勘量得可耕地九千九百畝隨將環城地

量得可耕者三千六百畝二共一萬三千五百

畝新任喀喇沙爾大臣書元公同相度統計大

小渠六道共長九千一百餘丈查前署喀喇沙

爾大臣常清估工共需銀二千五百兩而於庫
爾勒之支渠退水渠漏未估計茲將工程略為
變通其大渠取直挑挖即以所省之工添挖支
渠復行撙節減估共需銀二千二百餘兩惟常
清原奏係請捐辦即大小伯克亦捐口糧麪六
萬觔竊思捐輸辦工固屬衆擎易舉而流弊不
可不防前辦改屯該伯克等已捐羊麪蒙
恩獎勵今相距未久又復捐工在各伯克原係誠心
報效而衆回子皆甚窮苦設有科派斂費之弊
究屬非宜查喀喇沙爾歷年新收房地租稅並
承買綢緞價值普爾錢文除搭放鹽菜外每年
約有餘剩三百餘串歷經報部有案現在積存

普爾錢四千四百八十四串五百四十七文此項錢文本與正項錢糧有間所有挑挖渠工一切經費若於此項錢内撙節支用照市價每銀一兩合錢四百文只須動支八百餘串即敷工用而本處所收之錢不過一二年間仍有此數於搭放鹽菜總無短絀事竣照例報銷似屬覈實辦公之道不敢因常清奏請捐辦在先遷就因循致蹈派捐流弊惟招户事宜前蒙

訓諭必應詳慎辦理遵即設法籌畫於四月間覆奏後一面劄委章京常壽速赴烏嚕木齊等處認真招致務使招朋引類攜挈偕來許以加倍獎賞目下事機頗形順利伏查前次欽奉

上諭全慶俟會勘地畝事竣再行回京欽此今各城
雖已勘完而喀喇沙爾事宜既已經手不敢卸
事即圖起身計現奏之摺奉到
批回尚需兩月再於此兩月內督率章京極力招募
彼時如蒙
恩准動項興辦即遵奉
諭旨起身回京等語臣等伏查道光二十五年五月
二十九日臣等議奏前署喀喇沙爾大臣常清
奏續查出喀喇沙爾可墾荒地一萬三千五百
畝其環城荒地三千六百畝即於舊渠之旁開
渠一道至庫爾勒北山根荒地九千九百畝與
回民毗連請將舊渠龍口加寬修築緊接渠源

另穵大渠彼此可免紛争所需口糧木料估需
銀二千五百餘兩據古爾阿奇木伯克等情願
捐備口糧麪六萬觔按時價合銀一千二百兩
並各章京等捐銀一千二百兩尚有不敷自行
捐廉籌辦派員往吐嚕番一帶招民試種一年
奏請升科每畝交糧六升五合所餘糧石按價
折銀抵減餉銀等因經臣等議准該大臣悉心
籌辦甚屬妥協並該章京等所捐銀兩免其造
銷至捐辦口糧麪六萬觔在各伯克感戴
天恩情殷報效未便阻其嚮往之忱第此次捐款有
無需索勒派尚宜詳加體察是否實係樂輸以
期下協輿情上紓

國帑所收糧石折銀開除實存數目按年造冊咨
報奏蒙
聖鑒允行在案茲據全慶會同林則徐並新任喀喇
沙爾大臣書元公同相度量得可耕地一萬三
千五百畝應開渠道大小六道共長九千百餘丈
惟前署辦事大臣常清估工銀二千五百兩而
於支渠退水渠漏未估計茲全慶等覆加履勘
請將工程略為變通凡有堪以取直之處即毋
庸曲折環繞計可節省挑工七八百丈即以所
省之工添穵支渠退水復行樽節減估共需銀
二千二百餘兩並以常清原奏係屬捐辦大小
伯克亦捐口糧麪六萬觔查前辦改屯事宜該

伯克等已捐羊麪蒙
恩獎勵今相距未久又復捐工雖各伯克原係誠心
報效而衆回子皆甚窮苦設有科派斂費之弊
不可不防查喀喇沙爾歷年新收房地租稅並
承買䌷緞價值普爾錢文除搭放外每年約餘
剩三百餘串現在積存普爾錢四千四百八十
四串有零此項錢文本與正款有間所有挑挖
渠工一切經費請於此項錢内撙節支用而本
處所收之錢不過一二年間仍有此數於搭放
鹽菜總無短絀之虞自屬因時制宜為豫防流
弊起見惟覈其所奏尚未接到臣等奏奉
諭旨何以前次既稱情殷報效此次又稱皆甚窮苦

且伯克所捐係屬麪六萬觔其各官所捐銀一千二百兩原不在内前後參差殊有不合臣等再四思維亦未便仍照前奏致啟抑勒之漸自應准其在於歷年新收房地租稅並承買綢緞價值款内酌量動支所有各伯克情願捐備口麪與各官所捐銀一千二百兩之處均毋庸議如蒙

聖慈俯允即責成現任辦事大臣書元督催監辦工竣之後據實造銷報部查覈至前奉

上諭全慶俟會勘地畝事竣再行回京欽此現在烏嚕木齊之伊拉里克哈密之塔爾納沁均有可墾之地奉

旨續交全慶等前赴該處詳細履勘今全慶因喀喇
沙爾事宜業已經手請於兩月内督率招募應
責令趕將該處招戶事宜辦理就緒即行遵
旨前赴伊拉里克及塔爾納沁會勘奏辦至招徠之
戶即歸書元隨時確切查明來歷發給執照詳
慎辦理所有臣等會議緣由理合恭摺具
奏伏乞
皇上訓示遵行此摺係戶部主稿合併聲明謹
奏

道光二十五年八月　十八　日

臣　穆彰阿
臣　潘世恩

臣賽尚阿
臣祁寯藻
臣何汝霖
臣端華
臣賈楨
臣花沙納
臣徐士芬

伊犁將軍布彥泰奏片　遵旨令全慶林則徐查勘塔爾納沁官荒林則徐差竣何往請旨

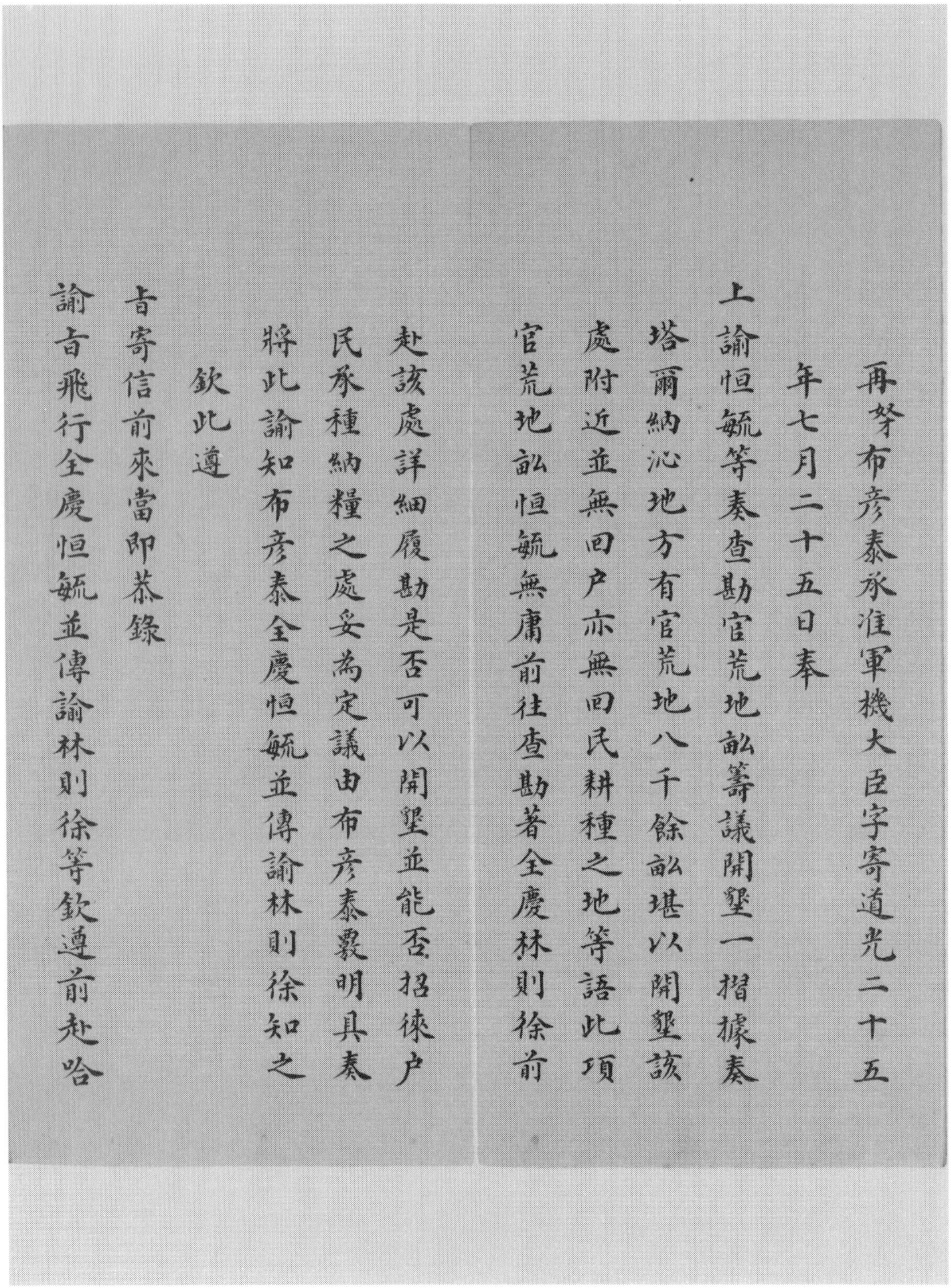
再孥布彥泰承准軍機大臣字寄道光二十五
年七月二十五日奉
上諭恒毓等奏查勘官荒地畝籌議開墾一摺據奏
塔爾納沁地方有官荒地八千餘畝堪以開墾該
處附近並無回户亦無回民耕種之地等語此項
官荒地畝恒毓無庸前往查勘著全慶林則徐前
赴該處詳細履勘是否可以開墾並能否招徠户
民承種納糧之處妥爲定議由布彥泰覈明具奏
將此諭知布彥泰全慶恒毓並傳諭林則徐知之
欽此遵
旨寄信前來當即恭錄
諭旨飛行全慶恒毓並傳諭林則徐等欽遵前赴哈

伊犁將軍布彥泰奏片　遵旨令全慶林則徐查勘塔爾納沁官荒林則徐差竣何往請旨　道光二十五年八月

密將恒毓等奏請開墾塔爾納沁官荒地畝逐
加履勘詳查該處地畝是否可以開墾能否招
徠民户承種納糧附近有無回子耕種之地體
察情形妥籌定議一俟查勘籌議到日奴才再行
悉心酌覈奏請
訓示遵行斷不敢稍有草率以仰副
聖主足食籌邊之至意再前奉
上諭伊拉里克開墾地畝仍著全慶林則徐前往該
處詳細履勘悉心妥酌與惟勤聯銜具奏等因欽
此全慶林則徐欽奉
諭旨自當前往該處會同惟勤詳覈辦理完竣後即
可馳赴哈密查勘請墾塔爾納沁官荒計九月

二五 伊犁將軍布彥泰奏片 遵旨令全慶林則徐查勘塔爾納沁官荒林則徐差竣何往請旨

道光二十五年八月

十月閒亦可竣事伏查新疆南北路各城奏請
開墾事務均經全慶林則徐週歷履勘詳覈定
議由奴才布彥泰陸續具奏請
旨遵辦在案此外再無另有請墾官荒將來查畢哈
密之塔爾納沁地畝即已全局完竣全慶自應
由彼處回京當差林則徐自去年十月奉
旨飭派查勘各城墾荒事宜迄今將近一載該廢員
自備資斧効力奔馳往返萬餘里著有微勞前
於伊犂開墾阿齊烏蘇地畝案內首先捐辦要
工經奴才布彥泰將出力人員開單具奏均蒙
渥沛
恩施惟林則徐未蒙明降

伊犁將軍布彥泰奏片　遵旨令全慶林則徐查勘塔爾納沁官荒林則徐差竣何往請旨

道光二十五年八月

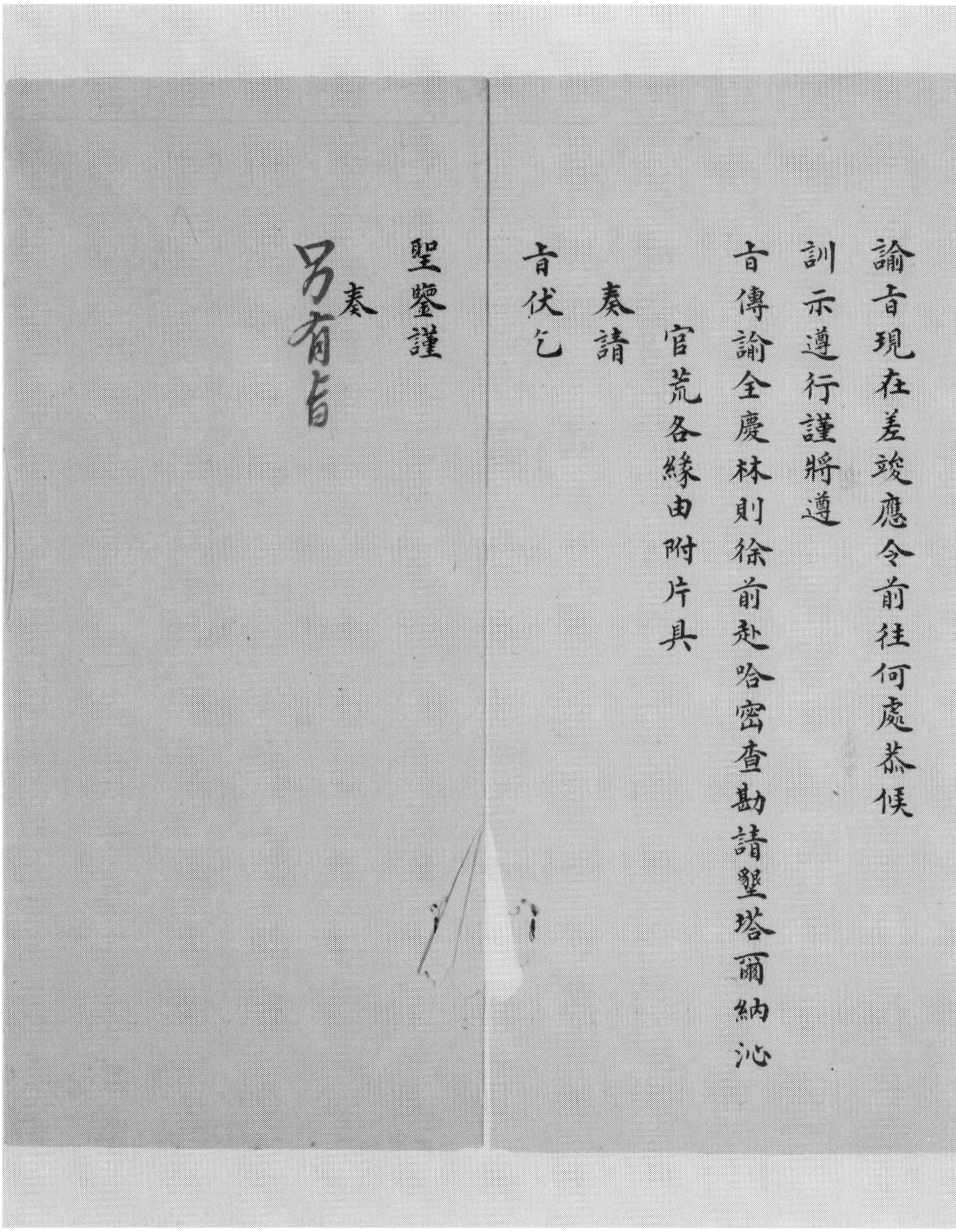

諭旨現在差竣應令前往何處恭候
訓示遵行謹將遵
旨傳諭全慶林則徐前赴哈密查勘請墾塔爾納沁
官荒各緣由附片具
奏請
旨伏乞
聖鑒謹
奏
另有旨

上諭　林則徐效力墾荒著有微勞著回京以四五品京堂候補

道光二十五年九月二十八日内閣奉
上諭布彥泰奏查勘開墾事務將次完竣等語前據
該將軍奏稱林則徐於伊犁開墾阿齊烏蘇地畝
内捐辦要工嗣因新疆南北路各城開墾事務疊
經降旨派令林則徐同全慶前往履勘兹據布彥
泰奏各城開墾九十月間即可全局完竣林則徐
自飭派查勘以來自備資斧效力奔馳將近一載
著有微勞著飭令回京加恩以四五品京堂候補
餘著照所議辦理欽此

上諭 著林則徐於布彥泰未赴新任之前署理陝甘總督

道光二十五年十一月初四日内閣奉

上諭陝甘總督著布彥泰補授即赴新任俟明年秋間再行來京陛見林則徐著賞加三品頂帶布彥泰未到任以前陝甘總督即著林則徐先行署理伊犁將軍著舒興阿署理欽此

上諭　著林則徐迅赴署理陝甘總督

軍機大臣　字寄
署陝甘總督林　道光二十五年十一月初四
日奉
上諭本日已明降諭旨將布彥泰補授陝甘總督並
令林則徐先行署理矣陝甘總督任重事繁現屆
辦理番務之時尤關緊要著林則徐於接奉諭旨
後無論行抵何處迅卽馳赴該省接印任事俟布彥
泰抵任後再行交卸來京將此諭令知之欽此遵
旨寄信前來

簽

大學士穆彰阿等奏摺 會議布彥泰奏全慶林則徐查勘回疆新墾地畝給回民承種摺

臣穆彰阿等謹

奏為遵

旨會議具奏事伊犁將軍布彥泰奏復議查勘回疆

新墾地畝情形一摺道光二十五年九月初六

日奉

硃批軍機大臣會同該部議奏單併發欽此據該將

軍原奏稱據全慶林則徐呈稱勘畢庫車烏什

阿克蘇和闐喀什噶爾葉爾羌六城地畝之後

正在喀喇沙爾查勘續墾地畝接奉將軍行知

承准

廷寄本年五月初九日奉

上諭前據布彥泰勘明庫車開墾地畝一摺當交軍

機大臣會同户部議奏茲據衆議具奏著即照所
議辦理因思回疆各城開墾荒地朕意原以内地
民人生齒日繁每有前往各城營生謀食者如能
將此項荒地招致户民承種則地無曠土境鮮遊
民日久可成土著俾得安所樂生原非為該處回
户另籌生計所以初降旨時有查明具奏之語乃
各城隨奏隨辦皆係緝瑞作俑以致共相效尤而
已非沾沾為有俾經費起見現在庫車地畝既據
全慶等往勘請給回子承種納糧復經布彦泰衆
奏自係因地制宜惟時當創始不可不豫防流弊
著布彦泰等體察各處回情如有勒派苦累情事
即不可强以所難毋得稍存遷就原摺著抄給閱

看將此諭知布彦泰並傳諭全慶林則徐知之欽
此伏念全慶等前蒙
派令查看回疆墾地仰維
國家邊防重計本宜寓兵於農極思廣招内地户
民漸成新疆土著況全慶先於喀喇沙爾墾地
業已自行招民今所至各城祗須仍議給民聽
各城大臣自為招致並非己身承辦何所用其
顧慮惟念事當從實議必可行當與林則徐反
覆籌思祗得就親勘情形據實酌議查回疆堪
以招民耕種之地莫過於巴爾楚克湖自道光
十二年
奏准招户至今歷十四年之久查得墾成地四萬

餘畝户二百有零以此類推則阿克蘇等六城現墾之地共五十餘萬畝不知何年始能招足勢必久遠虛懸蓋内地出關謀食之人非聚於烏嚕木齊吐嚕番即直赴伊犂一帶緣此數處民户本多各有依傍非若回疆盡是回子語言衣食與民人皆不相侔也若議招民必須官為給費即如烏嚕木齊至喀喇沙爾相距一千三百里需費已繁然在回疆猶屬最東之境尚可勉力籌辦若庫車則遠至二千數百里葉爾羌則遠至四千數百里而和闐之偏僻喀什噶爾之極邊更不待問苟非厚給盤費斷難强其自來且農民種田總期收糧得以售賣方可獲利

乃行經各處絶少炊煙即使糧多亦無賣處此
農民所以不願承種之實在情形也全慶等再
四躊躇惟喀什噶爾地處極邊捍衛尤關緊要
而其新墾之地顯分兩處是以酌議一處設法
招民並請寬以時日要其何時始能招到尚不
可知此外細察情形實有不能强以所難之勢
因查回疆所墾地畝給予回子承種歷歷有案
可稽如果能以招民從前各城墾辦之時當不
致無人議及此次周歷察勘實見回疆僻遠委
無可招之民不得已查照歷年成案仍請給予
回子承種納糧非敢擅為創議亦並非恐啟爭
端為權宜變通之計也除現在會勘喀喇沙爾

續墾之地本已定議照案招民認種外其先經
勘過迤西各城實在情形均已議請覈
奏至開墾事宜均係捐資興辦有無勒派苦累情
事全慶等每於章京伯克及衆回子隨同量地
之際逐一查詢均據稱並無勒派隨據該處大
小伯克遞具印結全慶等因未奉
諭飭查故於勘覆呈內不敢遽行敘入今欽奉
諭旨著令體察回情豫防流弊謹將原結附呈備查
又察看和闐新墾之地間有回子不願承種已
經議令不得強為勒派呈請
奏明在案惟此後試種陞科等事既議令各該大
臣悉心查看議立章程亦係為防流弊起見恐

或經理不善則勒派苦累各情難保不相因而
至應請恭錄現奉
諭旨通行各城一體欽遵嚴杜流弊奴才覆加細覈其
所稱原勘各城新墾地畝實無民户可招並所
指巴爾楚克地方招墾已越十數年僅招民二
百餘户墾田止四萬餘畝均係實在情形以此
推之則各城現墾之地共有五十餘萬畝必俟
招民認種誠恐遥遥無期所以全慶等不敢以
空言搪塞者實由於此奴才伏查回疆形勢巴爾
楚克地方東至阿克蘇烏什各數百里西至葉
爾羌喀什噶爾英吉沙爾等城各數百里為適
中四達扼要之區地既甚寬水亦足用且遠隔

回莊數百里並不毘連若能於此地安插數萬民户就中挑練精兵足為各城聲援捍衛正不必舍此他求至各城回子之愚懦祇堪憐憫似無可防惟奴才恭繹

訓諭輾轉思維縱一時不能招民終久必應設法查最要之巴爾楚克地方除已墾田四萬餘畝外荒地甚多儘可安插户民多多益善惟經費浩繁無從籌措即使不限時日亦恐徒託空言不得已推廣招徠以冀衆擎易舉謹就奴才管見所及酌議四條敬繕另單恭呈

御覽其所稱恭録現奉

諭旨通行各城豫防流弊先已通行在案等語臣等

伏查回疆各城開墾地畝，迭據全慶、林則徐覆勘籌議，由伊犁將軍覈定具奏，臣等先後遵
旨會議，各就所奏情形，請
勅交各該城糸贊辦事大臣等查照原議，察看辦理，均奉
旨飭行各在案。茲據該將軍奏稱，據全慶、林則徐呈稱接奉
諭旨，因將六城地畝酌給回子承種情形復申明前議，由該將軍奏稱各城新墾地畝實無民户可招，並所指巴爾楚克招墾已十數年，僅招民二百餘户，墾田止四萬餘畝，均係實在情形。以此推之，則各城現墾地共五十餘萬畝，必俟招民

認種誠恐遥遥無期等語臣等查回疆各城地
畝據全慶林則徐陸續覆勘酌給回子承種係
就各該大臣原定之議由該將軍覈定具奏自
屬實在情形業由臣等先後奏荷
恩施准照原議辦理實所以示
皇仁無外之意惟據奏稱巴爾楚克為四達扼要之
區地既甚寬水亦足用且遠隔回莊數百里於
此安插數萬民户就中挑練精兵足為各城聲
援不必舍此他求等語查巴爾楚克自道光十
二年招户認種以後十九年卽有屯民壯丁願
入行伍經該大臣恩特亨額具奏由臣等會同
議覆奏奉

諭旨准補換防兵額在案是該處民户足以挑練為

兵業已著有成效現據該將軍等廣招民户嗣

後果能實力整頓於勸農之中兼備講武之畧

積有年所自足以成巨鎮而壯聲威此外各城

尚有招民開墾之地不妨從容時日就各處情

形逐漸招徠以仰副

聖主軫念民生之至計至據奏巴爾楚克除已墾田

外荒地甚多儘可安插户民究竟該處荒地約

有若干而酌議招民條内又有資送到回疆某

城等語是該將軍所議招民是否先儘巴爾楚

克之地抑各城皆可招往應令分晰查報由户

部覈辦謹將該將軍酌議四條臣等會同兵刑

二部悉心議覆另繕清單恭呈
御覽所有臣等會議緣由繕摺具
奏是否有當伏乞
皇上聖鑒此摺係户部主稿合併聲明謹
奏
道光二十五年十一月初五日奉
旨依議欽此

臣穆彰阿
臣潘世恩
臣賽尚阿
臣祁寯藻
臣何汝霖

臣端華
臣賈楨
臣花沙納
臣徐士芬
臣卓秉恬
臣桂良署
臣德厚
臣孫瑞珍
臣瑞常
臣趙光
臣阿勒清阿
臣李振祜

臣賡福
臣周祖培
臣斌良
臣張澧中

上諭　著林則徐將伊犁應需餉乾等銀附入伊犁正項餉銀一併撥解

道光二十五年十二月十六日内閣奉
上諭布彥泰等奏估調閏餉銀兩一摺伊犂應需道
光二十六年閏五月餉乾等銀四萬五千九百兩
零著林則徐附入伊犂正項餉銀一併撥解以濟
支放該部知道欽此

署理陝甘總督林則徐題本　**題報接陝甘總督印任事日期**

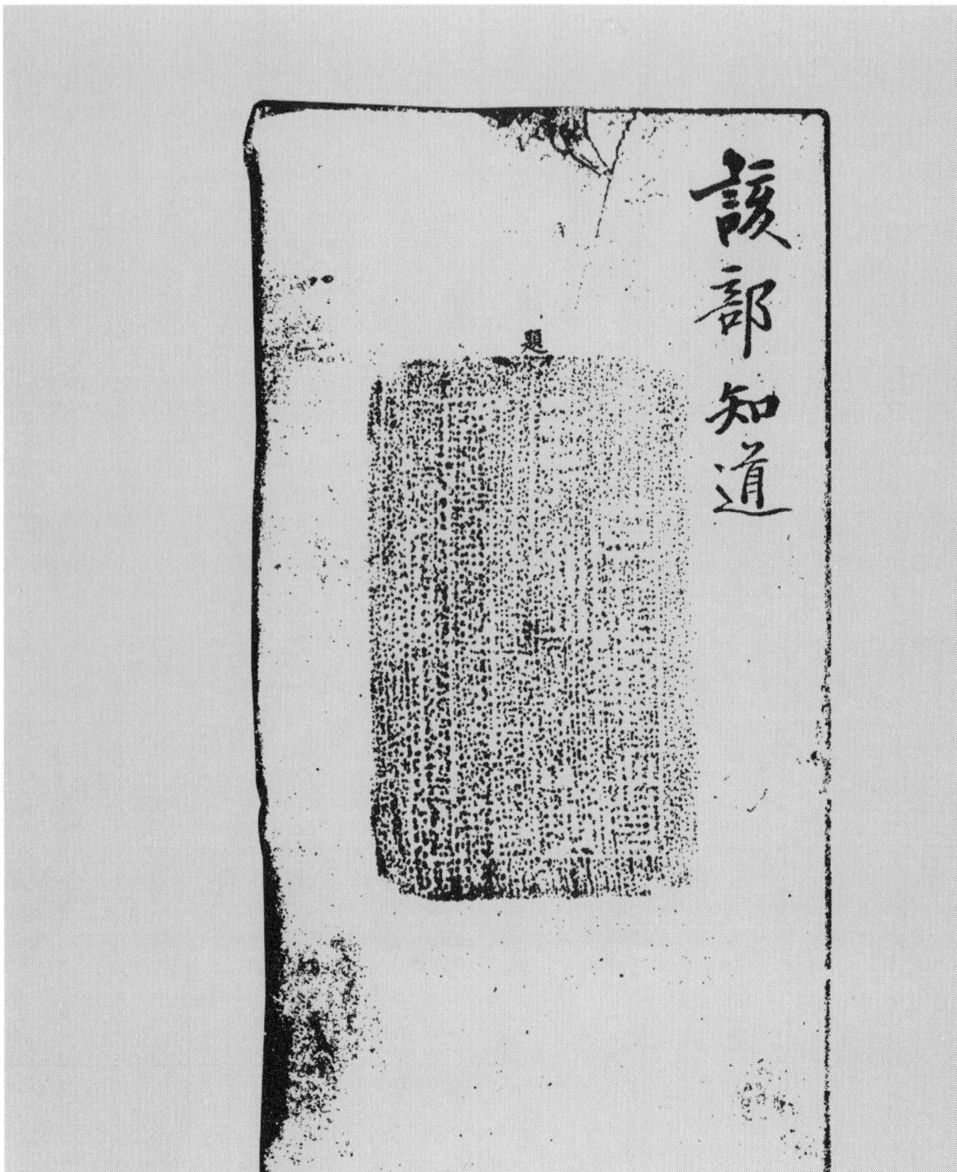
題
該部知道

二五

署理陝甘總督林則徐題本　題報接陝甘總督印任事日期

道光二十五年十二月十八日

三品頂帶署理陝甘總督印務兼管甘肅巡撫事臣林則徐謹
題爲恭報微臣接印任事日期仰祈
聖鑒事竊臣接准吏部咨内閣抄出道光貳拾伍年
拾壹月初肆日奉
上諭陝甘總督著布彥泰補授即赴新任林則徐著
賞加三品頂戴布彥泰未到任以前陝甘總督即
著林則徐先行署理等因欽此祗承之下欽感難
名遵即由西口外加站進關因甘涼西寧一帶
現在應辦番務事宜正關緊要隨經奏明變駐
涼州適中地方就近查辦兹行抵涼州府城據
暫行代辦陝甘總督事務甘肅布政使臣寶清
差委蘭州府知府許乃安督標中軍副將德順

特
欽頒乾字伍百玖號陝甘總督銀關防壹顆及
王命旗牌等項於拾貳月初拾日齎到涼州臣即於
是日恭設香案望
闕叩頭謝
恩祇領任事除地方一切事宜容臣次第辦理外所
有微臣接印任事日期理合恭疏
題報伏祈
皇上聖鑒勅部查照施行謹具
題
聞

署理陝甘總督林則徐題本　題報接陝甘總督印任事日期

道光二十五年十二月十八日

三品頂帶署理陝甘總督印務兼管甘肅巡撫事臣林則徐

三品頂帶署理陝甘總督印務兼管甘肅巡撫事臣林則徐謹
題爲恭報微臣接印任事日期仰祈
聖鑒事竊臣接准吏部咨内開抄出道光貳拾伍年
拾壹月初肆日奉
上諭陝甘總督著布彦泰補授即赴新任林則徐著
賞加三品頂戴布彦泰未到任以前陝甘總督即
著林則徐先行署理等因欽此祇承之下欽感難
名遵即由西口外加站進關因甘涼西寧一帶
現在應辦番務事宜正關緊要隨經奏明變駐
涼州適中地方就近查辦兹行抵涼州府城據
暫行代辦陝甘總督事務甘肅布政使臣鄂清

差委蘭州府知府許乃安督標中軍副將德順
將
欽頒乾字伍百玖號陝甘總督銀關防壹顆及
王命旗牌等項於拾貳月初拾日齎到涼州臣即於
是日恭設香案望
闕叩頭謝
恩祇領任事除地方一切事宜容臣次第辦理外所
有徽臣接印任事日期理合恭疏
題報謹具
題
聞

上諭 著林則徐督飭將弁嚴密巡防保護馬場

軍機大臣 字寄

署陝甘總督林 道光二十五年十二月二十

三日奉

上諭林則徐奏據報番賊情形先飭鎮將防堵馬廠一摺覽奏均悉前此番賊祇以搶刦為生此次竟敢撲攻城垣猖獗已極現經該署督檄飭總兵站柱酌帶弁兵親往大通策應並於各要隘處所添兵防護馬廠布置尚為周妥著即督飭各將弁等嚴密巡防即使番賊暫退亦不准擅即回營其派往防護各馬廠之兵務將各處官馬保護齊全毋使再有一匹遺失儻有疎虞即將看守之將弁兵丁分別嚴辦並將該管提鎮一併參處至需用大

礮及抬礮抬槍擬做照洋礮之法推輪運放著即
設法製備應用該署督務當實力整頓信賞必罰
以壯士氣而挽頹風將此諭令知之欽此遵
旨寄信前來

上諭　著布彥泰林則徐妥議約束伯克以防科斂回民事

軍機大臣　密寄
陝甘總督布　署陝甘總督林　道光二十六
年正月十三日奉
上諭昨據布彥泰奏查明哈密另有可墾地畝一摺
已批交軍機大臣會同該部議奏矣其另片所稱
回子近日窮苦由於該伯克等科派所致自係實
在情形各城回子生計本少加以科斂愈不聊生
全在各城大臣力矢清操方能約束該伯克等顧
念同類不至借端魚肉此後該將軍應如何密加
查察使各大臣等破除積習不令該伯克有所藉
口著布彥泰林則徐悉心妥議據實具奏至該扎
薩克郡王伯錫爾將私墾地畝呈獻充公擬安置

民户等語此項地畝既據呈出一經墾種漸可擴
充是否足以安置民户藉資控制並著布彦泰等
詳議奏聞原片著鈔給林則徐閲看將此各諭令
知之欽此遵
旨寄信前來

上諭 著林則徐督飭將弁東西兩路剿番妥速議奏

軍機大臣 字寄

署陝甘總督林 道光二十六年正月十八日奉

上諭林則徐奏覈明東西兩路堵剿番賊情形分別勸懲一摺覽奏俱悉（摘交止）此次東路番賊在老河溝腦等處尋搶牲畜經該鎮站柱跟追攔截雖槍斃多賊而餘匪乘夜竄逃著仍嚴飭該鎮確探賊蹤趕緊追緝毋得稍存大意至西路甘涼等屬經該署督曉諭紳民練勇保衛所需軍械准於各營內酌量借給以濟兵力其三溝門所放孳馬被（摘交起）賊搶奪至七百餘匹之多該營弁等疎懈已極署永昌協都司事紅水營守備惠奇署千總事世襲雲騎尉鞠兆祥均著革職仍留署任以觀後效護永昌協

副將隆盛友著先行摘去頂帶責令殺賊立功儻該將弁等仍前玩泄即著從嚴叅辦其義得渠口摘交止地方既有賊蹤防堵尤應嚴密著即責成胡超就近督飭將備認真嚴防該署督仍當隨時查察如有畏葸怠玩不能得力者立即嚴懲示儆以除痼疾而振軍威現在漸屆春融一切剿辦機宜著該署督妥速籌畫悉心布置奏明辦理將此諭令知之欽此遵

旨寄信前來

上諭　著照林則徐所請遴員陞補邊要副將遊擊各缺

道光二十六年正月十八日内閣奉
上諭林則徐奏遴員升補邊要副將遊擊各缺一摺
著照所請甘肅安西協副將員缺准其以連英升
補陝西馬營監營遊擊員缺准其以汪吉受升補
巴里坤鎮左營遊擊員缺准其以薛貴升署仍照
例扣滿年限另請實授該部知道欽此

上諭　著准林則徐所奏遊擊馬希賢革職參將李伏等調赴甘肅差委

道光二十六年正月十八日内閣奉

上諭林則徐奏叅護理副將一摺甘肅護理永固協副將陝西漢鳳營遊擊馬希賢於番務喫緊之際經該署督等責成策應輒敢藉詞推諉實屬畏葸巧猾著即革職至所稱甘省現辦番務正亟需人所有固原提督所轄各營内之叅將李伏秦起奉遊擊毛鴻鵬張廷秀都司牛鳳山徐椿劉允和等七員均係經歷行陣著准其調赴甘肅以備差委餘著照所議辦理該部知道欽此

上諭　著准林則徐所奏甘肅武弁徐廷貴楊國成等照例議恤

道光二十六年正月十八日内閣奉

上諭林則徐奏請將臨陣傷亡之武弁賜卹等語甘肅永昌協把總徐廷貴殺賊陣亡洮州副千户土司楊國成捕賊捐軀均著該部照例議卹至署遊擊薛貴之子薛瑞麟身非職官本無剿賊之責乃能助父打仗奮不顧身尤屬可嘉可憫著加恩照千總例賜卹該部知道欽此

署理陝甘總督林則徐題本 **題報甘肅省道光二十五年秋季委署州縣職名**

該部知道

三品頂帶署理陝甘總督印務兼管甘肅巡撫事臣林則徐謹
題爲遵
旨核議具奏事案查接管卷內蒙甘肅布政使寶清呈
前准吏部咨議奏嗣後道府除有陞遷事故懸
缺委署者照例具奏外其有因公差遣暫時委
署者祇應循例咨部歸入彙題辦理至各省委
署丞倅等官及試用州縣委署員缺係暫時署
理者與實缺調署不同均毋庸附摺具奏令該
督撫按季彙題等因轉行到司除道光貳拾伍
年夏季分委署各缺緣由業經詳請具
題在案今將道光貳拾伍年秋季分委署知縣同
知各缺緣由相應詳請核

題等情詳臣查得前准部咨委署丞倅及題用州縣委署首領係暫時署理者均毋庸具奏行令按季彙題等因在案茲據甘肅布政使寶清詳稱查道光貳拾伍年秋季分禮縣知縣彭蕭雲病故遺缺先令試用直隸州州同申典常代理繼委候補知縣余懋官於道光貳拾伍年捌月拾捌日接署中衛縣知縣鄭元吉告病遺缺委候補知縣徐禾於道光貳拾伍年捌月拾陸日接署丹噶爾同知圖勒炳阿病故遺缺先令西寧府經歷龔純代理繼委試用直隸州州判曹書於道光貳拾伍年玖月初壹日接署等情詳請具

二五

署理陝甘總督林則徐題本　題報甘肅省道光二十五年秋季委署州縣職名

道光二十六年正月二十日

題前來臣覆查無異除揭帖分送部科外謹具

題伏祈

皇上聖鑒勅部查照施行謹

題請

旨

[illegible]肅巡撫事臣林則徐

二五 署理陝甘總督林則徐題本 題報甘肅省道光二十五年秋季委署州縣職名 道光二十六年正月二十日

三品頂帶署理陝甘總督印務兼管甘肅巡撫事臣林則徐謹

題，爲遵

旨核議具奏事。該臣查得前准部咨，委署丞倅及試用州縣委署員缺，係暫時署理者，均毋庸具奏，行令按季彙題等因在案。茲據甘肅布政使賫清詳稱：道光貳拾伍年秋季分禮縣知縣彭甬雯病故遺缺，先令試用直隸州州同申與當代理，繼委候補知縣余恩官於道光貳拾伍年捌月拾捌日接署。中衛縣知縣鄭元吉告病遺缺，委候補知縣徐永於道光貳拾伍年捌月拾陸日接署。丹噶爾同知圖勒炳阿病故遺缺，先令西寧府經歷龔純代理，繼委試用直隸州州判曹書於道光貳拾伍年玖月初壹日接署等情，詳請具

題前來。臣覆查無異，除揭帖分送部科外，謹

題請

旨。

署理陝甘總督林則徐題本

題報甘肅省鎮番縣知縣張淳因病請開缺回籍調理

署理陝甘總督林則徐題本 題報甘肅省鎮番縣知縣張淳因病請開缺回籍調理 道光二十六年正月二十日

署理陝甘總督林則徐題本　題報甘肅省鎮番縣知縣張淳因病請開缺回籍調理

道光二十六年正月二十日

三品頂帶署理陝甘總督印務兼管甘肅巡撫事臣

題為病軀難以供職告請開缺回籍調

肅布政使寶清按察使楊以增會詳

知縣張淳稟稱年叁拾柒歲係浙江

陰縣人由監生中式道光拾貳年壬辰

貳拾壹年辛丑科會試中式進士

殿試叁甲捌拾伍名引

見本

旨以知縣即用籤掣甘肅道光貳拾貳年

日到省歷署山丹縣知縣補授鎮番

貳拾伍年玖月初柒日先行到任拾

日奉文准補茲得患眼疾時覺酸麻

署理陝甘總督林則徐題本　題報甘肅省鎮番縣知縣張淳因病請開缺回籍調理　道光二十六年正月二十日

一時難期速痊理合稟懇轉詳開缺俾得
調理以冀速痊再圖報効等情到司
查得道光拾壹年捌月初拾日奉准
陝西巡撫條奏告病告休人員請於
之日即詳請具題出咨旬日之中即不
報其各病供結隨後咨部備核如告
員竟有捏飾規避情事經委驗官及
揭報即行據實參辦其原告之缺仍作
所開等因於臣部向來辦法亦無窒[illegible]
奏辦理道光拾壹年柒月初拾日奉
旨依議欽此等因今鎮番縣知縣張淳既
疾難期速痊告請開缺回籍調理除委

二五 署理陝甘總督林則徐題本 題報甘肅省鎮番縣知縣張淳因病請開缺回籍調理

道光二十六年正月二十日

俟至日另文詳辦外所有該員張淳因[illegible]
開缺回籍調理緣由相應先行詳請
題等情呈詳到臣 該臣查淳州縣以上[illegible]
告請開缺例應具
題茲據甘肅布政使寳清等會詳稱鎮番
張淳因得患腿疾難期速痊告請開[illegible]
理到司除委驗取結俟至日另文詳[illegible]
該員張淳因病告請開缺回籍調理緣[illegible]
道照道光拾壹年奏定新例先請
題報開缺等情會詳請
題前來臣覆查無異除揭帖分送部科
題伏祈

二五

署理陝甘總督林則徐題本　題報甘肅省鎮番縣知縣張淳因病請開缺回籍調理

道光二十六年正月二十日

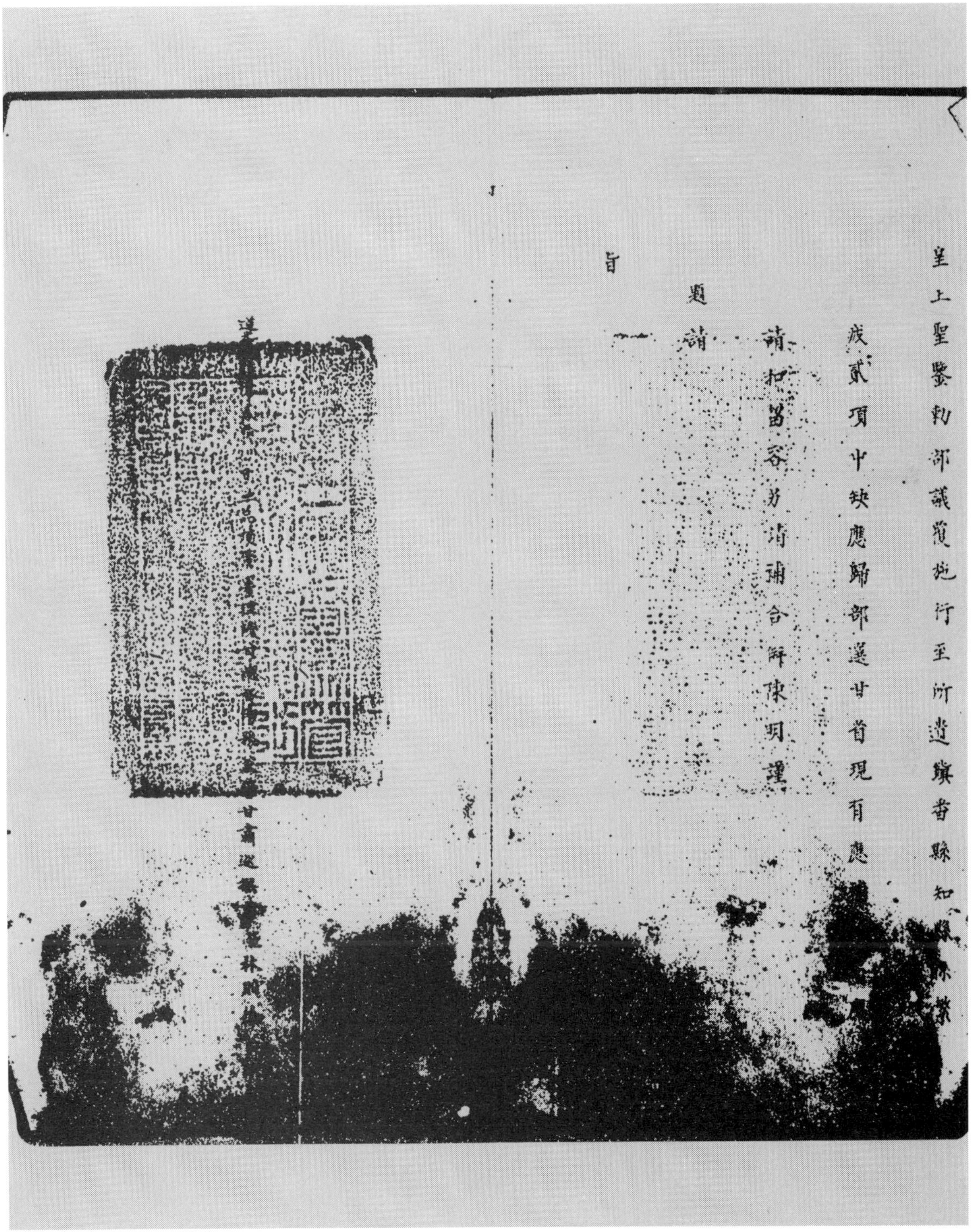
皇上聖鑒勅部議覆施行至所遺鎮番縣知縣係[illegible]
疾貳項中缺應歸部選甘省現有應[illegible]
請扣留容另請補合併陳明謹
題請
旨

二五 署理陝甘總督林則徐題本 題報甘肅省鎮番縣知縣張淳因病請開缺回籍調理

道光二十六年正月二十日

三品頂帶署理陝甘總督印務兼管甘肅巡撫事臣林則徐謹

題為病軀難以供職告請開缺回籍調理

事。查得州縣以上官員患病告請開缺例

題。茲據甘肅布政使寶清等會詳稱鎮

張淳因得患怔疾難期速痊告請開缺

理到司除委驗取結俟至日另文詳報外

該員張淳因病告請開缺回籍調理

遵照道光拾貳年奏定新例先行

題報開缺等情會詳請

題前來臣覆查無異除揭帖分送部科外

題請

旨

署理陝甘總督林則徐題本

題銷道光二十三年甘肅省内地文武各屬供支新疆各項銀糧

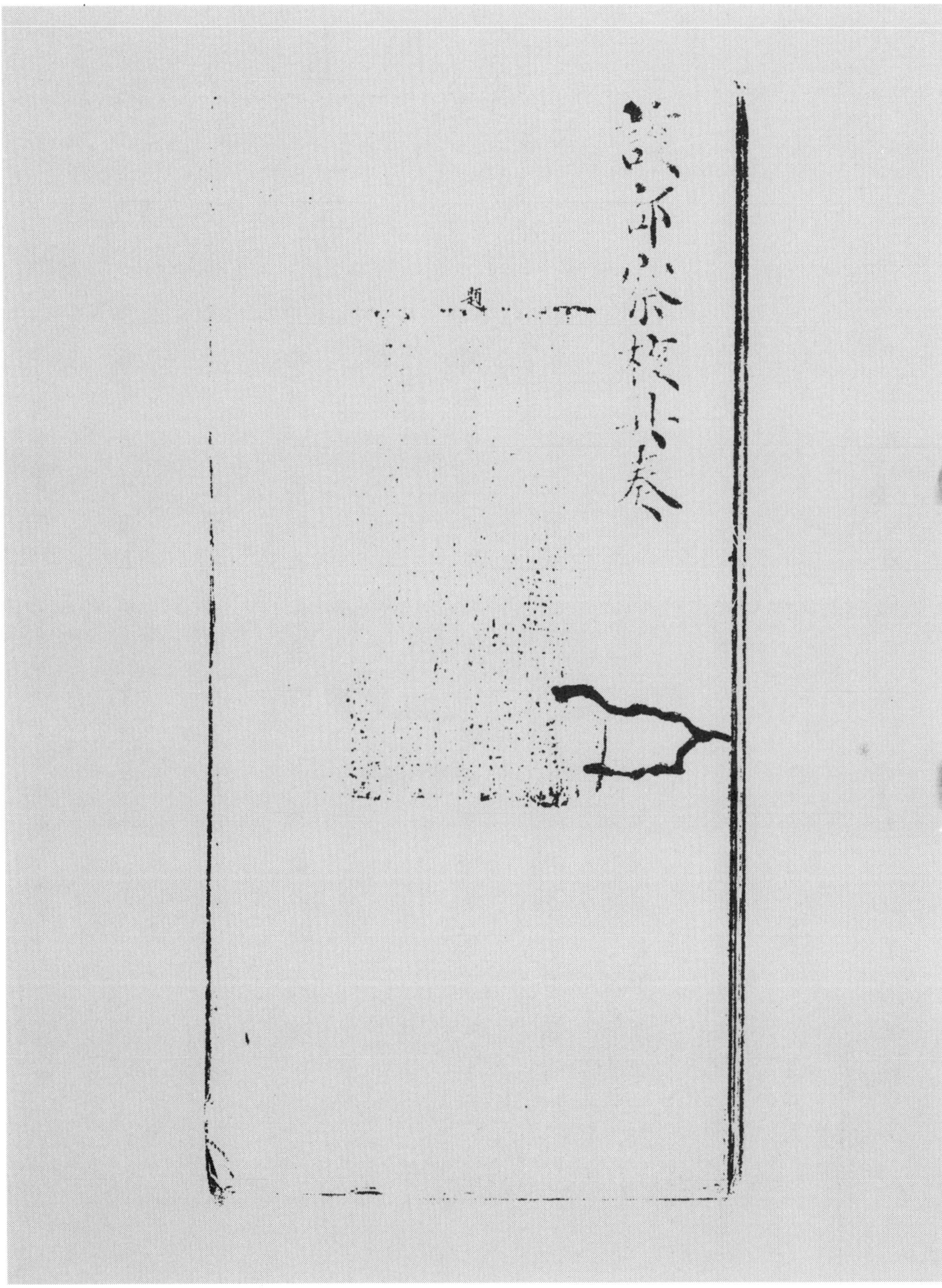
該部察核具奏

題

二五

署理陝甘總督林則徐題本　題銷道光二十三年甘肅省內地文武各屬供支新疆各項銀糧　道光二十六年正月二十日

二品頂帶署理陝甘總督印務兼管甘肅巡撫事臣林則徐謹
題為請定新疆奏銷之章程仰祈
聖鑒事竊查接管卷內據甘肅布政使寶清呈遵查
甘省內地文武各屬供支過新疆一切銀糧草
束等項俱係按年造冊彙冊
題銷茲據蘭州鞏昌平涼涼州寧夏西寧等
柒府並秦州階州涇州肅州安西等伍直隸州
及准甘提肅州寧夏等提鎮協營各將所屬道
光貳拾叁年壹歲奉文供支新疆各城赴任官
眷並撤回新疆各處屯防聽差辦事各官役兵
丁書識應需鹽菜口糧馬草盤腳康口接運銀
鞘辦解官物並接運紬緞車價等項造冊請銷

前來相應核明提造簡明總冊出具印結同各
散冊一併詳齎
題
銷再此案照例扣限陸箇月又安西至省計程
貳千壹百貳拾里以日行伍拾里計算該扣程
限肆拾貳日統應扣至捌[illegible]拾貳日爲滿因各
屬冊造數目率多遺漏[illegible]錯不符往返駁更以
致稍延應請免議合併[illegible]明等情該臣查得甘
省內地文武各屬每年供[illegible]新疆各項銀糧前
經會議章程按年分晰造冊
題
銷在案茲據甘肅布政使寶清呈查得道光貳
拾叁年壹歲甘省內地文武各屬奉文供支新
疆一切銀糧草束舊管無項新收共銀壹萬陸

千肆百叁拾玖兩肆錢玖分肆釐捌毫內一收
潘糧司庫銀叁千肆百柒拾兩陸錢貳分肆釐
一收文武各屬墊用銀壹萬貳千玖百肆拾捌
兩伍錢陸分叁釐捌毫一收肅州存貯新疆各
處進口官兵繳還口外長[illegible]鹽茶口糧鹹腳等
銀貳拾兩叁錢柒釐一[illegible]各屬採買京斗粳米
貳拾石叁斗柒升陸合[illegible]勺一收各屬採買京
斗粟米貳百叁拾壹石捌[illegible]肆升叁合玖勺一
收各屬倉貯京斗粟米陸拾捌石玖斗柒升玖
合貳勺貳共京斗粟米叁百石捌斗貳升叁合
壹勺、收安西州倉貯京斗小麥壹百伍拾貳
石柒斗伍升伍勺以壹百捌斤共磨白麫壹萬

陸千肆百玖拾柒斤壹兩陸錢一收撫彝廳倉
斛京斗小麥捌石叁斗陸升壹合一收各屬採
買柒斤重草叁千捌百叁拾束一收各屬廠斛
柒斤重草壹千伍百肆拾束一收安西州廠斛
拾斤重草伍百陸拾束折柒斤重草捌百束叁
共草陸千壹百柒拾束除共銀壹萬陸千肆
百玖兩玖錢叁分捌釐[illegible]毫內京斗粳米貳拾
石叁斗柒升陸合伍勺京[illegible]粟米叁百石捌斗
貳升叁合壹勺京石小麥捌石叁斗陸升壹合
白麵壹萬陸千肆百玖拾柒斤壹兩陸錢柒斤
重草陸千壹百柒拾束一除各屬採買京斗粳
米貳拾石叁斗柒升陸合伍勺每石照依各屬

各月時價不等共用銀陸拾捌兩陸錢玖分柒
釐一除各屬採買京斗粟米貳百叁拾壹石捌
斗肆升叁合玖勺每石照依各該處各月時價
下等共用銀叁百壹拾玖兩壹錢陸分伍釐一
除各屬採買柴斤重草叁千捌百叁拾束每束
照依部價折銀壹分共銀叁拾捌兩叁錢一
除第壹款造報肅州寧夏永固等鎮協屬各營
造報道光貳拾貳貳拾叁年賞過塔爾巴哈
臺防所撤回收獲糧石茲當差無誤外委兵丁
壹百壹拾叁名每名奉賞壹月鹽菜銀玖錢共
銀壹百壹兩柒錢一除第貳款造報涇州平涼
鞏昌蘭州涼州甘州肅州安西等府州所屬各

廳州縣縣丞造報道光貳拾叁年壹歲供支新
疆各處赴任官眷口糧馬草運送紬緞滿餉經
費車價在肅聽差辦事進口官員鹽糧委員盤
腳等項各計支數目不等共支銀壹千玖百叁
拾壹兩叁錢壹分伍釐京斗粳米壹拾陸石叁
斗壹升柒合捌勺京斗粟米陸拾陸石叁斗陸
升陸合捌勺京斗小麥柒斗柒升壹合玖勺白
麪貳千叁百柒拾斤捌兩[illegible]斤重草陸千壹百
柒拾束一條第叁款造報安西肅州甘州涼州
寧夏西寧蘭州鞏昌平涼涇州秦州階州等府
州屬道光貳拾叁年壹歲奉文供支新疆各處
換防班滿撤回陝甘各營官兵應需口糧按官

標外委兵粟每員名每站支京斗米捌合叁勺
跟役每名每站支京升粟米伍合貳杪白麵壹
斤又官壹員給車壹輛外委兵丁並故兵骨殖
照例口外按陸員名付給車壹輛口內按伍員
名付給車壹輛又新疆各處年滿回京官眷應
需車輛數目多寡不一口外每輛每百里給車
價銀壹兩貳錢口內給車價銀肆錢伍分各計
支程途遠近不一共支銀壹千玖百柒兩叁錢
壹分叁釐京斗稷米肆石伍斗捌合柒勺京斗
粟米貳百叁拾肆石肆斗伍升陸合叁勺白麵
玖千壹百肆拾斤玖兩陸錢京斗小麥柒石伍
斗捌升玖合壹勺一除第肆款造報安西肅州

署理陝甘總督林則徐題本 題銷道光二十三年甘肅省內地文武各屬供支新疆各項銀糧 道光二十六年正月二十日

甘州涼州蘭州鞏昌平涼涇州等府州屬道光
貳拾叁年供支新疆各處年滿並奏
旨回京以及進
貢瓜膏等物官役廩口銀兩口糧料斤各計支站
道遠近不一共支銀玖拾壹兩捌分白麪貳拾
肆斤一除第伍款造報安西肅州甘州涼州寧
夏蘭州鞏昌平涼涇州秦州階州等府州屬道
光貳拾叁年壹歲供支口外各處病故官員靈
柩各回旂籍例需夫馬折價並扶柩家人跟役
擡夫口食銀兩各計支數目多寡不一共支銀
伍拾捌兩貳分陸釐一除第陸款造報蘭州涼
州甘州肅州安西等府州屬道光貳拾叁年壹

歲供支撥解新疆各處經費銀鞘各驛所車不敷照例添雇民車用過脚價銀兩以及鹽菜口糧麩斤各計支程途遠近不一共支銀柒百貳拾柒兩玖錢捌分叁釐白麩肆千陸百捌拾陸斤一除第柒款造報涇州平涼鞏昌蘭州等府州屬道光貳拾叁年壹歲供支接運各省撥解協甘餉鞘各驛所車不敷照例添雇民車用過脚價銀兩各計支程途遠近不一共支銀柒百柒拾兩玖錢肆釐一除第捌款造報安西肅州蘭州涇州階州等府州屬道光貳拾叁年壹歲供支新疆各處年滿進京並回籍候選官役羸脚銀兩以及口糧麩斤各計支程途遠近不一

共支銀壹百肆拾兩壹錢玖分捌釐白麪貳百
柒拾陸斤、除第玖款造報肅州皋蘭武威張
掖高臺等州縣道光貳拾叁年辦解新疆各處
貳拾肆年歲需紙劄褶袋各物用過價值包裹
以及接運紙劄車價等項各計銀數不等共支
銀玖千玖百壹拾陸兩陸錢柒分貳釐捌毫一
除第拾款造報肅州皋蘭武威高臺等州縣道
光貳拾叁年辦解新疆各處貳拾肆年歲需農
具注鐵釘螞蝗以及接運農具車價各計銀數
不等共支銀叁百叁拾捌兩伍錢捌分玖釐實
在皋蘭武威貳縣本案奏銷兩落縣庫存剩銀
貳拾玖兩伍錢伍分陸釐查前項開除銀糧麪

斤草束准據文武各屬冊登俱係照依節年准
銷定例並程途遠近按例供支至採買粳粟米
石小麥草束原因倉廒存貯糧草不敷動支照
依各屬時價及部價據實採買供支並無浮冒
所有用過銀糧草束均請在於原動項下作正
開銷再查冊造共新收銀壹萬陸千肆百叁拾
玖兩肆錢玖分肆釐捌毫內除肅州動支收穫
進口官兵繳還長支鹽菜口糧麻腳等項銀貳
拾兩叁錢柒釐又除新疆經費款內正支銀壹
千伍百玖拾柒兩柒錢陸釐候撥兵餉款內正
支銀壹千捌百柒拾貳兩玖錢壹分捌釐外止
該各屬冊造通共墊用銀壹萬貳千玖百肆拾

捌兩伍錢陸分叁釐捌毫係應給發各屬請領
還墊之項自應在於新疆經費款內正支給發
各屬須回還墊第查新疆經費早經停撥本款
存銀不敷動支已將各屬墊支銀兩於道光貳
拾伍年拾壹月貳拾玖日在於候撥兵餉款內
照數動支發給各屬領回還墊訖應請就款作
正開銷毋庸請撥還款以歸簡便至新收項下
開造小麥合折麵斤尾零不符之處係各州縣
散糧內合折麵斤尾零相乘之數是以不符至
實在項下皋蘭武威貳縣庫存剩銀貳拾玖兩
伍錢伍分陸釐係第玖款第拾兩皋蘭縣辦解
和闐硯臺等物領獲司庫新疆經費銀肆兩肆

錢柒分貳釐內除遵照本部刪定准用銀數造
銷銀貳兩陸錢柒分貳釐計縣庫存剩銀壹兩
捌錢又第拾壹冊造皋蘭縣辦解伊犁硯臺等
物領獲司庫新疆經費銀伍拾兩伍錢叁分陸
釐內除遵照本部刪定准用銀數造銷銀貳拾
叁兩柒錢玖分伍釐計縣庫存剩銀貳拾陸兩
柒錢肆分壹釐據該縣冊登另爲批解還款又
第玖款第拾伍冊武威縣辦解伊犁官木廠算
盤硯臺等物領獲司庫新疆經費銀伍兩叁錢
陸分捌釐內除遵照本部刪定准用銀數造銷
銀肆兩叁錢伍分叁釐計縣庫存剩銀壹兩壹
分伍釐已據該縣批解到司前司已於道光貳

拾肆年柒月初叁日照數收入候撥兵餉款內
已造入貳拾伍年春撥冊內報撥訖至此項存
剩銀兩原係該貳縣於道光貳拾叁年應辦之
時先由司庫領銀辦解運往關於貳拾肆年拾
月內奉部始行在於原估冊內核刪是領銀辦
運在先奉部核刪在後是以奏銷冊落實在項
下有縣庫存剩名目再查肅州皋蘭武威等州
縣冊造用過價值等項銀兩俱係遵照奉部刪
定准用數目據實造銷應請毋庸在於此冊內
核刪致滋重複所有各屬造到冊籍相應核明
從造簡明總冊出具印結同各散冊一併詳齎
題
銷前來臣覆核無異除加具印結同原冊結分

送部科外相應具

題伏祈

皇上聖鑒敕部核覆施行謹

題請

旨

道光[illegible]日三品頂帶署理陝甘總督[illegible]甘肅巡撫事臣林則徐

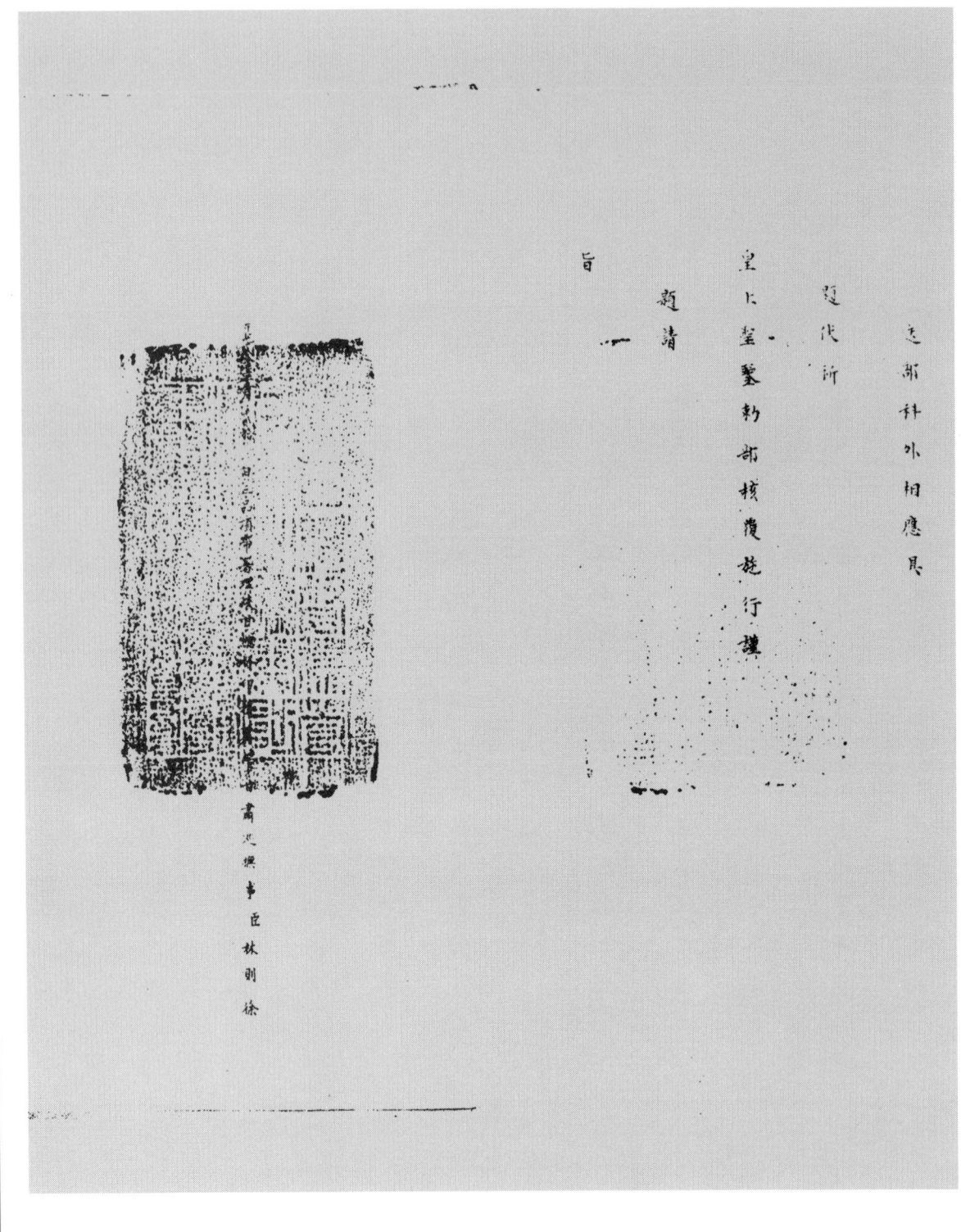

署理陝甘總督林則徐題本　題銷道光二十三年甘肅省内地文武各屬供支新疆各項銀糧
道光二十六年正月二十日

三品頂帶署理陝甘總督印務兼管甘肅巡撫事臣林則徐謹
題爲請定新疆奏銷之章程仰祈
聖鑒事竊臣查得甘省内地文武各屬每年供支新
疆各項銀糧前經會議章程按年分晰造冊
題銷在案茲據甘肅布政使寶清呈查得道光貳
拾叁年壹歲甘省内地文武各屬來文供支新
疆一切銀糧草束等項核明造具簡明總冊出
具印結司各屬造到數冊呈齎
題銷前來臣覆核無異除加具印結同原冊結分
送部科外謹
題請
旨

上諭 著達洪阿林則徐會同布彥泰商議剿番以靖邊陲

軍機大臣 字寄
陝甘總督布 署陝甘總督林 西寧辦事大
臣達 道光二十六年正月二十九日奉
上諭達洪阿奏查明上年擊斃番賊確數一摺並另
片奏現在籌辦進剿情形等語此次番賊復出肆
搶勢甚猖獗歲暮冬寒尚復潛匿邊外乘間搶掠
一交春融必更出巢窺伺況年來近邊熟番亦間
有勾結尋搶情事值此天氣和暖亟應相機進剿
為一勞永逸之計達洪阿惟當認真操練修整器
械以便剋期進剿毋致臨時不能得力現在林則
徐駐劄涼州查辦一切不日即抵西寧著會同達
洪阿將應辦各事宜和衷商量將來布彥泰到任

後林則徐仍著暫留西寧與布彦泰達洪阿公同
會辦期於集思廣益以靖邊陲是為至要將此各
諭令知之欽此遵
旨寄信前來

署理陝甘總督林則徐題本

題報甘肅省道光二十五年各屬追出贓罰及自理贖鍰銀兩

該部察核具奏

署理陝甘總督林則徐題本 題報甘肅省道光二十五年各屬追出贓罰及自理贖鍰銀兩
道光二十六年二月初八日

三品頂帶署理陝甘總督印務兼管甘肅巡撫事臣林則徐謹
題爲請定彙題章程限期以嚴考核事據甘肅布
政使寶清按察使楊以增會詳呈案查奉准刑
部咨嗣後各省彙題事件統限開印後兩箇月
具題黏單内開行追贓罰贓變自理贖鍰貳項
分晰款項造册統爲壹本彙題等因遵奉在案
今將道光貳拾伍年分甘肅省各屬追出贓罰
銀兩及自理贖鍰共銀貳拾伍兩柒錢並承追
各官起止月日相應分晰造册開摺呈齎核
題等情呈詳到臣該臣查得行追贓罰及自理贖
鍰貳項前准部咨行令分晰款項統爲壹本彙
題等因遵照在案茲據甘肅布政使寶清按察

使楊以增會詳道光貳拾伍年分甘肅省追出
贓罰及自理贖鍰共銀貳拾伍兩柒錢並承追
各官起止月日分晰造具冊揭呈齎核
題前來臣覆核無異除冊揭送部外相應具
題伏祈
皇上聖鑒勅部查核施行謹
題請
旨

署理陝甘總督林則徐題本 題報甘肅省道光二十五年各屬追出贓罰及自理贖鍰銀兩
道光二十六年二月初八日

初八日

甘肅巡撫事臣林則徐

大學士穆彰阿等奏摺　議覆布彦泰奏全慶林則徐勘明塔爾納沁地畝窒礙難墾摺

臣穆彰阿等跪

奏為遵

旨會議具奏事據布彦泰奏勘明哈密請墾塔爾納

沁地畝窒礙難行另查有可墾之地擬招户納

糧一摺道光二十六年正月十二日奉

硃批軍機大臣會同該部議奏欽此欽遵據原奏内

稱全慶林則徐呈稱欽奉

上諭恒毓等奏塔爾納沁地方有官荒地八千餘畝

堪以開墾等語恒毓無庸前往查勘着全慶林則

徐前赴該處詳細履勘是否可以開墾並能否招

徠户民承種納糧之處妥為定議由布彦泰覈明

具奏等因欽此全慶等當於勘明伊拉里克地畝

之後由吐嚕番前赴哈密至離城二百二十里之塔爾納沁該處本係屯田有土城一座官田本有一萬四千餘畝因土性瘠薄地氣陰寒須間段輪流此耕彼歇每年實種地七千三十畝遵即分段丈量除現在屯田一種一歇之外雖有閒荒餘地多係靠傍山崖零星曲折與官田犬牙相錯界址難分其雪澤之大小山泉之旺衰難以豫定設遇小水之年必致貽誤傳集老兵隊長及遣把頭目鄉約傭工等逐加詢問咸稱有地無水衆口一詞所有恒毓等請墾之地應毋庸議惟哈密為南北總路向無民田恒毓等原奏尚有近城官荒地畝正在查訪間據扎

薩克郡王伯錫爾以清字呈詞送交恒毓等轉

交前來譯據呈稱伯錫爾世受

大皇上豢養之恩至深極重今將東新莊子一帶地

方開墾已熟之田情願進獻作公田招民耕種

等情其感懔之狀見於情詞轉請據情奏

聞恭候

諭旨欽遵辦理該地既經呈出自應就近丈量當丈

出已熟之田共五千七百二十畝未墾荒地四

千八百餘畝共成一萬五百餘畝哈密為關外

咽喉内地民人出關首至該處且眷兵日久餘

丁尤衆此地本屬膏腴科則自應從重擬每畝

徵收小麥一斗已熟之五千七百二十畝於二

十六年按則起徵未墾之四千八百餘畝以二
十六年為試種二十七年每畝徵收五升二十
八年徵收一斗此後概照一斗徵收則哈密糧
石於屯田交納之外每年多收小麥一千餘石
可節省採買之資經布彦泰覆覈奏請前來臣
等伏查此次開墾荒地原期上裕
國課俯順輿情况新疆地勢遼闊民回雜處尤宜
籌畫至當該管將軍及該大臣疊次查出可墾
荒地奏蒙
聖鑒並
派令全慶林則徐周歷履勘即經臣等陸續議覆或
仍給回户或分招眷民務期斟酌盡善經久無

二五

大學士穆彰阿等奏摺　議覆布彥泰奏全慶林則徐勘明塔爾納沁地畝窒礙難墾摺

道光二十六年二月初九日

弊屢奉

旨允行各在案茲復據布彥泰詳覈全慶林則徐於

勘明伊拉里克地畝之後欽遵

諭旨前往哈密會勘恒毓所請可墾官荒之塔爾納沁本係官屯有一萬四千餘畝土性瘠薄地氣陰寒間段輪流此耕彼歇每年實種地七千三十畝現設屯兵一百六十四名遣犯一百三十名每名種地二十三畝零交糧十二石以上其餘雖有閒荒零星曲折與官田犬牙相錯界址難分畝數既屬不符而泉水衰旺無定難資灌溉若還就分水招民設遇水小之年官屯轉致荒歉所關尤鉅自係實在情形所有恒毓等奏

請開墾塔爾納沁官荒之處應毋庸議至所稱
扎薩克郡王伯錫爾呈請願將東新莊開墾已
熟之地進獻作為公田招民耕種祈請轉奏等
情經全慶等以此地既經呈出遂會同恒毓等
先行丈出東新莊已熟之田五千七百二十畝
堪招民耕種於二十六年即行按則起徵又在
附近丈出未墾之地四千八百餘畝於二十六
年試種二十七年每畝徵麥五升二十八年徵
麥一斗此後年復一年概照一斗徵收約計屯
田交納之外每年可多收小麥一千餘石充入
倉儲以供支給可省採買之資等語臣等查此
項地畝現在奉

諭交布彥泰等詳議應俟議覆到時一併酌覈辦理
所有臣等會議緣由是否有當伏乞
皇上訓示遵行再此摺係户部主稿合併聲明謹
奏

道光貳拾陸年貳月　初九　日臣穆彰阿
臣潘世恩
臣賽尚阿
臣祁寯藻
臣何汝霖
臣宗室端華
臣賈　楨

二五

大學士穆彰阿等奏摺　議覆布彦泰奏全慶林則徐勘明塔爾納沁地畝窒礙難墾摺

道光二十六年二月初九日

臣花沙納

臣徐士芬

署理陝甘總督林則徐奏摺　**請揀發同知知縣人員來甘肅差委**

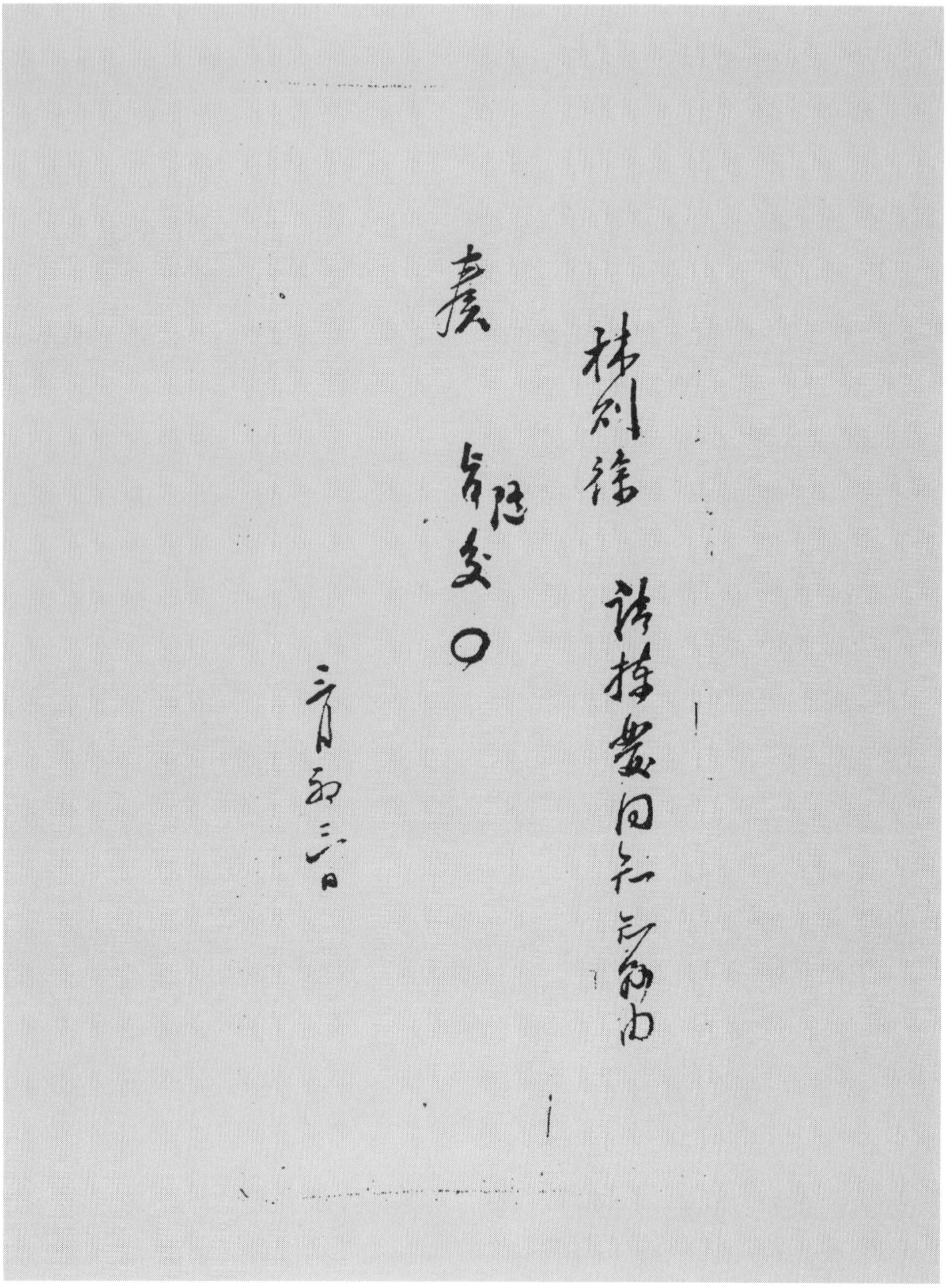

林則徐　請揀發同知知縣由

奏

旨隨發〇

二月初三日

署理陝甘總督林則徐奏摺　請揀發同知知縣人員來甘肅差委
道光二十六年二月初十日

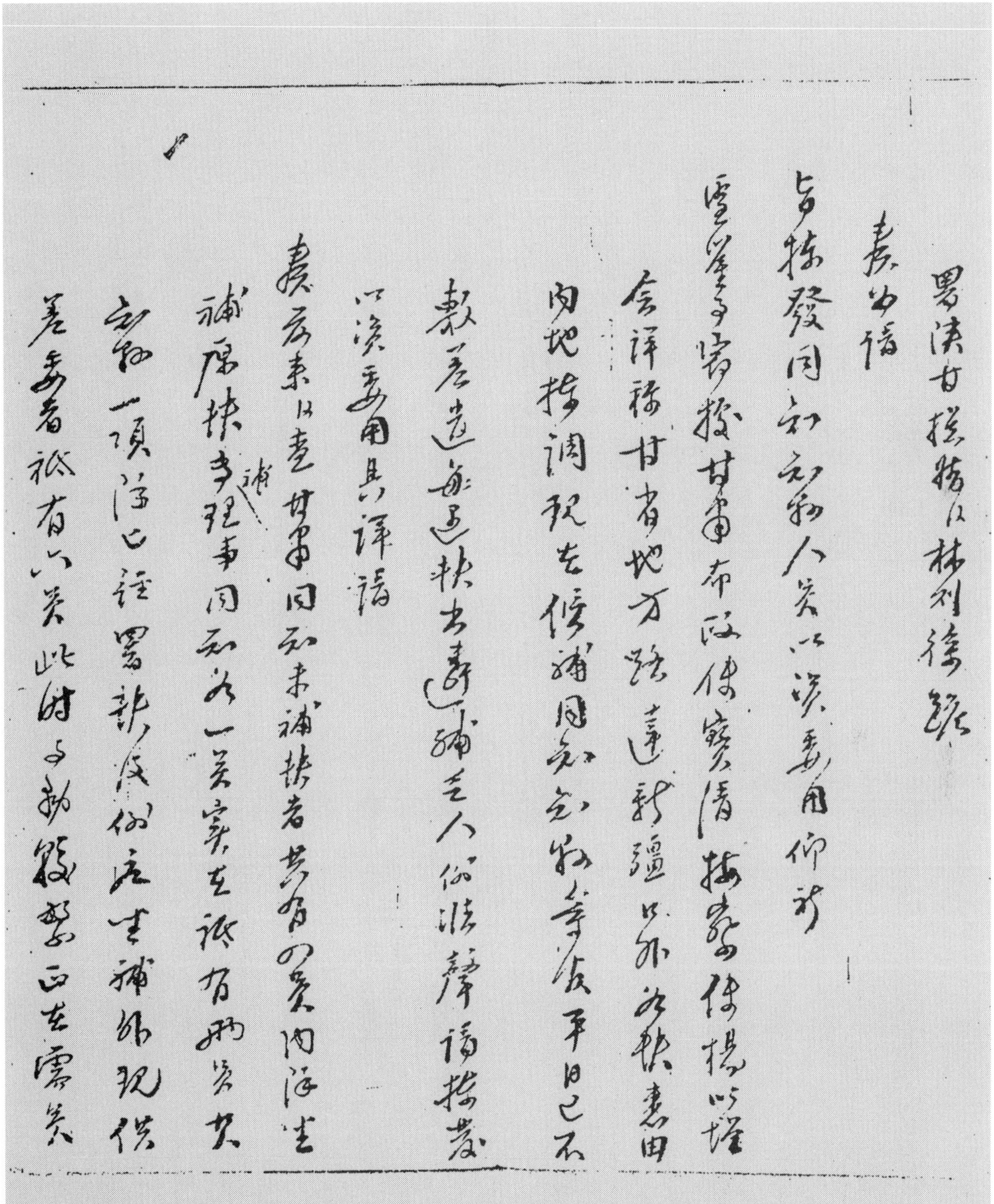
署陝甘總督臣林則徐跪
奏為請
旨揀發同知知縣人員以資委用仰祈
聖鑒事竊據甘肅布政使寶清按察使楊以增
會詳稱甘省地方雖逼近新疆然亦較素由
內地揀調現在候補同知知縣等官平日已不
敷差遣然遠赴新疆補缺之人俱須聲請撥發
以資委用具詳請
奏前來臣查甘肅同知未補缺者共有四員內除坐
補原缺並理事同知一員實在祇有兩員其
知縣一項除已經署新疆係應坐補外現候
差委者祇有六員此時已動缺而需員

署理陝甘總督林則徐奏摺　請揀發同知知縣人員來甘肅差委
道光二十六年二月初十日

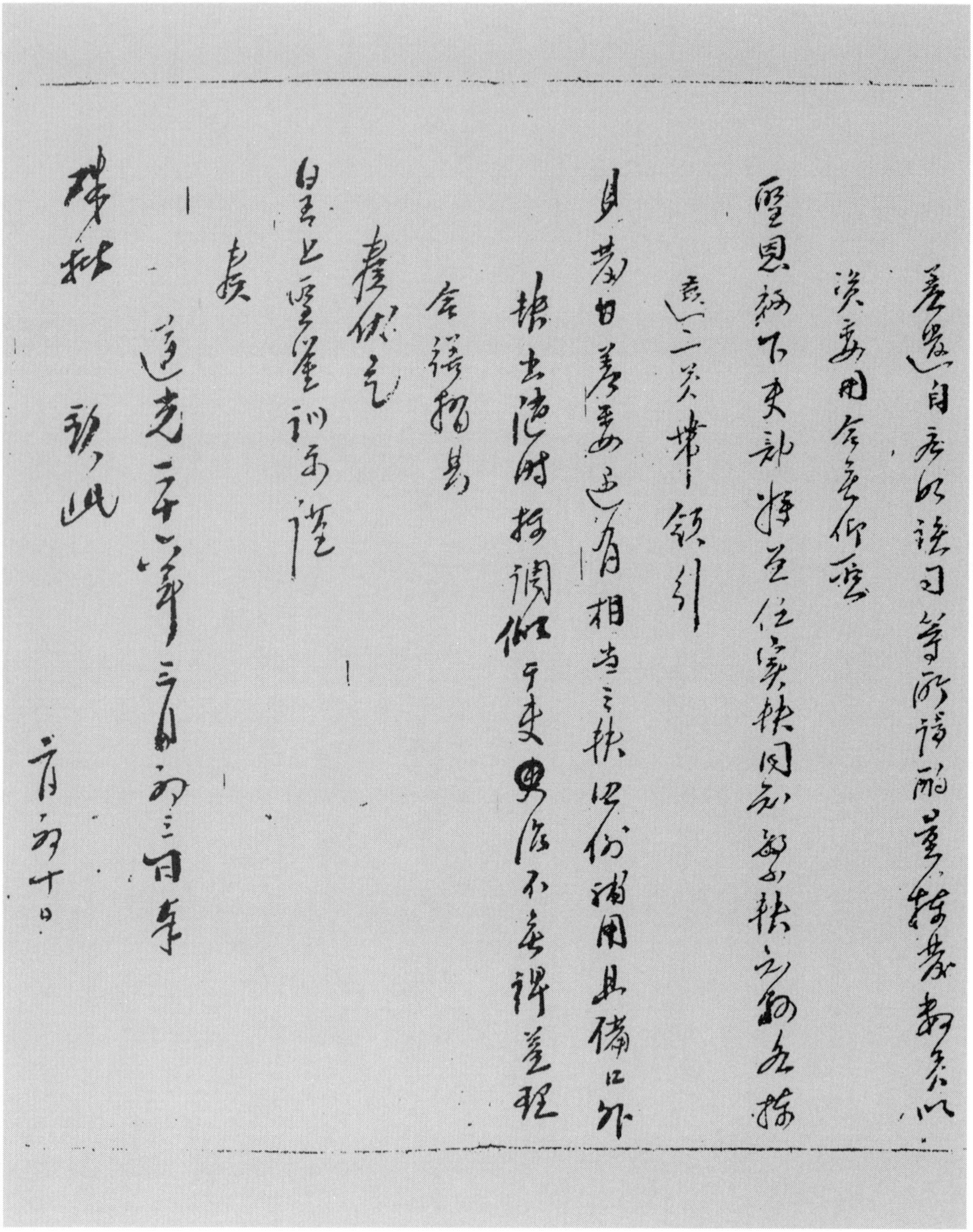
差遣自應照該司等所請酌量揀發數員以
資委用合無仰懇
聖恩敕下吏部擇其[illegible]實缺同知知縣[illegible]各揀
選二員帶領引
見發甘差委遇有相當之缺照例請[illegible]
[illegible]差程
[illegible]
奏伏乞
皇上聖鑒訓示謹
奏
道光二十六年二月初三日奏
硃批[illegible]欽此
二月初十日

署理陝甘總督林則徐奏摺　**請以英貴補授高臺縣知縣**

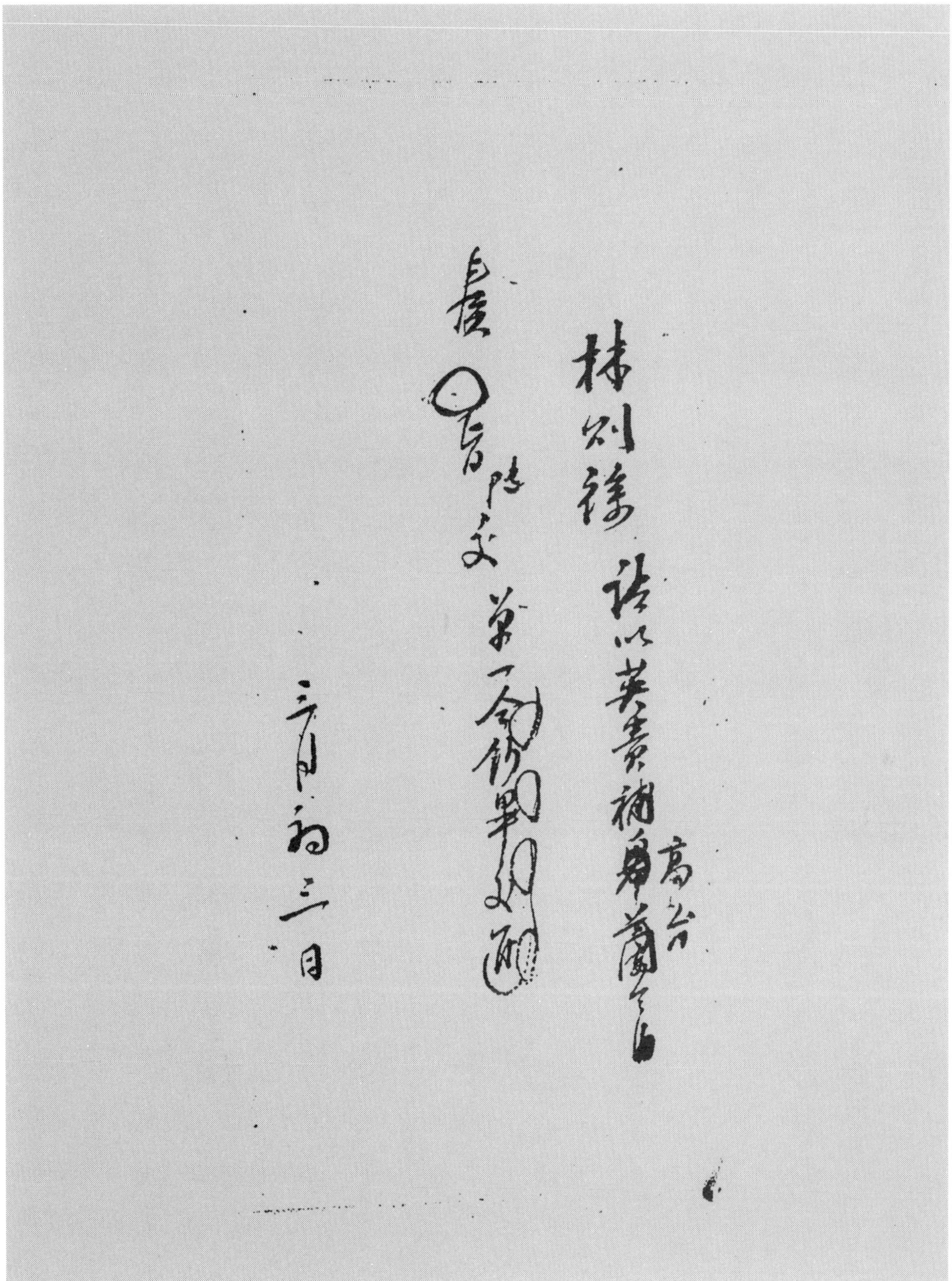
林則徐請以英貴補授高台縣知縣由

三月初三日

二五

署理陝甘總督林則徐奏摺　請以英貴補授高臺縣知縣

道光二十六年二月初十日

署陝甘總督臣林則徐跪

奏為揀員請補要缺知縣以重地方仰祈

聖鑒事竊照甘肅高臺縣知縣劉錫爵調補皋蘭縣

遺缺前經代辦督臣布政使徐澤醇以天水知

縣方奎炯

題請調補未准部覆旋據丁憂所遺高臺縣

係衝繁疲三項要缺應即飭行揀員調補前據

藩臬兩司詳稱於通省應調簡缺及應升人

員內逐加遴選非年份未符即人地不宜實無

堪調堪升之員惟查有酌量補用之候補班

平同直隸州州判知縣英貴年四十八歲正白旗滿洲

興福佐領下人由侍衛處筆帖式道光十六年

署理陝甘總督林則徐奏摺　請以英貴補授高臺縣知縣
道光二十六年二月初十日

十二日吏部帶領引
見奉
旨陝甘總督衙門筆帖式英貴著補授欽此
十八年四月到任歷署寧夏理事同知涇州同
知寧夏水利同知兼理寧朔縣事代理岷州
知印務二十四年正月歷俸六年期滿經前督
臣富呢揚阿保奏堪膺地方之選請旨由部
補用欽咨赴部引
見奉
旨英貴著以何項缺出用欽此二十五年正月奉
准部覆該員候到省後以何項有甘肅理事同
知通判等缺出歸入候補班內酌量補用是

二五　署理陝甘總督林則徐奏摺　請以英貴補授高臺縣知縣

道光二十六年二月初十日

正月十三日到省。該員年壯才優，結實可靠，以
之補授高臺縣知縣，實堪勝任。合詳請
奏前來。臣以甫經到任，例不加考，既據藩臬兩司查
明該員堪勝高臺縣知縣之任，詳請
奏補，合無仰懇
聖恩俯念要缺需員，准將英貴補授高臺縣知縣，
藉以資吏治。如蒙
俞允，該員係以候補知縣請補知縣，銜缺相當，毋庸
送部引
見。為此恭摺具
奏，並繕該員參罰清單敬呈
御覽。伏乞

署理陝甘總督林則徐奏摺　請以英貴補授高臺縣知縣
道光二十六年二月初十日

皇上聖鑒訓示謹
奏
道光二十六年三月初三日奉
硃批　欽此
二月初十日

署理陝甘總督林則徐奏摺

奏報甘肅省上年十二月份糧價及二十六年正月份得雪情形

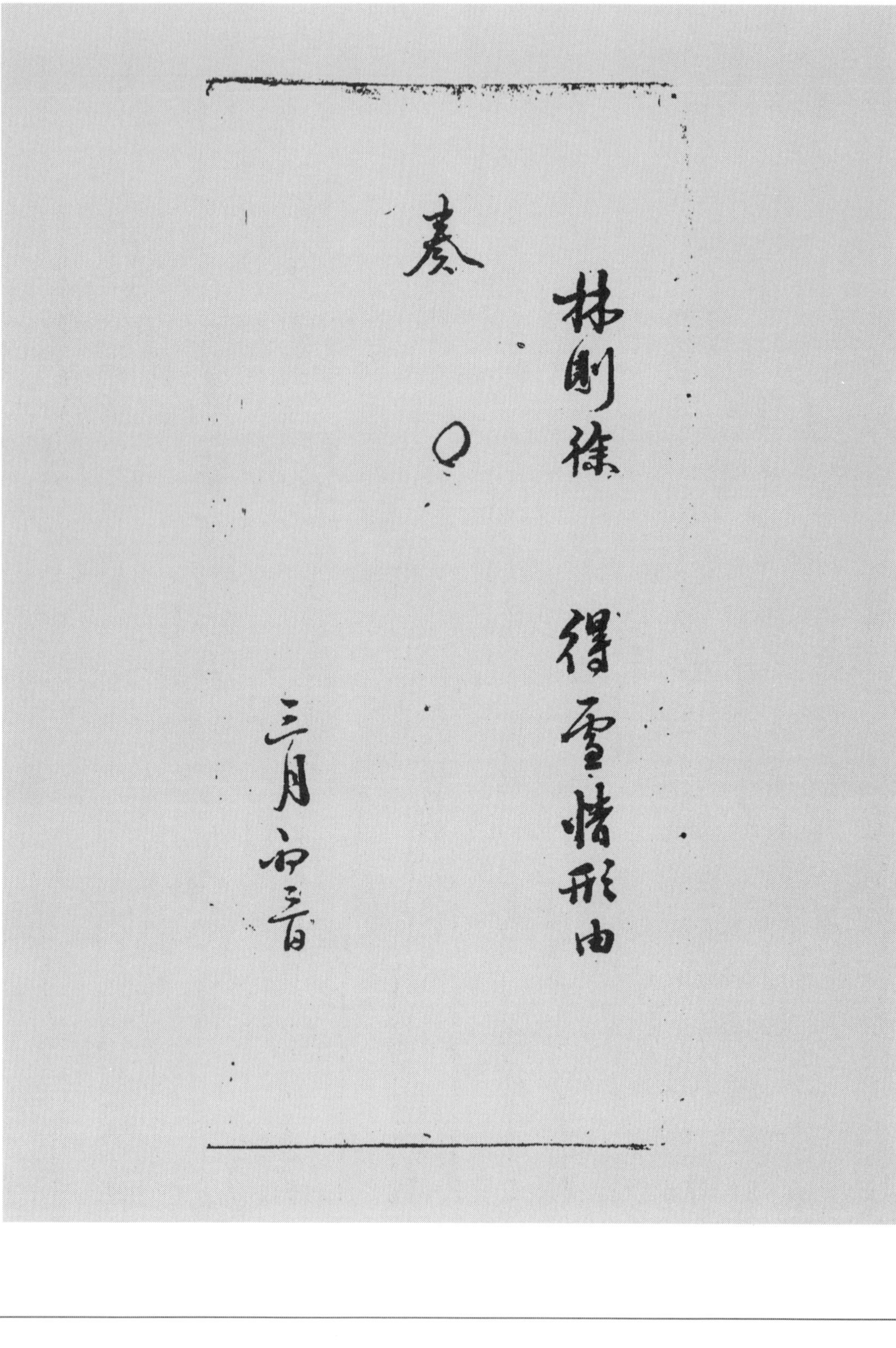
林則徐　得雪情形由
奏○
二月初十日

二五

署理陝甘總督林則徐奏摺　奏報甘肅省上年十二月份糧價及二十六年正月份得雪情形　道光二十六年二月初十日

署陝甘總督臣林則徐跪
奏為恭報道光二十五年十二月分糧價及本
年正月得雪情形仰祈
聖鑒事竊照甘肅省上年十一月分糧價及各屬
得雪分寸日期業經臣
奏報在案茲據藩司寶傳查明上年十二月
分糧價及本年正月各屬得雪分寸日期詳請具
奏前來臣查甘肅各屬本年正月內得雪一二
三寸不等此次臣由涼州前赴西寧適於
古浪平番兩縣交界遇雪寸許察看沿途
田地均含潤澤實於春耕有裨糧價與上月相
同民情亦甚安謐堪以仰慰

署理陝甘總督林則徐奏摺　奏報甘肅省上年十二月份糧價及二十六年正月份得雪情形　道光二十六年二月初十日

聖鑒。所有查明上年十二月分糧價及本年正
月得雪情形，理合繕具清單恭呈
御覽。伏乞
皇上聖鑒。謹
奏。
道光二十六年三月二十二日奉
硃批：知道了。欽此。

二月初十日

署理陝甘總督林則徐清單

甘肅省道光二十五年十二月份糧價清單

道光二十五年十二月分糧價清單

謹將道光二十五年十二月分甘肅各屬地方
米麥豆青稞糜子各項糧價開具清單恭呈
御覽
蘭州府屬價中
粟米每京石價銀一兩二錢四分六釐至一
兩五錢八分二釐與上月相同
小麥每京石價銀一兩二錢三分二釐至一
兩五錢一分二釐與上月相同
豌豆每京石價銀一兩二錢三分二釐至一
兩五錢一分二釐與上月相同
青稞每京石價銀五錢六分至七錢五分六
釐與上月相同

鞏昌府屬價中
粟米每京石價銀一兩二錢三分二釐至一兩五錢一分二釐與上月相同
小麥每京石價銀一兩二錢三分二釐至一兩五錢一分二釐與上月相同
豌豆每京石價銀一兩二錢三分二釐至一兩五錢一分二釐與上月相同
青稞每京石價銀六錢二分三釐至六錢五分八釐與上月相同
平涼府屬價中
粟米每京石價銀一兩二錢三分二釐至一兩五錢四分與上月相同

小麥每京石價銀一兩二錢三分二釐至一兩五錢四分與上月相同
豌豆每京石價銀一兩二錢三分二釐至一兩五錢四分與上月相同
糜子每京石價銀六錢一分六釐至七錢四分九釐與上月相同

慶陽府屬價中

粟米每京石價銀一兩二錢三分二釐至一兩三錢三分與上月相同
小麥每京石價銀一兩二錢三分二釐至一兩三錢三分與上月相同
豌豆每京石價銀一兩二錢三分二釐至一

兩三錢三分與上月相同
糜子每京石價銀六錢一分六釐至六錢六分五釐與上月相同

甘州府屬價中
粟米每京石價銀一兩二錢八分八釐至一兩三錢五分八釐與上月相同
小麥每京石價銀一兩二錢七分四釐至一兩三錢七分二釐與上月相同
豌豆每京石價銀一兩二錢七分四釐至一兩四錢與上月相同
青稞每京石價銀六錢三分七釐至六錢八分六釐與上月相同

涼州府屬價中
粟米每京石價銀一兩二錢六分至一兩五錢六分八釐與上月相同
小麥每京石價銀一兩二錢六分至一兩五錢六分八釐與上月相同
豌豆每京石價銀一兩二錢六分至一兩五錢九分六釐與上月相同
青稞每京石價銀六錢三分至七錢八分四釐與上月相同
寧夏府屬價中
粟米每京石價銀一兩二錢三分二釐至一兩四錢九分八釐與上月相同

小麥每京石價銀一兩二錢三分二釐至一
兩四錢九分八釐與上月相同
豌豆每京石價銀一兩二錢六分至一兩五
錢一分二釐與上月相同
糜子每京石價銀六錢一分六釐至七錢四
分九釐與上月相同
西寧府屬價中
粟米每京石價銀一兩二錢三分二釐至一
兩三錢二釐與上月相同
小麥每京石價銀一兩二錢四釐至一兩二
錢七分四釐與上月相同
豌豆每京石價銀一兩二錢三分二釐至一

兩二錢六分與上月相同
青稞每京石價銀六錢二釐至六錢三分與
上月相同
秦州直隸州並所屬價中
粟米每京石價銀一兩二錢一分八釐至一
兩二錢八分八釐與上月相同
小麥每京石價銀一兩二錢一分八釐至一
兩二錢八分八釐與上月相同
豌豆每京石價銀一兩二錢一分八釐至一
兩二錢八分八釐與上月相同
糜子每京石價銀六錢九釐至六錢四分四
釐與上月相同

階州直隸州並所屬價中
粟米每京石價銀一兩二錢三分二釐至一兩三錢九釐與上月相同
小麥每京石價銀一兩二錢三分二釐至一兩二錢七分四釐與上月相同
豌豆每京石價銀一兩二錢五分三釐至一兩二錢七分四釐與上月相同
糜子每京石價銀六錢二分七釐至六錢三分七釐與上月相同
涇州直隸州並所屬價中
粟米每京石價銀一兩二錢八分八釐至一兩四錢七分與上月相同

小麥每京石價銀一兩二錢四釐至一兩四錢七分與上月相同
豌豆每京石價銀一兩二錢七分四釐至一兩四錢七分與上月相同
糜子每京石價銀六錢四分四釐至七錢三分五釐與上月相同
肅州直隸州並所屬價中
粟米每京石價銀一兩二錢八分八釐至一兩五錢五分四釐與上月相同
小麥每京石價銀一兩二錢八分八釐至一兩五錢四分與上月相同
豌豆每京石價銀一兩二錢八分八釐至一

兩五錢五分四釐與上月相同
青稞每京石價銀六錢四分四釐至七錢七
分與上月相同
安西直隸州並所屬價中
粟米每京石價銀一兩二錢六分至一兩四
錢七分與上月相同
小麥每京石價銀一兩二錢六分至一兩四
錢七分與上月相同
豌豆每京石價銀一兩三錢三分至一兩五
錢一分二釐與上月相同
青稞每京石價銀六錢三分至七錢三分五
釐與上月相同

安肅道屬哈密廳價中
粟米每京石價銀二兩二錢九分六釐與上
月相同
小麥每京石價銀一兩八錢九分與上月相
同
豌豆每京石價銀二兩七錢八分六釐與上
月相同
青稞每京石價銀九錢四分五釐與上月相
同

覽

署理陝甘總督林則徐清單

甘肅省道光二十六年正月份得雪清單

道光二十六年正月分得雪清單

署理陝甘總督林則徐清單 甘肅省道光二十六年正月份得雪清單 道光二十六年二月初十日

謹將甘肅省各屬道光二十六年正月分得雪
日期分寸開具清單恭呈
御覽

蘭州府屬
紅水縣丞 正月初三四兩日得雪二三寸不等
金縣 正月二十九日得雪二寸餘
河州 正月十八日得雪一寸餘二十九三十兩日得雪一寸餘
狄道州 正月二十八九兩日得雪一寸
沙泥州判 正月二十九日得雪一寸餘

鞏昌府屬
隴西縣 正月二十九日得雪一寸餘
岷州 正月二十九三十兩日得雪一寸

通渭縣正月二十八九兩日得雪一寸餘

平涼府屬

平涼縣正月二十九日得雪一寸餘

固原州正月初四日得雪一寸二十八日得雪一寸餘

莊浪縣丞正月二十八日得雪二寸

涼州府屬

古浪縣正月初三日得雪一寸二十九日得雪一寸餘

西寧府屬

大通縣正月初二日得雪三寸餘

知道了

署理陝甘總督林則徐奏片　甘肅省道光二十六年正月份收捐監生銀兩及實存藩庫銀數

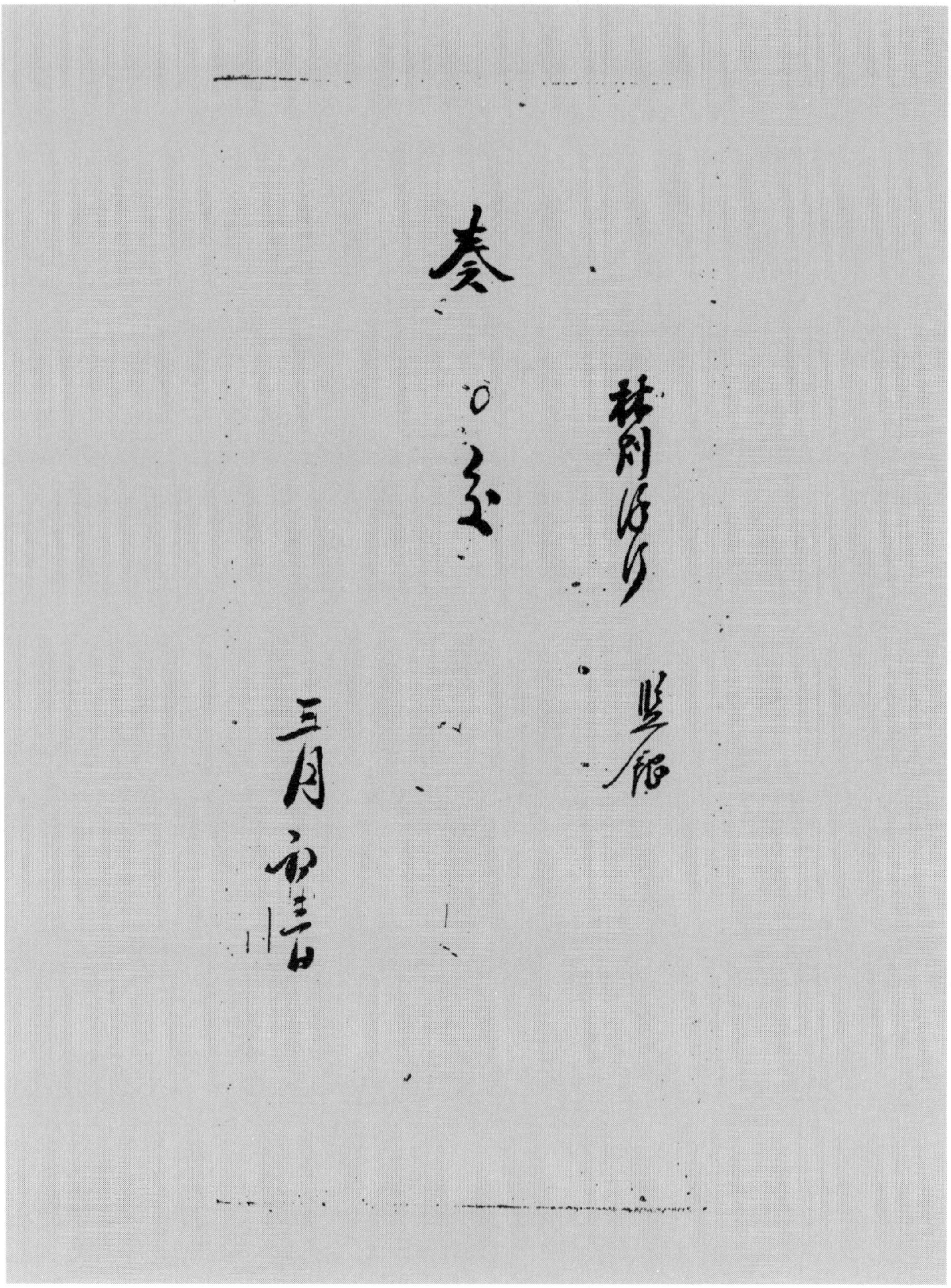
林則徐　覽
奏　○又
三月初十日

二五

署理陝甘總督林則徐奏片　甘肅省道光二十六年正月份收捐監生銀兩及實存藩庫銀數

道光二十六年二月初十日

甘肅省捐監銀兩
舊案
自嘉慶五年三月二十六日開捐起至道光二十五
年十二月底止共收捐監銀七十二萬二百
七十四兩內除歷次
奏明動用及遵
旨解部歷任藩司借動未還撥歸喀什噶爾經費
並抵作部庫及撥歸儲備青款加謹封貯並
補撥甘肅癸卯年及提支二十四年兵餉等
項共銀七十萬五千八百一十二兩零尚存藩
庫銀一萬四千四百六十一兩零又原捐餘平
銀二萬六千五百五十五兩零隨正解交部庫

二五　署理陝甘總督林則徐奏片　甘肅省道光二十六年正月份收捐監生銀兩及實存藩庫銀數　道光二十六年二月初十日

銀二萬一千六百八十一兩零尚存藩庫
銀八百二十四兩前經
奏明在案
新收
道光二十六年正月初一日起至月底止收捐
監生二名共收銀二百一十六兩條平銀八
兩零
開除
無項
實在
道光二十六年正月底止實存藩庫銀
一萬四千五百七十七兩零條平銀八百三
十二兩零遵部奏定俟湊足三萬兩委

署理陝甘總督林則徐奏片　甘肅省道光二十六年正月份收捐監生銀兩及實存藩庫銀數　道光二十六年二月初十日

貢解部至餘平銀兩俟收有成數解部

合並陳明

道光二十六年二月初十日奉

硃批：戶部知道。欽此。

署理陝甘總督林則徐等奏摺　**拏獲貴德廳搶劫拒捕番犯加科等審明分別定擬**

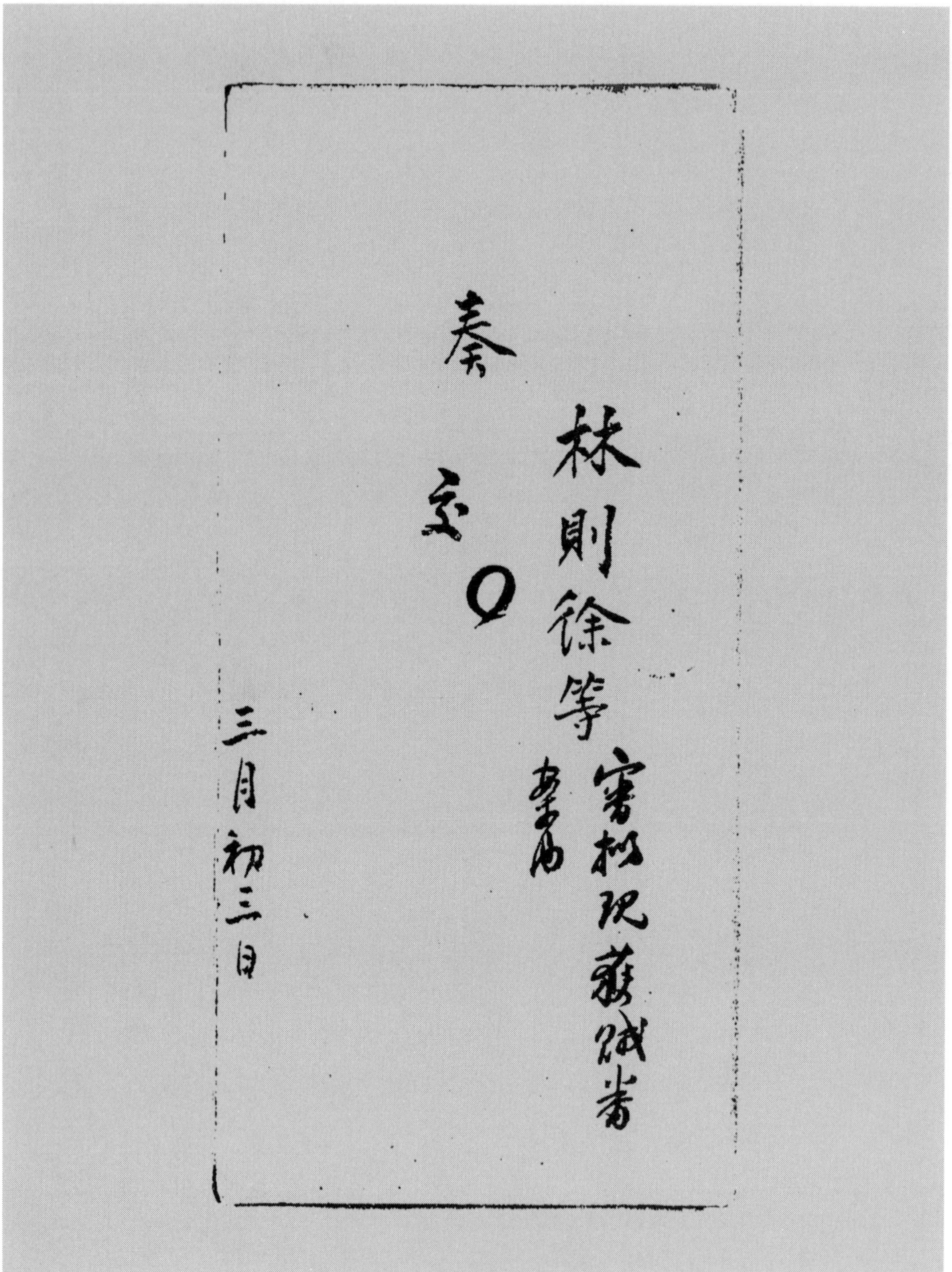
林則徐等審擬現獲賊犯[illegible]
奏
交○
三月初三日

署理陝甘總督林則徐等奏摺　拏獲貴德廳搶劫拒捕番犯加科等審明分別定擬

道光二十六年二月初十日

署陝甘總督臣林則徐
西寧辦事大臣臣達洪阿　跪
奏為拏獲搶劫拒捕賊番審明按例分別定擬將
情重之犯番請
王命先行正法恭摺具奏祈
聖鑒事竊臣等接據貴德廳營稟報拏獲賊番加科
並喇嘛共倪勿色二名又據大通縣稟獲囊帶
刀爾之喇嘛洛藏旦曾　洛藏官布　洛藏三
住布　洛藏才塄　官曲合旦曾　巴尼藏等
六名均即批令西寧府等嚴行訊明業經奏
聞在案茲臣林則徐因與臣達洪阿商酌移駐
西寧府城者委青海衙門司員玉銘會同西寧
府知府莊俊元將各犯審明定擬解勘前來臣

等隨令提各犯親加研鞫據加科供係貴德廳屬
他爾造喊乃亥族番子吳代旬色係其胞叔自幼
出家為僧嗣回家與加科同居道光二十五年
十月貢爾藏族賊首布罗洲允本族番子什加
若甘及加科共百餘人各騎馬持械出外行
搶由忙多倫渡河北逕郭寨番與果洛郎倉寨
却呼欽誘同走八日搶劫不知族分番子牛五
十餘隻事主洲人追捕布罗放槍拒斃事主二
人帶傷三四人餘各畏懼走避各犯驅贓而逸
行至中途有兵丁前來截拏什加若帥一兵殺
害後趕贓前行又遇脚戶數人趕騾至布罗
放槍擊斃事主一人尕勒哇用刀砍傷一人帥騾

五頭并馱載貨物一并搶劫仍由忙多回至河南
俵分贓物加科為牛二隻內一隻分與只化勿
色其一隻抵還頁爾藏族番子只格先木
欠項此加科聽許連劫二次只化勿色知情
分贓之情由也乃洛藏官布　洛藏旦曾　洛藏
三住布　洛藏才塄　官曲合旦曾　包尼藏俱係
四川松番廳所轄杜哇地方多却合　貝工兩
族番子均為拉布浪寺番僧洛藏官布未出
家以前於道光二十一年不記月日聽從本族
番賊巴里旦約允不知族名番子十數人各騎
馬持械出外搶劫至洮州廳所轄角稜亥
地方見一番子在坡牧放牛隻該犯等上前搶

二五　署理陝甘總督林則徐等奏摺　拏獲貴德廳搶劫拒捕番犯加科等審明分別定擬　道光二十六年二月初十日

將牛九隻，事主點放烏槍，將該犯洛藏官布左
手腕打扑翻跌落馬，巴里旦等上前救護，將
事主捆綁，奪獲烏槍，繼有事主三人追出戕傷
該犯腿肚，將捆綁事主解放，雖未奪回，巴里旦等
將洛藏官布攙扶上馬，馱回醫痊傷痕。將搶獲
牛隻在巴子城不知姓名客民處易換紅布數
十疋，給巴里旦等儀分，該犯分得紅布十疋。二十
四年在拉布朗寺出家，拜尖本錯為師，與洛藏
旦曾等同事認識。洛藏旦曾先於道光八年聽
從斜寮立碟族番子陸本簇古洲約搶劫他
族番子居工買曹等馬二匹、牛六隻，因事主格
鬭被傷殺斃，腦後旋卽搶得馬牛陸續宰殺

引食十年在洛藏寺為僧二十四年又至拉布
浪寺拜洛藏安加爾為師與洛藏三住布等
同寺認識洛藏三住布未出家之前傭工度日
道光二十四年五月間有牙勒族頭目開共布
等齊令洛藏三住布與拉細才郎等一共七人
出外搶劫維時拉布浪寺番僧尖木錯遣令
洛藏官布往藍哩古族番子乙旦木什加處催
收布施乙旦木什加邀允該犯并官却什加等一
共五人出外尋搶洛藏旦曾亦于是時聽從阿
尼族番子俄若塄多糾約與該族番子才塄
他爾等一共五人騎馬持械另行尋搶各該犯等
在途會遇將三股首夥合成一股適又逢遇英貴

甲族番賊夫木三產等及迭莫庚族番賊
安布加等與帶番賊一百多人搶劫在梅莊
地之金姓的香合夥同行洛藏安布洛藏旦曾
拘去騎馬將械洛藏三住布捷多安從蹤逃與
開
開者布鼇來看守行李至不剌地泉渡口紮棧過
河夫木三產　開番布　乙旦木什加　錢若堺欠等探知
蕃古牧牲地方合洛藏官布洛藏三住布與安多
行番子十數人同守行李夫木三產　安加布帶
領洛藏旦曾等一百多人前往搶得牛一百多
隻趕至迭莫庚地方係多洛藏安布多牛一隻
洛藏旦曾隨錢若堺名回家不得更貿紅布
六疋並牛一隻洛藏三住布隨開者布回家不

得紅布一尺隨後走散以上三犯內除藏官布
聽從行劫得贓一次又看守行李分贓一次洛
藏旦曾聽從行劫得贓二次洛藏三住布被
魯隨行分贓一次該三犯先後均回扎布很寺
為僧于五年十月商同本寺僧人洛藏才塄官
曲令旦曾　已尼藏告假回家十一月內吾該
犯等六人商定同往各寺院磕頭自扎布很
寺一齊起身各帶刀矛防身由沁格田巴　年
年古加的格多寺磕頭行至去通地方即被
署番加科只代拏色因挂珠買布亦經貴
德廳營盤獲解訊各供亦無不諱查各
犯等合夥至二百餘人之多騎馬持械出

肆刦，恐所搶不止此數，更難保無從下手
戕官重情。復加究詰，據各犯原稱聞有官兵
追緝，慮被拿獲，隨各散歸，未敢在外常聚。
加以刑嚇，矢口不移。查該番等被搶本無報案，而
刦殺鄉戶與戕官害兵，則有案牘可稽，其月日
亦所不能指供，悉相符合。因賊番隨地搶掠，
不能盡知地名，即年月亦祗約畧記憶。既據各
自供認不諱，核與原案大致相同，其為番賊無
疑，自應即行擬結。查例載：響馬強盜執
有弓矢軍器，白日邀劫道路，贓證明白者，俱不分人
數多寡、曾否傷人，依律處決，梟示。又強盜積至
百人以上，不分曾否得財，俱照得財律斬，隨即奏請

審決梟示又強盜案內被人誘脅隨行上盜
或行劫止一次並無兇惡情狀者仍以情有可原
免死發遣新疆給官兵為奴又強盜同居伯
叔與有知情分贓者如強盜問擬斬罪減一等杖
一百流三千里各等語此案加科洛藏安布洛
藏旦曾聽從在逃之布買等騎馬持械聚
至百人以上搶劫得贓非止一次均屬罪惡昭著自應援律例
問擬加科洛藏安布洛藏旦曾三犯應照四強盜執
有軍器白日邀劫贓證明白者依律處決例擬斬立
決現當番務喫緊之際該犯等未便稽誅臣
等審明即恭請
王命飭委西寧道慶端署西寧鎮標中營遊擊呂熙

珍的結三犯綁赴市曹即行正法并梟首示眾
俾眾咸知儆戒洛藏三住布一犯本係被逼
從臨時僅止在後看守行李并未上盜察其
情狀實屬愚憨情尚可原請照強盜案內被
脅隨行一次并無兇惡情狀免死發遣新疆給官
兵為奴例發新疆給官兵為奴各照例刺字
只他旦色拉伊姪加科搶劫分得姪牛居照強
盜同居伯叔知情分贓者減一等例擬杖一百流三
千里到配折責安置洛藏才塄　官曲合旦勇
巴尼藏供係避匿磕跌并無為匪亦不知洛藏
官布等搶劫情由是屬實應俟補到拉布
浪占僧調贖訊明確再行酌擬逸犯布買

展緝獲日另結除全案供招咨部外所有拏
獲賊番審明按例分別辦理緣由謹合詞恭摺
具
奏伏乞
皇上聖鑒訓示謹
奏
道光二十六年三月初二日奉
硃批刑部議奏欽此
二月初十日

署理陝甘總督林則徐奏片　**遵旨函商新疆南路八城回民生計情形**

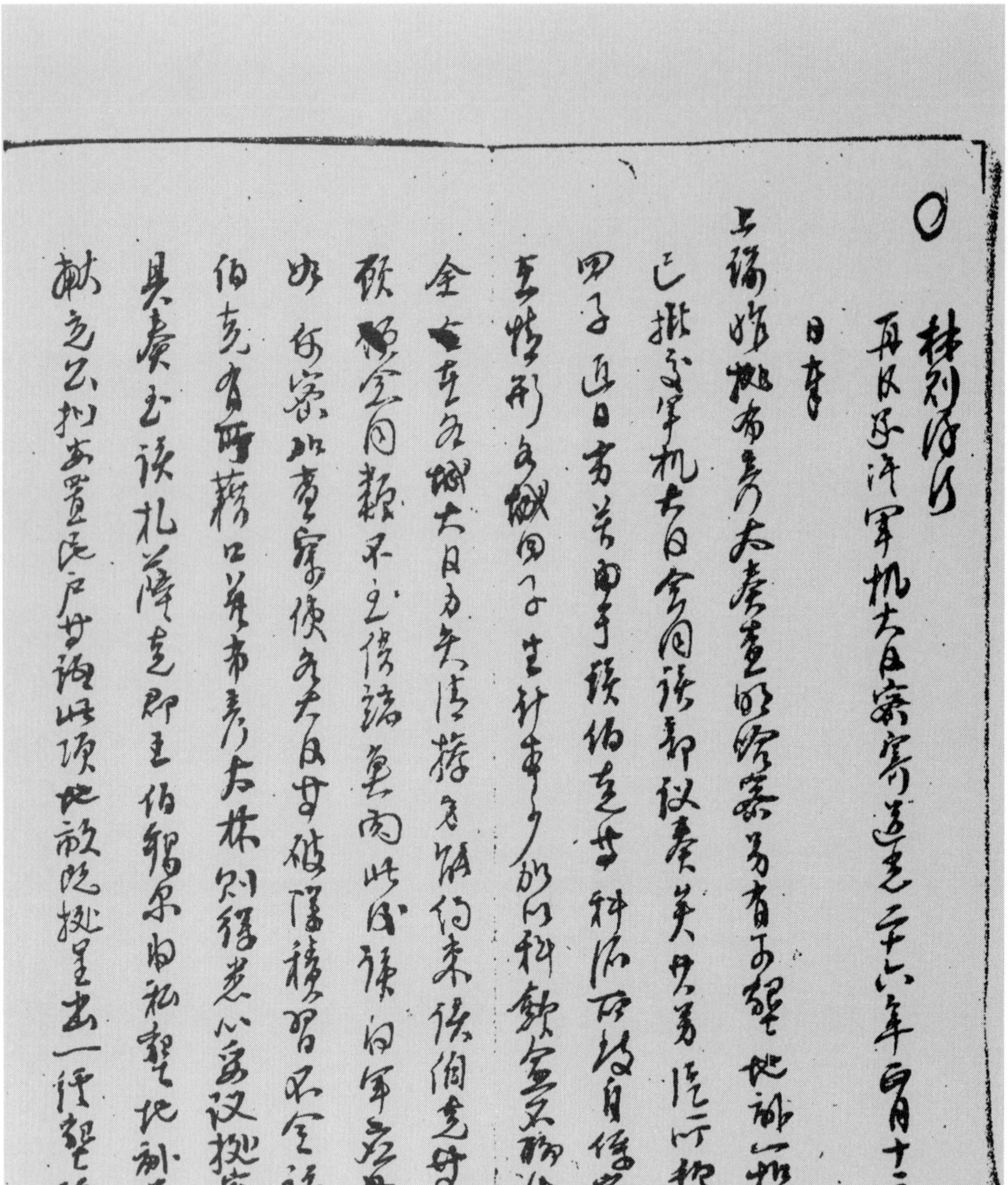

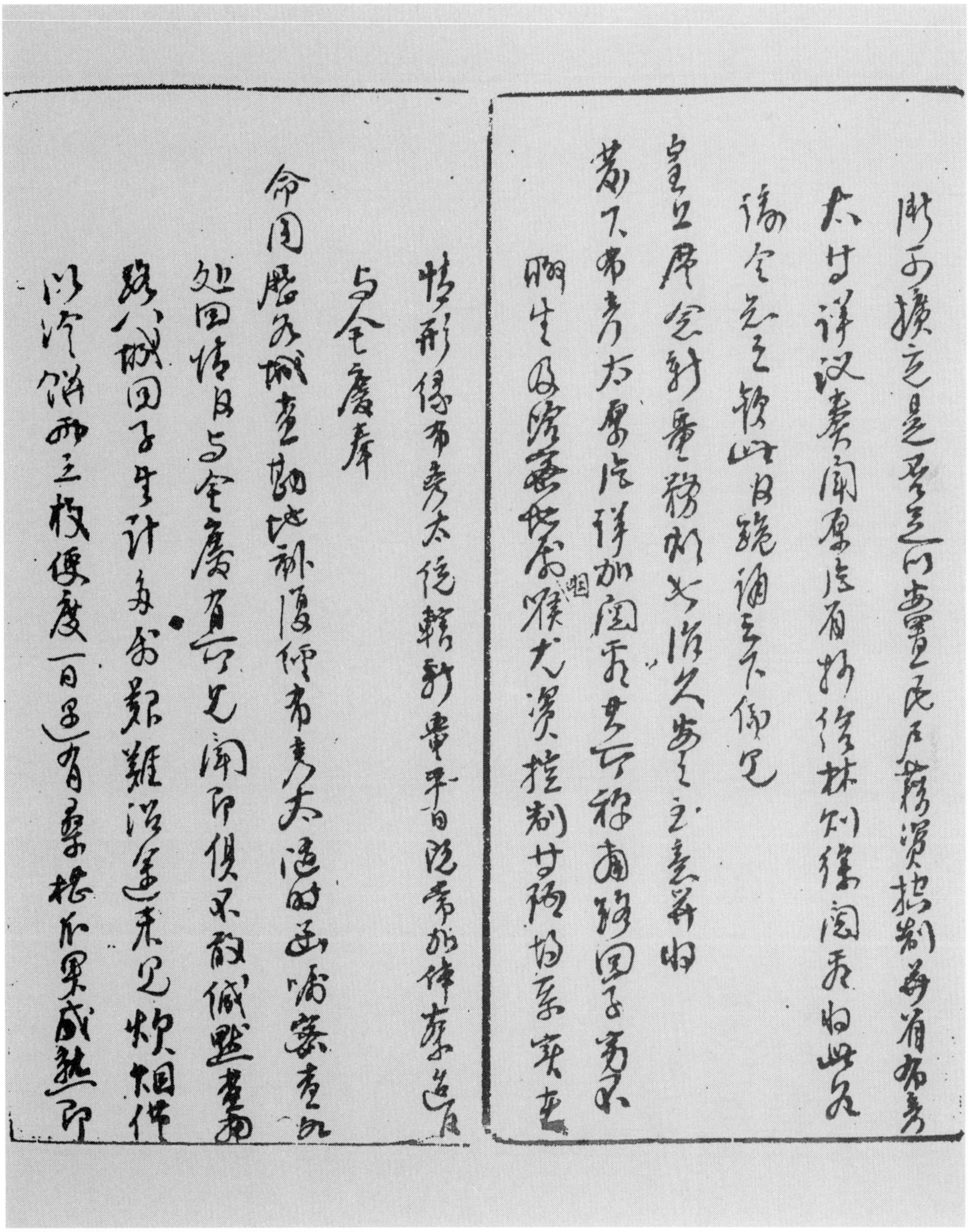

漸可擴充是否足以安置民戶籌資抵制并着布彥
泰等詳議奏聞原片著抄給林則徐閱看欽此又
諭令知之欽此跪誦之下仰見
皇上廑念新疆要務於安邊之至意莫名
發下布彥泰原片詳加閱看其所稱南路回子萬不
聊生及貽害地方烟慎尤須控制甘務均屬實在
情形係布彥泰總轄新疆平日經常辦理籌畫近年
與全慶奉
命周歷各城查勘地畝復經布彥泰通盤察查凡
如回情形與全慶皆所見聞即俱不敢緘默暨為
路八城回子生計多屬艱難從前未見種烟但
以麪餅兩三枚便度一日遇有桑椹瓜果成熟即

署理陝甘總督林則徐奏片 遵旨函商新疆南路八城回民生計情形 道光二十六年二月初十日

署理陝甘總督林則徐奏片　遵旨函商新疆南路八城回民生計情形
道光二十六年二月初十日

取以充飢其苦不同並係生長無論也署本年
皆赤足奔走詢問此等窮回為被旱伯克追
比戶皆無頂當求錢文誠如
聖諭全在此撫夫良方莫法接方能得來伯克者毋不至
備端奏聞布彥泰至伊犁回軍任內本已屢蒙
稽查前案
諭令悉心妥議臣即與布彥泰詳細面商均于慎密周
詳以除積弊習聞回疆口外等處距嘉峪關較
近民內地民人出口者在該處營生且原係雜居
營兵年久諳生計尤密且上年與屢在該處勸地
內有軍民安分人環跪具呈求為清厘地土旋
據該札薩克郡王伯錫爾以清字印文咨伊犁

署理陝甘總督林則徐奏片 遵旨函商新疆南路八城回民生計情形

道光二十六年二月初十日

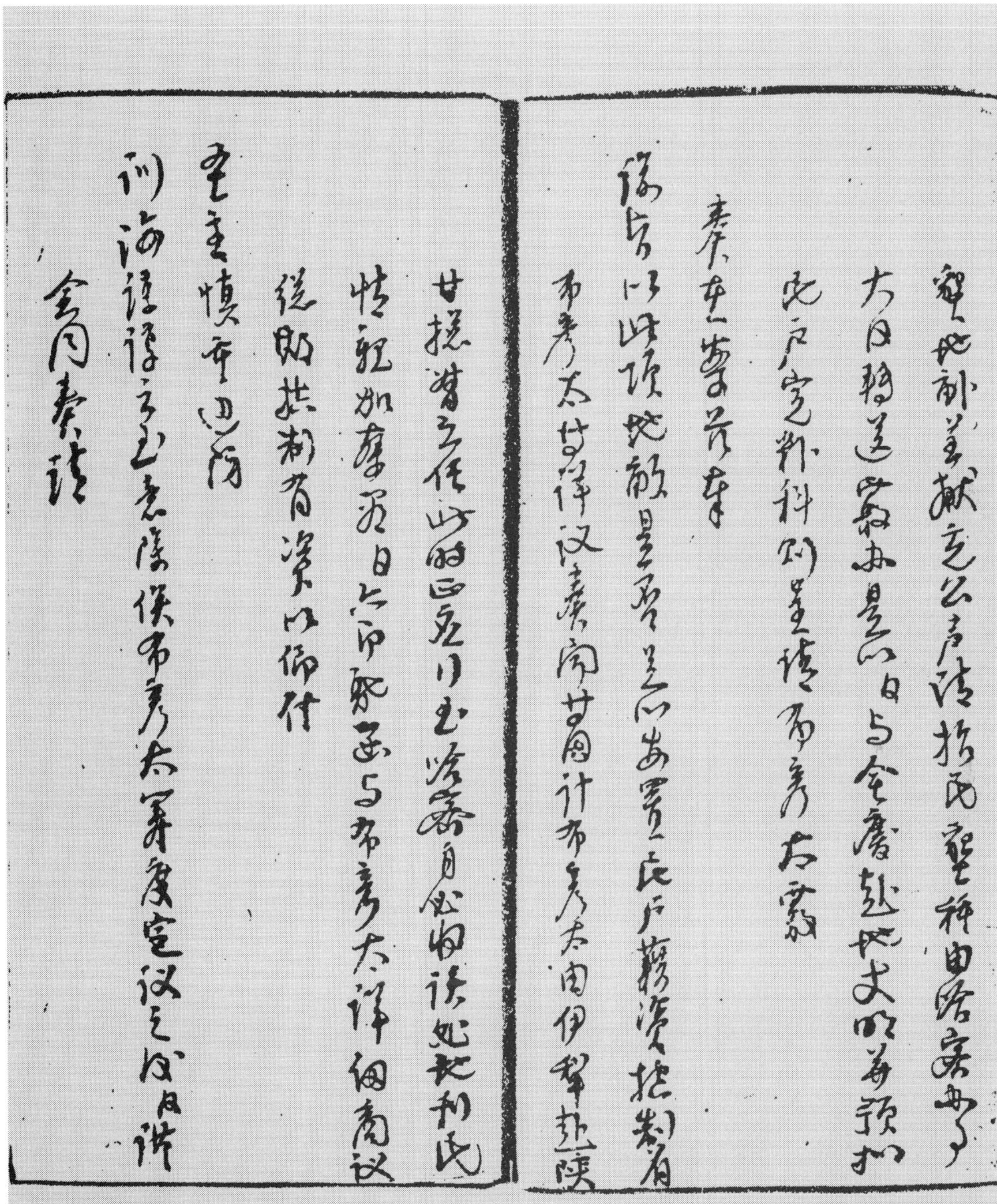

二五　署理陝甘總督林則徐奏片　遵旨函商新疆南路八城回民生計情形

道光二十六年二月初十日

聖裁。如有奉到

諭旨，欽遵商議，隨時續陳附片密

奏。伏乞

聖鑒。謹

奏。

道光廿六年二月初十日奉

硃批：知道了。欽此。

上諭 著林則徐與達洪阿胡超布置堵剿防守機宜

軍機大臣 字寄

署陝甘總督林 道光二十六年二月十三日奉

上諭林則徐奏搜捕番賊情形並設法添製礮彈一摺覽奏俱悉甘涼等屬沿山隘口現在查無番賊蹤跡惟此次該番未受大創難保不因春氣漸融又思伺隙滋擾該署督現已移駐西寧著即與達洪阿詳細熟商將一切堵剿機宜通盤籌畫妥為布置其甘涼一帶著責成胡超等督飭弁兵以防為剿毋得稍涉大意致有疎虞現獲之番賊番僧務即嚴加究詰洞悉賊情庶可跟蹤追緝至大礮為該賊所憚行軍利器自宜以此為先該署督現鑄炸彈試放得力所辦甚好著即設法多製以資

應用惟該營弁兵於舊存礮位從不演放廢弛已
極實堪痛恨著該署督明定賞罰章程嚴飭勤加
練習務令施放有準以除痼疾而振軍威將此諭
令知之欽此遵
旨寄信前來

道光二十六年二月十三日内閣奉

上諭林則徐奏被議之驍騎校許告各款請分別飭查一摺此案驍騎校常慶具控該營馬匹歷次被搶諱匿不奏並餽送回旗副都統盤費各情著交布彦泰提集人證秉公嚴訊按律究辦至原控所失馬匹之數查與各旗員供報不符並著調集各旗冊檔逐加查覈務期水落石出分別辦理前任涼州副都統文祥被控收受弁兵餽送著該旗都統等查取切實親供具奏欽此

硃

署理陝甘總督林則徐題本　甘肅雲騎尉候補守備趙俊依例調補涼州鎮土門堡守備員缺

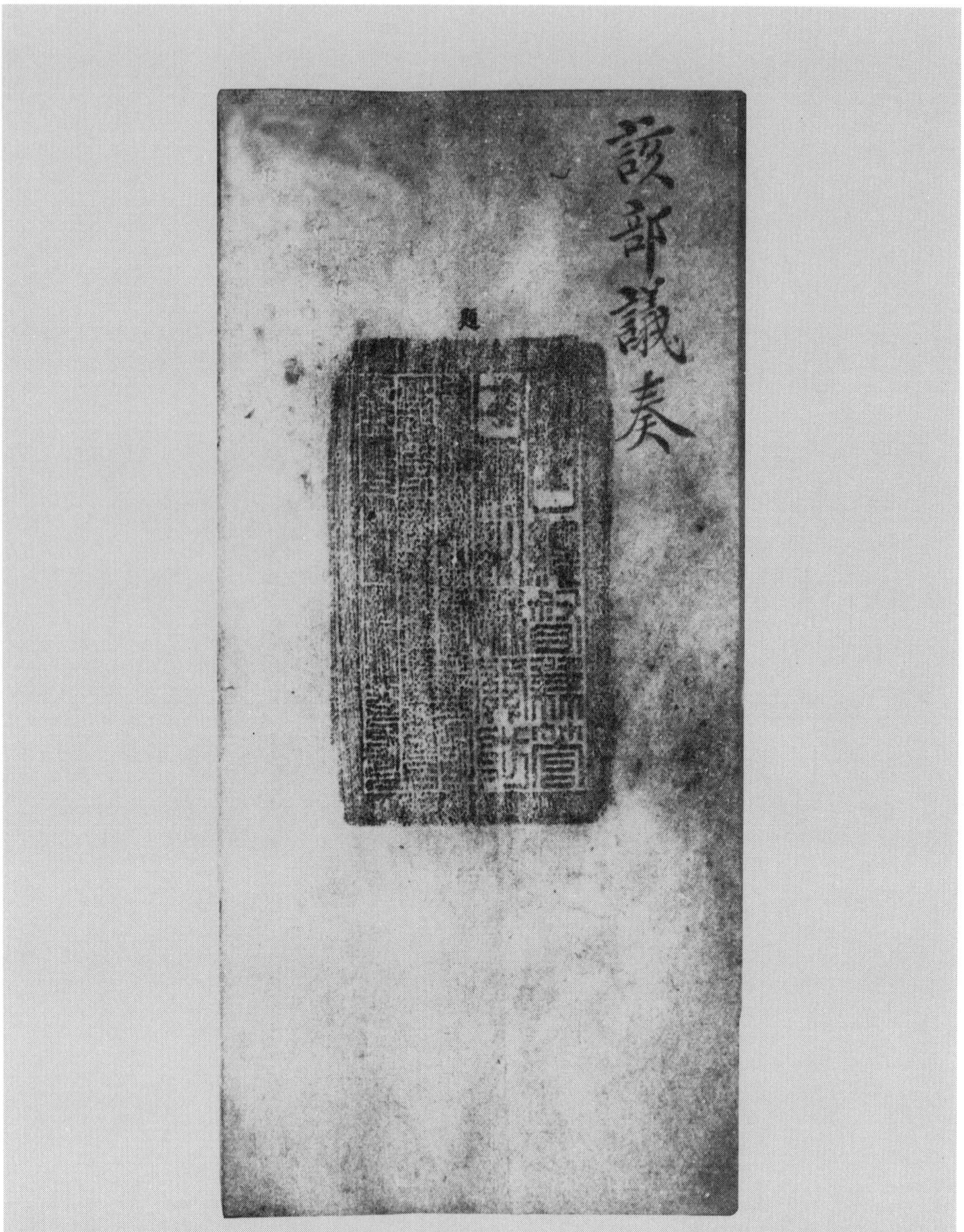

二五

署理陝甘總督林則徐題本　甘肅雲騎尉候補守備趙俊依例調補涼州鎮土門堡守備員缺

道光二十六年二月十五日

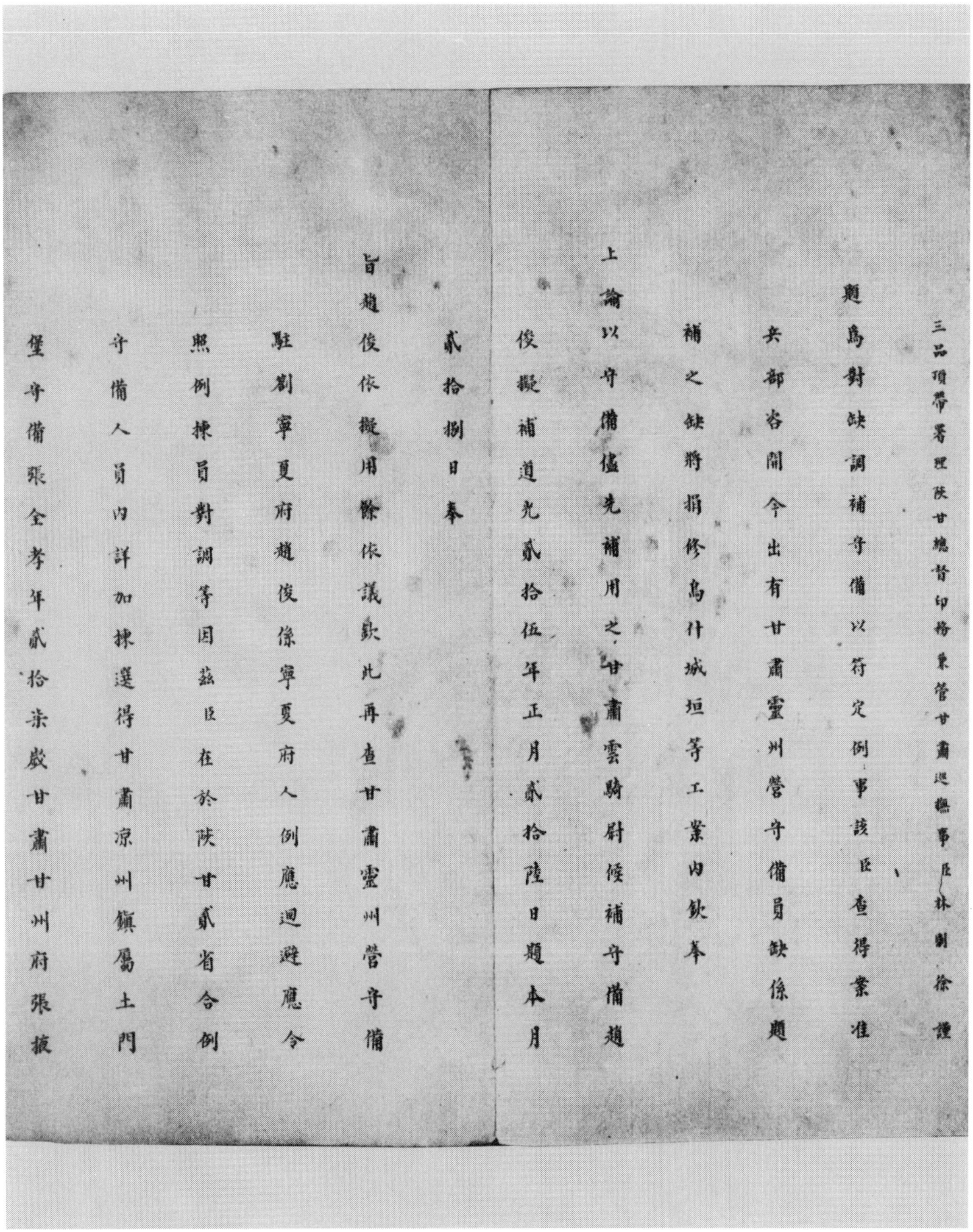
三品頂帶署理陝甘總督印務兼管甘肅巡撫事臣林則徐謹
題爲對缺調補守備以符定例事該臣查得案准
兵部咨開今出有甘肅靈州營守備員缺係題
補之缺將捐修烏什城垣等工案內欽奉
上諭以守備儘先補用之甘肅雲騎尉候補守備趙
俊擬補道光貳拾伍年正月貳拾陸日題本月
貳拾捌日奉
旨趙俊依擬用餘依議欽此再查甘肅靈州營守備
駐劄寧夏府趙俊係寧夏府人例應迴避應令
照例揀員對調等因茲臣在於陝甘貳省合例
守備人員內詳加揀選得甘肅涼州鎮屬土門
堡守備張全孝年貳拾柒歲甘肅甘州府張掖

縣人由雲騎尉世職補授今職該員年富力強
諳習營伍堪以調補甘肅寧夏鎮屬靈州營守
備其所遺涼州鎮屬土門堡守備員缺即請以
擬補靈州營守備趙俊調補與例俱符如蒙
俞允該員等係以守備調補守備銜缺相當均請免
其送部除查取該員等履歷清冊至日另咨送
部外臣謹會同甘肅提督臣胡超合詞具
題伏祈
皇上聖鑒敕部議覆施行謹
題請
旨

二五

署理陝甘總督林則徐題本　甘肅雲騎尉候補守備趙俊依例調補涼州鎮土門堡守備員缺

道光二十六年二月十五日

道光[illegible]管甘肅巡撫事臣林則徐

三品頂帶署理陝甘總督印務兼管甘肅巡撫事臣林則徐謹
題為對缺調補守備以符定例事該臣查得案准
兵部咨令出有甘肅靈州營守備員缺係題補
之缺將捐修烏什城垣等工案內欽奉
上諭以守備儘先補用之甘肅雲騎尉候補守備趙
俊擬補具題奉
旨趙俊依擬用餘依議欽此再查甘肅靈州營守備
駐劄寧夏府趙俊係寧夏府人例應迴避應令
照例揀員對調等因茲臣在於陝甘貳省合例

二五

署理陝甘總督林則徐題本　甘肅雲騎尉候補守備趙俊依例調補涼州鎮土門堡守備員缺

道光二十六年二月十五日

守備人員內詳加揀選得甘肅涼州鎮屬土門
堡守備張全孝年貳拾柒歲由雲騎尉世職補
授今職該員年富力強諳習營伍堪以調補寧
夏鎮屬靈州營守備其所遺涼州鎮屬土門堡
守備員缺即請以擬補靈州營守備趙俊調補
與例俱符除查取該員履歷清冊至日另咨送
部外臣謹會同甘肅提督臣胡超合詞具
題請
旨

上諭　著布彥泰察看提督胡超是否勝任具奏林則徐留辦番案

軍機大臣　字寄
陝甘總督布　道光二十六年二月二十三日
奉
上諭前據胡超奏籌計沿邊防堵九條當降旨交布彥泰妥議具奏並令將胡超前辦番案情形據實查奏茲據奏稱胡超於兵丁譁譟一節一味姑容不能振作其所陳九條亦多自相矛盾等語提督為全省統領必須紀律嚴明方能得力著布彥泰於到任後再行留心察看將胡超是否勝任之處確切查明并將所議九條體察情形博採輿論詳晰覈議一併具奏至鄧廷楨所論番案說單均已覽悉該督於入關時即可沿途採訪體察情形到

任後應如何訓練兵丁將營伍力加整頓之處逐件細心講求務期兵歸有用倘不虛糜是為至要林則徐已有旨留辦番案矣將此諭令知之欽此

遵

旨寄信前來

上諭　著林則徐交卸署篆後仍留甘肅同布彥泰等籌辦番案

道光二十六年二月二十三日内閣奉

上諭署陝甘總督林則徐俟交卸署篆後著仍留甘肅同布彥泰達洪阿籌辦番案欽此

署理陝甘總督林則徐題本　請以郭人經借署甘肅省階州直隸州西固州同

道光二十六年二月二十五日

署理陝甘總督林則徐題本　**請以郭人經借署甘肅省階州直隸州西固州同**（污損）

三品頂帶署理陝甘總督印務兼管甘肅巡撫事臣林則徐謹
題為詳請
題署直隸州州同以裨地方事據甘肅布政使實
清按察使楊以增會詳稱竊照階州直隸州西
固州同汪松泰病故業經詳請具
題其所遺階州直隸州西固州同係繁難貳項邊
番要缺例應在外揀選[illegible]等查甘省直隸州
州同只有肅州直隸州王子莊州同亦係要缺
不應揀選此外再無應調之員惟查有大挑舉
人郭人經年肆拾貳歲係四川敘州府隆昌縣
人由附生中式道光元年辛巳
恩科第貳拾名舉人道光貳拾肆年甲辰科會試挑

二五

署理陝甘總督林則徐題本　請以郭人經借署甘肅省階州直隸州西固州同

道光二十六年二月二十五日

大挑壹等引
見奉
旨以知縣用欽此欽遵掣甘肅試用隨在部告假回籍
修墓事竣起程赴甘於拾壹月初叁日到省甄
別以知縣用差委已過壹年之限該員年力正
強留心民事以之借署階州直隸州西固州同
實堪勝任仍俟試看期滿果稱職再請實授
相應詳請核
題等情前來該臣查得階州直隸州西固州同汪
松泰病故業經前代辦陝甘總督事務甘肅布
政使實清
題報其所遺階州直隸州西固州同係繁難要缺

署理陝甘總督林則徐題本　請以郭人經借署甘肅省階州直隸州西固州同
道光二十六年二月二十五日

邊省要缺例應在外揀選茲據甘肅布政使寶
清等會詳稱階州直隸州西固州同壹缺並無
應調之員查有大挑舉人試用知縣郭人經年
力正強留心民事以之借署階州直隸州西固
州同實堪勝任等情會詳請
題前來臣甫經到任例不加[illegible]核查該員堪以借
署階州直隸州西固州同[illegible]懇
俞允仍俟試看期滿如果稱職另請實授該員係以
知縣借署州同毋庸送部引
見將來仍照原銜陞轉並無參罰案件相應具
題伏祈
皇上聖鑒勅部議覆施行至階州直隸州西固州同

二五　署理陝甘總督林則徐題本　請以郭人經借署甘肅省階州直隸州西固州同

道光二十六年二月二十五日

汪松泰病故係於道光貳拾伍年拾貳月初玖
日具
題聞缺合併陳明謹
題請
旨

道光[illegible]
管甘肅巡撫事臣林則徐

署理陝甘總督林則徐題本　請以郭人經借署甘肅省階州直隸州西固州同

道光二十六年二月二十五日

三品頂帶署理陝甘總督印務兼管甘肅巡撫事臣林則徐謹

題爲詳請

題署直隸州州同以裨地方事。竊臣查得階州直隸州西固州州同汪松泰病故，業經前代辦陝甘總督事務甘肅布政使賓清

題報。其所遺階州直隸州西固州同係繁難兩項遴補要缺，例應在外揀選。兹據甘肅布政使賓清等會詳請階州直隸州西固州州同查缺無應調之員，查有大挑舉人試用知縣郭人經年力正強，留心民事，以之借署階州直隸州西固州州同，實堪勝任等情，會詳請

題前來。臣前經到任例不加考核，查該員堪以借署階州直隸州西固州州同。謹

題請

旨。

署理陝甘總督林則徐題本

題銷肅州哈密安西等標協營道光二十四年份買補馬匹價銀

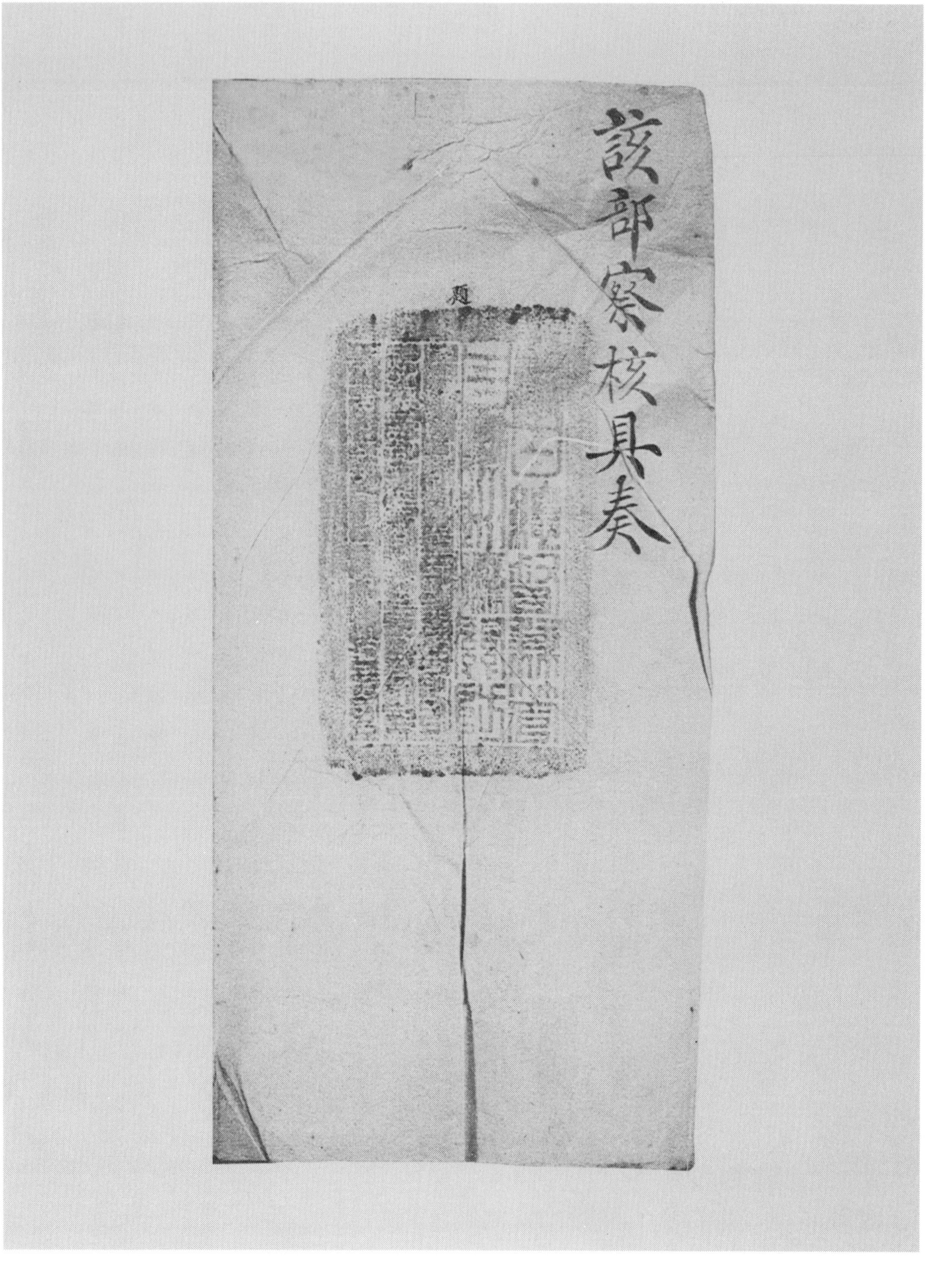

署理陝甘總督林則徐題本 題銷肅州哈密安西等標協營道光二十四年份買補馬匹價銀 道光二十六年二月二十九日

三品頂帶署理陝甘總督印務兼管甘肅巡撫事臣林則徐謹
題為詳請事據甘肅布政使賓清呈遵查肅州安
西哈密等處供差倒馬照依口內口外塘站每
百准倒叁分之例合算按年造冊請銷等因在
案茲准肅州鎮總兵官珠克登移據標下中軍
遊擊朱成貴呈稱遵查該標叁營供差馬玖拾
匹自道光貳拾肆年正月初壹日起至年底止
以拾分倒叁之例合算共應准倒馬貳拾柒匹
每匹價銀捌兩共銀貳百壹拾陸兩相應造具
倒斃馬匹毛齒數目價銀奏銷冊籍祈請核轉
等情又准署哈密協副將連英移據護中軍都
司閔相濡呈稱遵查該營供差馬玖拾匹自道

二五

署理陝甘總督林則徐題本 題銷肅州哈密安西等標協營道光二十四年份買補馬匹價銀

道光二十六年二月二十九日

光貳拾肆年正月初壹日起至年底止以拾分
倒叄之例合算共應准倒馬貳拾柒匹照數在
於巴里坤東廠出群馬內撥補訖相應造具撥
補馬匹毛齒數目奏銷冊籍祈請核轉等情又
准署安西協副將長春移據署中軍都司蕭兆
麟呈稱遵查該營供差馬壹百肆拾匹以拾分
倒叄之例合算自道光貳拾肆年正月初壹日
起至年底止共應准倒馬肆拾貳匹每匹價銀
捌兩共銀叄百叄拾陸兩相應造具倒斃買補
馬匹毛齒數目價銀奏銷冊籍祈請核轉各等
情轉移前來相應詳賚核
題再此案係按年造冊請銷之件並不計限至前

署理陝甘總督林則徐題本　題銷肅州哈密安西等標協營道光二十四年份買補馬匹價銀

道光二十六年二月二十九日

項倒馬前經報明照依口外營塘倒馬之例一
體免扣皮臟銀兩合併聲明等情呈詳到臣該
臣查得肅州哈密安西等處供差倒馬照依口
內口外塘站每百准倒叁分之例合算按年造
冊請銷在案茲據甘肅布政使實清詳稱查肅
州哈密安西等標協營各挂鐙差馬玖拾匹及
壹百肆拾匹不等照依拾分准倒叁分之例合
算道光貳拾肆年壹歲共應准倒馬玖拾陸匹
內除撥補馬貳拾柒匹不須價銀外止該買補
馬陸拾玖匹每匹價銀捌兩共銀伍百伍拾貳
兩照數在於司庫道光貳拾肆年朋合款內支
給訖其動支銀兩請在原動款內作正開銷所

署理陝甘總督林則徐題本　題銷肅州哈密安西等標協營道光二十四年份買補馬匹價銀

道光二十六年二月二十九日

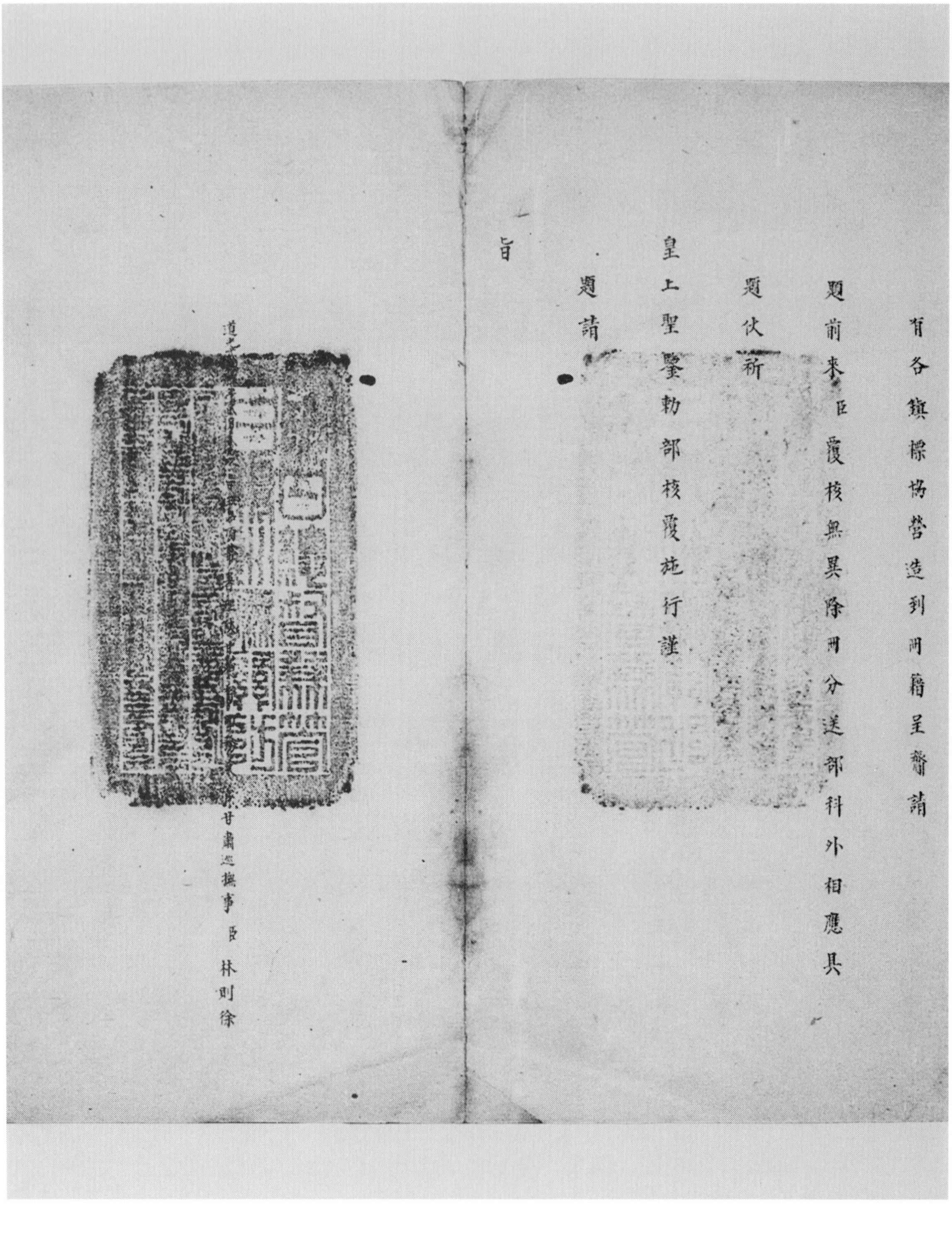
冊各鎮標協營造到冊籍呈齎請
題前來臣覆核無異除冊分送部科外相應具
題伏祈
皇上聖鑒勅部核覆施行謹
題請
旨

道光……
……甘肅巡撫事臣林則徐

署理陝甘總督林則徐題本　題銷肅州哈密安西等標協營道光二十四年份買補馬匹價銀　道光二十六年二月二十九日

三品頂帶署理陝甘總督印務兼管甘肅巡撫事臣林則徐謹
題爲詳請事該臣查得肅州哈密安西等處供差
倒馬照依口內口外塘站每百准倒叁分之例
合算按年造冊請銷在案茲據甘肅布政使寶
清詳稱查肅州哈密安西等標協營各拴鏟差
馬玖拾匹及壹百肆拾匹不等照依拾分准倒
叁分之例合算道光貳拾肆年壹歲共應准倒
馬玖拾陸匹內除撥補馬貳拾柒匹不須價銀
外止該買補馬陸拾玖匹每匹價銀捌兩共銀
伍百伍拾貳兩照數在於司庫道光貳拾肆年
朋合款內支給訖其動支銀兩請在原動款內
作正開銷所有各鎮標協營造到冊籍呈齎請
題前來臣覆核無異除冊分送部科外謹
題請
旨

上諭　著照林則徐所請以英貴補授甘肅高臺縣知縣

道光二十六年三月初三日内閣奉

上諭林則徐奏揀員請補要缺知縣一摺著照所請

甘肅高臺縣知縣員缺准其以英貴補授該部知

道欽此

上諭　著吏部揀選引見林則徐奏請赴甘肅差委之員

道光二十六年三月初三日内閣奉
上諭林則徐奏請揀發同知二員知縣二員赴甘肅
差委著吏部於曾任實缺同知繁缺知縣内照例
揀選帶領引見候旨發往欽此

署理陝甘總督林則徐奏片　委令李秉宣署理臯蘭縣知縣余懋官署理河州知州

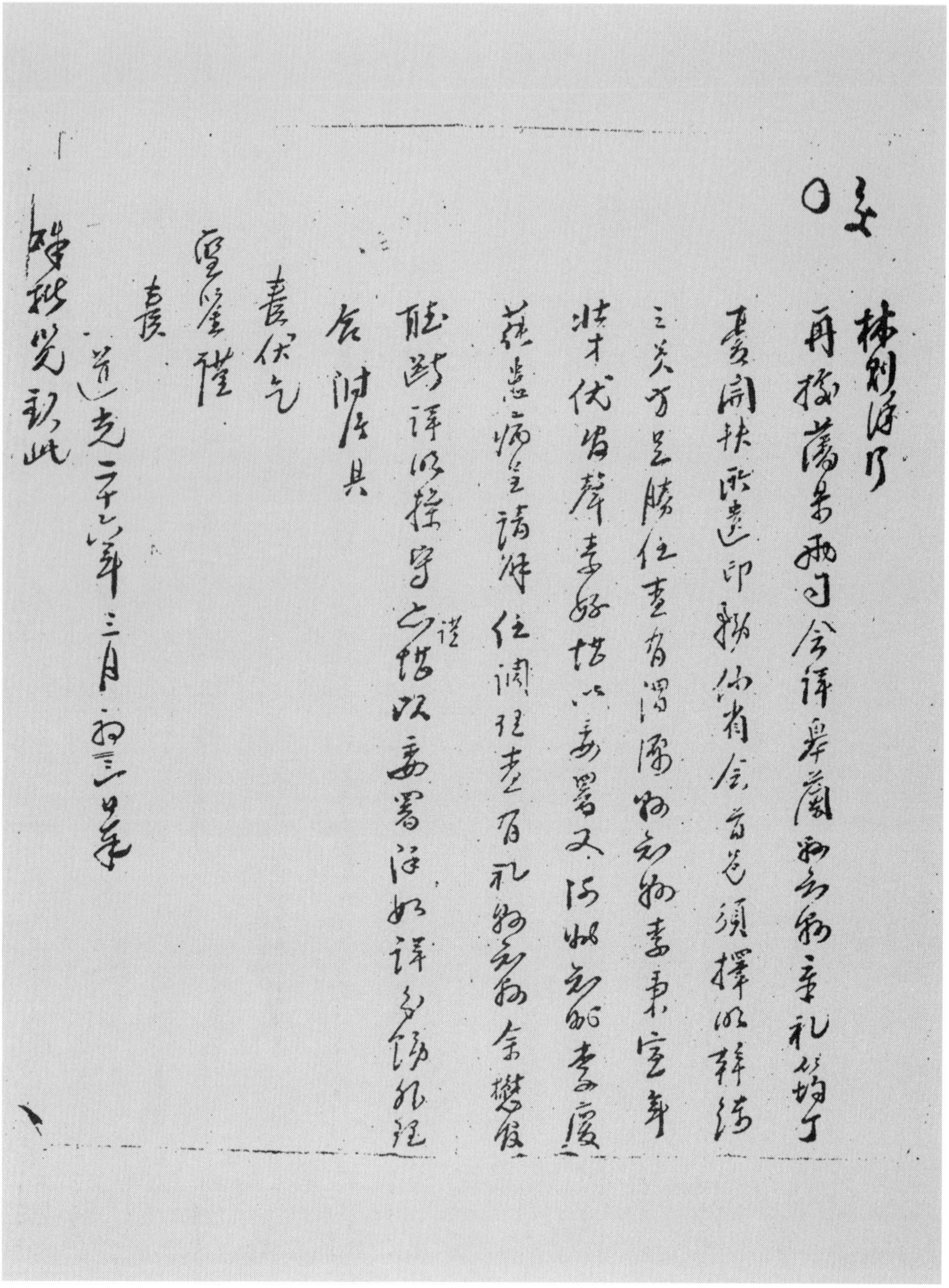
〇七

林則徐片

再，據藩臬兩司會詳：臯蘭縣知縣章札丁
憂開缺，遺缺印務係省會首邑，須擇明幹練
之員方足勝任。查有渭源縣知縣李秉宣，年
壯才優，官聲素好，堪以委署。又河州知州李慶
蓀患病呈請解任調理，查有禮縣知縣余懋官
明斷詳明，操守亦謹，堪以委署。除批飭遵照外，謹
合附片具
奏，伏乞
聖鑒。謹
奏。
道光二十六年三月初三日奉
硃批：覽。欽此。

署理陝甘總督林則徐奏片

拏獲奸犯細加究詰並量選弁兵操練預備情形

9

林則徐片

再，臣林則徐自添赴西寧邊務，承准軍機大
臣字寄，道光二十六年正月十八日奉
上諭：現在地居春融，一切剿辦機宜，著該署督
速籌畫，盡心布置，妥協辦理。等因。欽此。臣林則徐
于二月初五日行抵西寧，節經臣會同達洪阿、奕山等
將現在河邊一帶並無賊蹤，居民安堵如
故。乘番賊未來之先，搗其巢穴，則河北、海西諸
路直與巴燕戎格廳屬相通，此時山雪未消，
寒瘴尤重，深入既有所不宜，且師行須耗諸兵，
至賊匪逃竄，尤不值虛糜經費，自當一兩月內擬先
以防為剿，以逸待勞，派兵查巡之處，仍責
令撫番傳諭，不許稍有疏虞外，其餘籌

署理陝甘總督林則徐奏片　拏獲奸犯細加究詰並量選弁兵操練預備情形

道光二十六年三月初三日

剿辦機宜似尤以慎密為貴緣西寧番民向
崇奉黃教之區人情最為浮動撲風捉
影因起謠言而漢奸之窺探軍情遞送
消息者每匿于僧俗之中甚難辨識即
蒙古喇嘛土番回民之類皆有奸匪在內窮思
誘奸即所以弭逆而奸匪情狀不同有正辦之
可以弭患者亦有反用之可以收效者臣林則徐前
于駐劄涼州之時因查緝已遠颺亟令訪拏漢
奸節經獲之重案並密商以用奸緝奸之法遂
日前擒獲付特浪盛友署柱遞擊等偈一年署守
備華選差等先後拏獲王吉才岳進才馬三哇
子王保子　板什夫　毛拉頭目　甲不才　法名索九歸

子作曲房戶等九名訊係連年以來綫引探信
並辦給糧餉分贓物上年永昌協所獲搶馬賊
奸匪等自作黨羽即惡實屬罪不容誅以等
已擬合併咨西寧府究儘法懲辦又據大通縣
尤孽薛貴蘊併漢奸韓花才一名即經提訊
該犯于書識出沒情形尤能淺盡其底裏云云
歷歷如繪現仍細加究詰以期底蘊盡情底
剿辦務有把握而免受漢奸蒙蔽亦皆閑
其根究養贅稍尋以杜教探扑木之端莫
收垂餌得魚之效至城堡或剿或堵皆須先
選精兵除咨達陝西河已于西寧鎮標挑出
百名親督操練業經善常

署理陝甘總督林則徐奏片　拏獲奸犯細加究詰並量選弁兵操練預備情形

道光二十六年三月初三日

聖鑒外，臣林則徐亦于撫標及西寧、河州兩鎮循

代保定起台三營內量挑弁兵操練預

備，以免臨時周章。謹將籌辦大略情形先

行附片具

奏，伏乞

聖鑒訓示。謹

奏

道光二十六年三月初三日

硃批：所辦好，亦要慎為之。欽此。

署理陝甘總督林則徐奏摺

請以保忠借調哈密通判

署理陝甘總督林則徐奏摺　請以保忠借調哈密通判
道光二十六年三月初七日

署陝甘總督臣林則徐跪
奏為口外要缺通判升調無人仍請以同知借調
俾資治理恭摺奏祈
聖鑒事竊查接管卷內准吏部咨哈密通判惠存照
例迴避飭赴四川省候補所遺員缺係衝繁二
項邊遠要缺行令揀員調補當經前督臣惠吉
以應調應升之旂員均不相宜援照成案以寧
夏府水利同知保忠
奏請借調嗣奉部駁以哈密通判並非指明專以
旂員揀調之缺查該省現有對品應調人員不
准以同知借調等因具奏奉
旨依議欽此欽遵知照前來復經飭令另行揀調去

後茲據藩司寶清臬司楊以增會詳遵查哈密通判雖非指明旂缺但遠在新疆漢回雜處治理非易又為南北兩路往来扼要之區一切稽查彈壓最關緊要必須老成歷練素熟邊情之員方能勝任復於甘省内地對品通判及應升人員内詳加遴選非現居繁要即人地不宜一時實無堪調堪補堪升人員惟查有寧夏水利同知保忠年六十二歲係正黃旂蒙古穆騰額佐領下人由理藩院筆帖式道光元年揀選引

見奉

旨陝甘總督衙門筆帖式員缺著保忠補授欽此二年四月到任六年調赴回疆軍營辦理糧務出

力保奏奉
旨保忠著以同知即補先換頂戴欽此升補吐魯番
同知九年五月到任十年
奏准俟邊俸年滿再行引
見十四年三月邊俸五年期滿卸事保薦候升十二
月赴部引
見奉
旨保忠准其升補吐魯番同知欽此十九年補授寧
夏水利同知七月到任歷署哈密通判循化同
知甘州西寧涼州慶陽等府知府現又委署哈
密通判辦理一切均屬裕如該員居心樸實辦
事勤慎且在甘年久曾任吐魯番同知並署哈

署理陝甘總督林則徐奏摺　請以保忠借調哈密通判
道光二十六年三月初七日

密通判於該處情形最為熟悉以之借調哈密
通判洵堪勝任惟以同知借調通判與例稍有
未符但人地實在相需例得專摺聲明會詳請
奏前來臣到任未及三月例不加考惟查保忠兩
次署理哈密通判情形最熟且該處現有開墾
地畝事務凡挑挖渠工安置民户尤非人地生
疎之員所能勝任該員在彼署事現經數月新
任督臣布彥泰此次路過哈密已令勘丈籌辦
似未便另易生手合無仰懇
聖恩俯念口外要缺需員
准照成案以保忠借調哈密通判於邊要地方及開
墾事務均有裨益如蒙

俞允該員銜大缺小毋庸送部引
見將來仍照原銜升轉其一切因公處分例不計算
所遺寧夏府水利同知係繁難中缺甘省現有
應補人員應請扣留揀補合併陳明所有據詳
借調緣由謹繕摺具
奏伏乞
皇上聖鑒訓示謹
奏
另有旨

二五　署理陝甘總督林則徐奏摺　請以保忠借調哈密通判

道光二十六年三月初七日

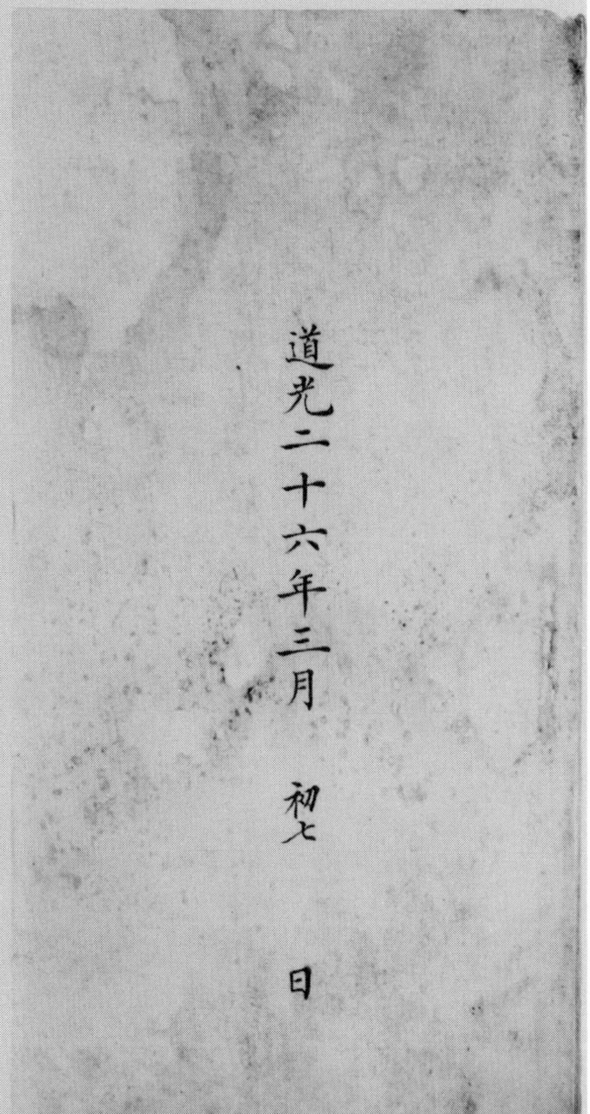
道光二十六年三月初七日

署理陝甘總督林則徐等奏摺

添兵前赴循化廳卡外剿辦並請將洮岷協副將札勒罕布休致

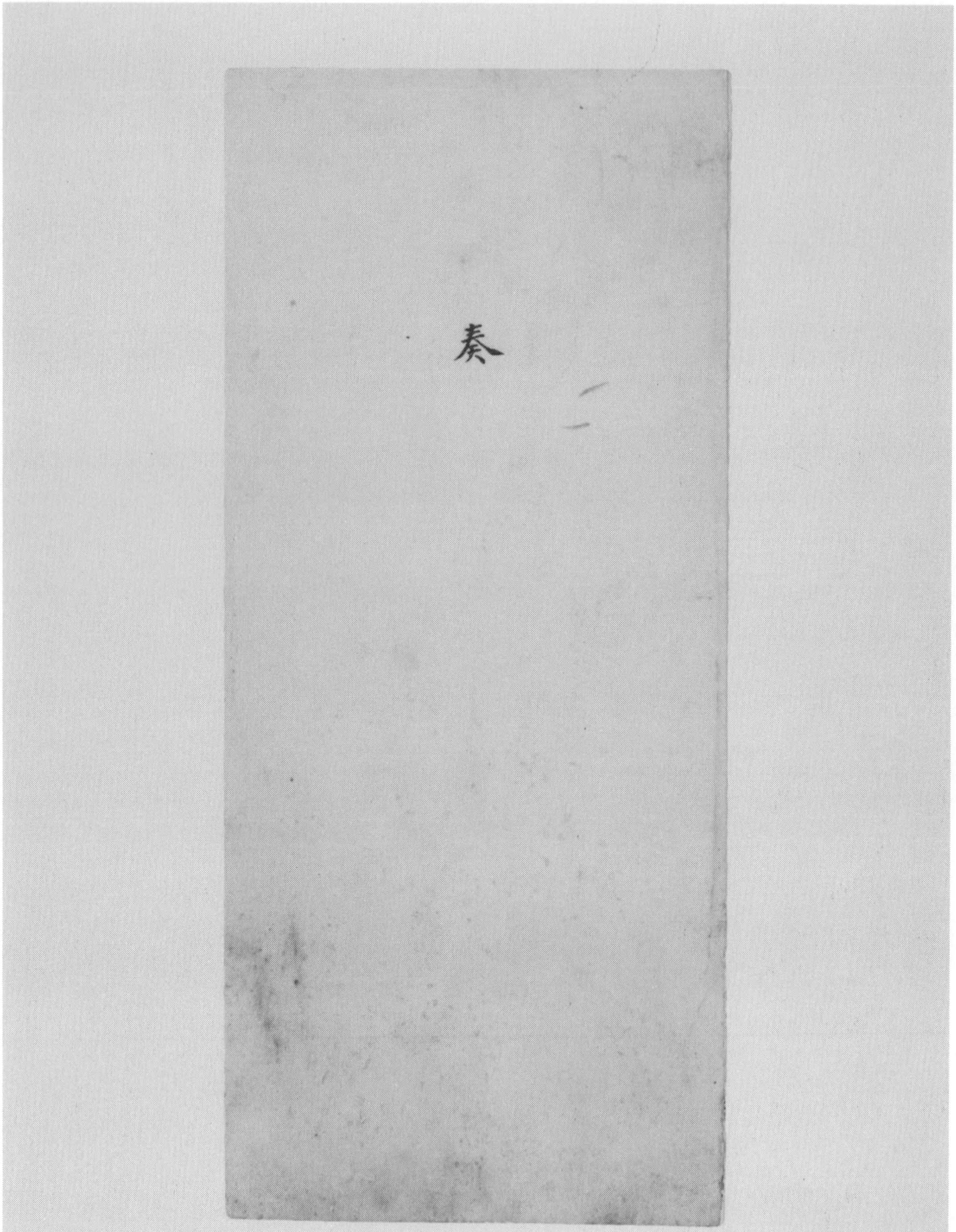
奏

署理陝甘總督林則徐等奏摺 添兵前赴循化廳卡外剿辦並請將洮岷協副將札勒罕布休致

道光二十六年三月初七日

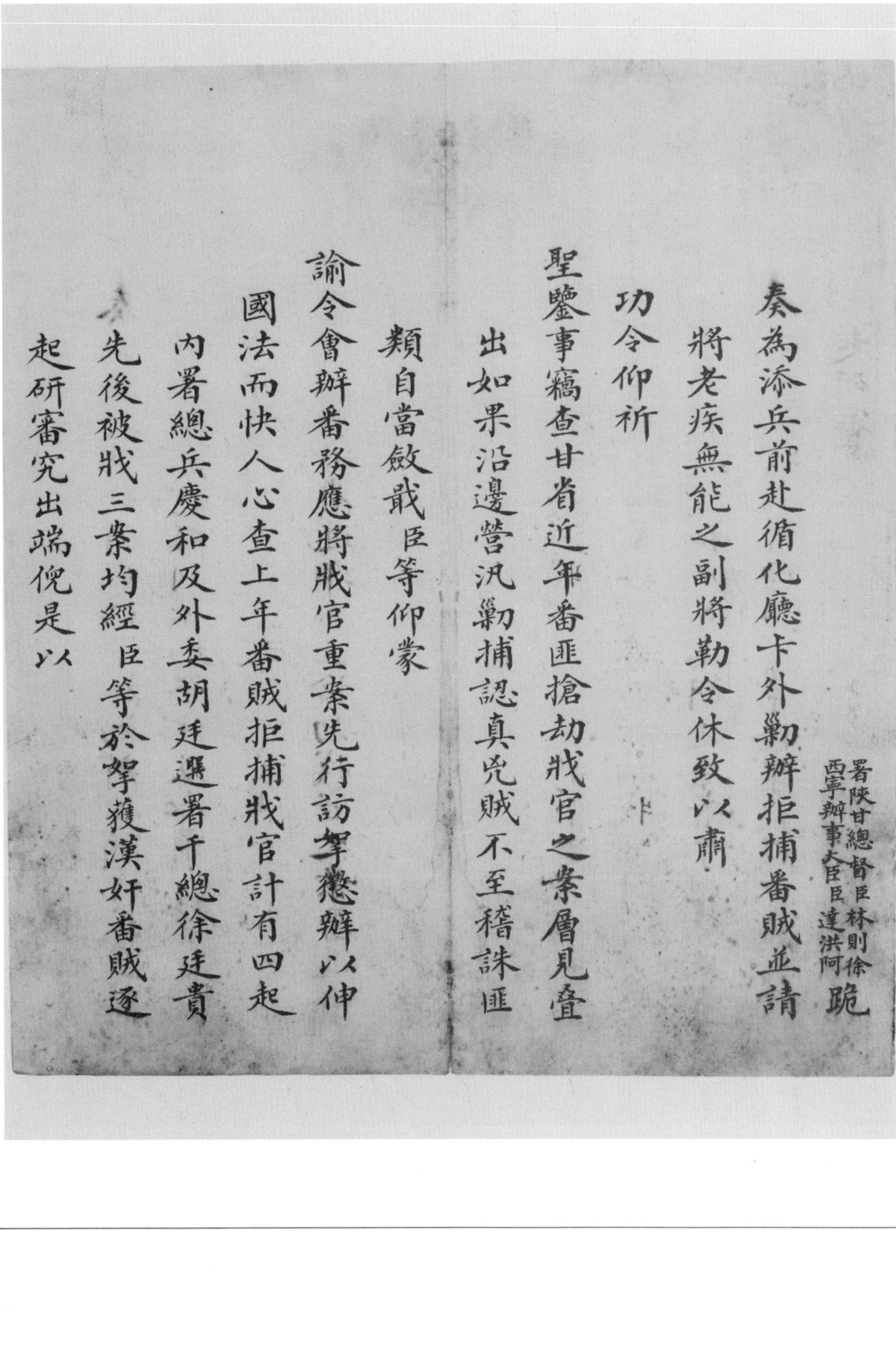

署陝甘總督臣林則徐
西寧辦事大臣臣達洪阿 跪
奏為添兵前赴循化廳卡外勦辦拒捕番賊並請
將老疾無能之副將勒令休致以肅
功令仰祈
聖鑒事竊查甘省近年番匪搶劫戕官之案層見疊
出如果沿邊營汛勦捕認真兇賊不至稽誅匪
類自當斂戢臣等仰蒙
諭令會辦番務應將戕官重案先行訪拏懲辦以伸
國法而快人心查上年番賊拒捕戕官計有四起
內署總兵慶和及外委胡廷選署千總徐廷貴
先後被戕三案均經臣等於拏獲漢奸番賊逐
起研審究出端倪是以

署理陝甘總督林則徐等奏摺　添兵前赴循化廳卡外剿辦並請將洮岷協副將札勒罕布休致
道光二十六年三月初七日

奏派西寧鎮站柱等帶兵馳赴雍希葉布番族牧
地勒獻兇賊以憑究辦並經疊飭涼州一帶營
員搜拏助賊行兇各匪已據陸續獲到多名惟
洮州廳所屬土千户楊國成捕賊被戕一案兇
賊尚未訪獲當經臣林則徐於附奏請
旨賜卹案內聲明飭查此股番賊係何族類迅即嚴
緝務獲在案嗣據洮州同知嚴長宦稟稱查明
戕害土千户楊國成等之正賊東奴脱巴等係
循化廳卡外黑錯寺地方番子該處距循化甚
遠而與洮州切近業由該副將札勒罕布帶出
官兵三百名並督率土司楊元所帶土兵一千
餘名前往查拏等語臣林則徐因查黑錯寺既

署理陝甘總督林則徐等奏摺 添兵前赴循化廳卡外剿辦並請將洮岷協副將札勒罕布休致 道光二十六年三月初七日

係循化所屬自須會合兜擒以免此拏彼竄當
即添派署循化營參將張奉明酌帶官兵三百
名馳往協緝旋據張奉明稟稱該參將於二月
二十五日起程適接前途探報札勒罕布帶領
該協官兵駐紮江口寺灘令土司楊元帶領土
兵往拏該土兵等有被番賊拒傷之事臣等正
在飭查間隨據洮州廳營會稟查知正賊東奴
脫巴在黑錯寺之紅窠兒地方潛匿土司楊元
於二月初六日領兵由沙麻溝前進番賊聚衆
在紅窠兒莊外高坡抵拒土兵趕往紮住山梁
不料賊從山溝抄出陣後倉皇接仗互有殺傷
查明陣亡土兵勺羊腦節一名受傷土外委洛

二五 署理陝甘總督林則徐等奏摺 添兵前赴循化廳卡外剿辦並請將洮岷協副將札勒罕布休致

道光二十六年三月初七日

札次力並土兵三名等情稟報前來臣等查該
副將札勒罕布所帶漢土官兵共有一千三百
名本已足敷查拏乃在江口寺灘駐紮多日與
賊巢尚距十餘里僅令土司楊元前往勦捕以
致番賊蔑視土兵逞兇抗拒實由該副將庸懦
無能且聞其現患痰疾精神恍惚斷難期其振
作而土司楊元所帶之兵又甫經挫衄亟應遴
派妥幹將弁酌調附近官兵馳往會勦以期妥
速蕆事臣等現又商同添派駐防察漢托洛亥
之護副將傅殿臣酌帶防兵並河州鎮標兵共
六百名同前派之循化營兵三百名先後取道
河南會合進勦其札勒罕布原帶之兵即改派

署理陝甘總督林則徐等奏摺　添兵前赴循化廳卡外剿辦並請將洮岷協副將札勒罕布休致　道光二十六年三月初七日

都司王集賢管帶仍歸張奉明統轄一俟各起
會齊計有漢兵一千二百名土兵一千餘名或
合或分皆可審度事機互相犄角應先勒令黑
錯寺喇嘛及該管頭人迅將前後行搶拒捕戕
官之正賊東奴脱巴等悉數擒獻不准一名漏
網倘該喇嘛頭人等敢於恃衆執迷始終抗拒
即須奮力夾擊總期此股正賊悉就殲擒不致
遠颺稽誅復行勾結肆擾方爲妥善至該副將
札勒罕布年已六旬現有痰疾未便稍事姑容
並據該管河州鎮揭報前來相應請
旨將洮岷協副將札勒罕布即行勒令休致以肅營
伍而重邊防除洮岷協副將印務即委張奉明

二五 署理陝甘總督林則徐等奏摺 添兵前赴循化廳卡外勦辦並請將洮岷協副將札勒罕布休致 道光二十六年三月初七日

暫行兼護外所有添派官兵前赴循化廳卡外
勦辦拒捕番賊緣由謹合詞恭摺具
奏伏乞
皇上聖鑒訓示謹
奏
另有旨
另[illegible]
道光二十六年三月　初七　日

署理陝甘總督林則徐等奏摺

迭獲搶馬戕官之漢奸番犯請暫緩處決留備質訊

奏

二五

署理陝甘總督林則徐等奏摺　迭獲搶馬戕官之漢奸番犯請暫緩處決留備質訊

道光二十六年三月初七日

署陝甘總督臣林則徐
西寧辦事大臣臣達洪阿跪

奏為迭獲漢奸番賊審認搶馬戕官重情並將供
出賊夥續獲多名尚須根究逸犯遂加搜緝請
將現犯暫緩處決留備質訊緣由恭摺奏祈
聖鑒事竊臣林則徐前於駐劄西寧時因查野番業
已遠竄追躡無蹤亟應查拏引賊奸徒以除勾
結當經飭據護理西寧鎮副將隆盛友等先後拏
獲漢奸王吉才及番板什東等九名訊係連年
勾同野番搶馬戕官要犯適臣林則徐移駐西
寧即會同臣達洪阿檄提各犯解審以期究悉
賊情並據劉捕轅易得乎業將辦理緣由附片具
奏在案臣等查向來所謂漢奸者尚止為賊引路

探信今則漢奸直與番賊一同行搶而熟番之
為賊者尤多緣其衣服語言本與野番無別野
番來則熟番先入其夥野番去而熟番仍冒其
名故內賊一日不除即外賊一日不息而除之
之法又與剿辦野番不同野番族類紛繁地方
遼遠非厚[illegible]足以壯聲威而熟番與漢
奸則皆藏[illegible]蹤詭秘若待興師動衆早
已聞風遠颺惟於未獲之先分投購線既獲之
後徹底跟追因此案以究彼案之根由就一犯
皆詰跟犯之蹤跡層層研鞫節節窮搜總期斧
鑿相尋不至空勞海捕適據涼州鎮道委員將
前獲之番賊板什夾毛拉頭目漢奸王吉才岳

署理陝甘總督林則徐等奏摺 迭獲搶馬戕官之漢奸番犯請暫緩處決留備質訊

道光二十六年三月初七日

進才馬丟哇子王保子等先行解到查板什夾
毛拉頭目二名均能通曉漢語即經臣等指授
委員設法推究該犯等供認自道光二十一年
至二十五年先後夥同野番西本逐克等或數
十人或四五百人在於沿邊搶劫蒙番及邊民
牲畜每年均有數次並據板什夾等供出道光
二十四年六月在永昌協屬之青木溝搶奪營
馬殺害營官一員查對舊卷即係原奏守備干
貴被戕之案又二十五年六月在一棵樹卡外
百合脊地方遇見官兵截捕拒斃帶隊官一員
查係原奏外委胡廷選被戕之案又於是年十
二月在永昌三溝門搶奪孳馬砍傷一官則係

署理陝甘總督林則徐等奏摺　迭獲搶馬戕官之漢奸番犯請暫緩處決留備質訊
道光二十六年三月初七日

前奏署千總徐廷貴被戕之案以上三起皆由
該犯等勾結野番西木遜克等夥同行搶其所
供何人執何器械如何殺害官兵如何邀趕馬
匹以及當場接仗事後消贓各情形無不歷歷
如繪復將各犯隔别研訊亦相脗合當即開具
逸犯姓名年貌飛飭嚴密查拏去後旋據護副
將隆盛友先後稟報督率員弁兵役連次拏獲
番賊蒼木杆　泮秋石耳朶　丹瑪多爾吉
黑爾拉瑪什　鐵兊硤　慌惱黑　多空頭目
日久地里　甲丁板的　化東素吶瑪　丹
木冲等十一名又據署遊擊蕭鳴章先後報獲
番賊黑爾抓什　日久哇子　瑪腦木勿　木

青腦木每　千茶阿子盖　撮曲蒼木盖　媽
小嗳哩兒　叭哩腦里等八名又據署守備董
遷善先後報獲太東板第　達瓏武安　甲不
才藏爭盖力先　千查盖什見　瑪大木春
沉担才達板的　阿什多羅呼　沙瑪日久哇
子等八名又據武威縣知縣孔昭燦報獲漢奸
下發成朱成成子二名又續據各員弁報獲番
賊卡家頭目　沙瑪賽托　瑪查貿南大吉里
藍查貿南大吉里　馬通住保　錯細盖
馬爾見　巴里小淡花等八名除另獲知情護
賍之各犯家屬不計外以上共犯三十七名連
前獲之番賊漢奸板什夾王吉才等統計四十

署理陝甘總督林則徐等奏摺 迭獲搶馬戕官之漢奸番犯請暫緩處決留備質訊
道光二十六年三月初七日

六名並在板什夾住處起獲牛一百一十隻羊
二百六十餘隻又搜出各色綢緞面皮棉衣服
及繡花被等物先後稟報前來是節次訊取犯
供指名飭拏之犯業經大半就獲飭提審辦而
在逃未獲者尚不下二十餘名臣等現仍照依
各犯供指姓名年貌開單密飭跟蹤速拏不任
稍有鬆勁致令漏網潛逃惟查板什夾王吉才
等犯既經委審明確實係連年結夥肆搶案積
如鱗且多有拒捕戕官重情實屬罪惡昭著原
不便稍任稽誅弟該犯等供出夥賊已獲多名
正在陸續起解必須提出該犯等與之質對始
免狡展避就即未獲各犯亦可稟核前後各供

互相指証庶匪蹤無從遁飾更易洞悉賊情臣
等欲窮番賊之源不敢以現犯業已成招即為
了事應請將前獲之番賊板什夾漢奸王吉才
等暫緩處決統俟提齊各犯一併質訊明確即
行按例辦理總期搜拏盡淨杜絕根株以仰副
聖主綏靖邊陲至意所有疊報獲犯暫留質訊緣由
謹合詞恭摺具
奏伏乞
皇上聖鑒訓示謹
奏
另有旨

二五

署理陝甘總督林則徐等奏摺 迭獲搶馬戕官之漢奸番犯請暫緩處決留備質訊

道光二十六年三月初七日

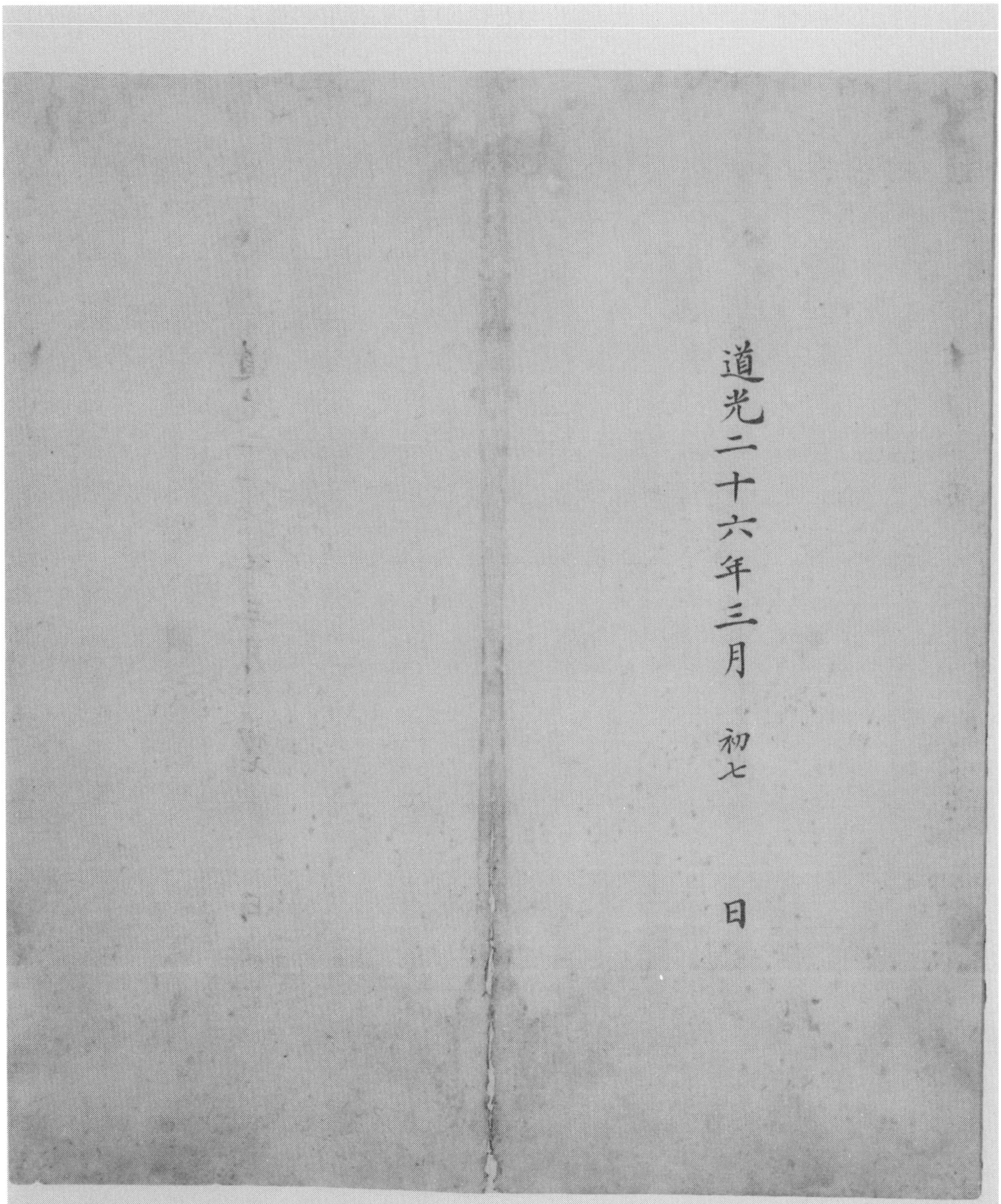
道光二十六年三月初七日

署理陝甘總督林則徐奏摺　**奏報甘肅省各屬道光二十五年份完解錢糧數目**

奏

署理陝甘總督林則徐奏摺　奏報甘肅省各屬道光二十五年份完解錢糧數目
道光二十六年三月初七日

署陝甘總督臣林則徐跪
奏為甘省各屬上年完解錢糧數目循例奏祈
聖鑒事竊照前准户部咨開令將每年已未完下忙
錢糧截至年底專摺具奏等因查甘肅省道光
二十五年額徵地丁起存正雜並收二十五年
新墾入額共銀二十八萬九千六百八十二兩
零上忙已完銀一十一萬三千四百二十七兩
零業經前督臣惠吉繕摺具
奏在案茲據藩司寶清詳稱道光二十五年上忙
後又收階州新墾入額銀七百五十兩零連前
共額徵地丁起存正雜並新墾入額銀二十九
萬四百三十二兩零上忙已完銀一十一萬三

千四百二十七兩零今下忙已完銀一十一萬
五千四百二兩零連上忙共徵完銀三十二萬
八千八百三十兩零又收紅水縣丞征忙冊內
多除徵完新墾留支驛站應解完餉銀六十兩
零內除留支經雜驛站並支給舉人盤費等銀
九萬三千五百三十九兩零已解銀八萬八千
七百三十九兩零未解銀四萬六千六百一十
二兩零未完銀六萬一千六百二兩零又階州
華亭二處上忙冊造奏銷案內續完未解道光
二十四年地丁正雜銀九十八兩零內除階州
支給舉人盤費銀五兩零止該未解銀九十二
兩零又帶徵道光十一年至二十四年民欠未

又民屯地丁正雜銀五十三萬五千三百四十六兩
零上下忙共徵完銀一千七百六十兩零內除
留支經雜驛站銀九十兩零已解銀一千一十
九兩零連前共未解銀七百四十三兩零未完
銀五十三萬三千五百八十五兩零詳請具
奏前來臣覆覈無異除飭將未解銀兩勒限催提
並造冊送部外所有甘肅省道光二十五年完
解錢糧數目理合恭摺具
奏伏乞
皇上聖鑒謹
奏
戶部知道

署理陝甘總督林則徐奏摺　奏報甘肅省各屬道光二十五年份完解錢糧數目　道光二十六年三月初七日

署理陝甘總督林則徐奏摺　奏報甘肅省各屬道光二十五年份完解錢糧數目
道光二十六年三月初七日

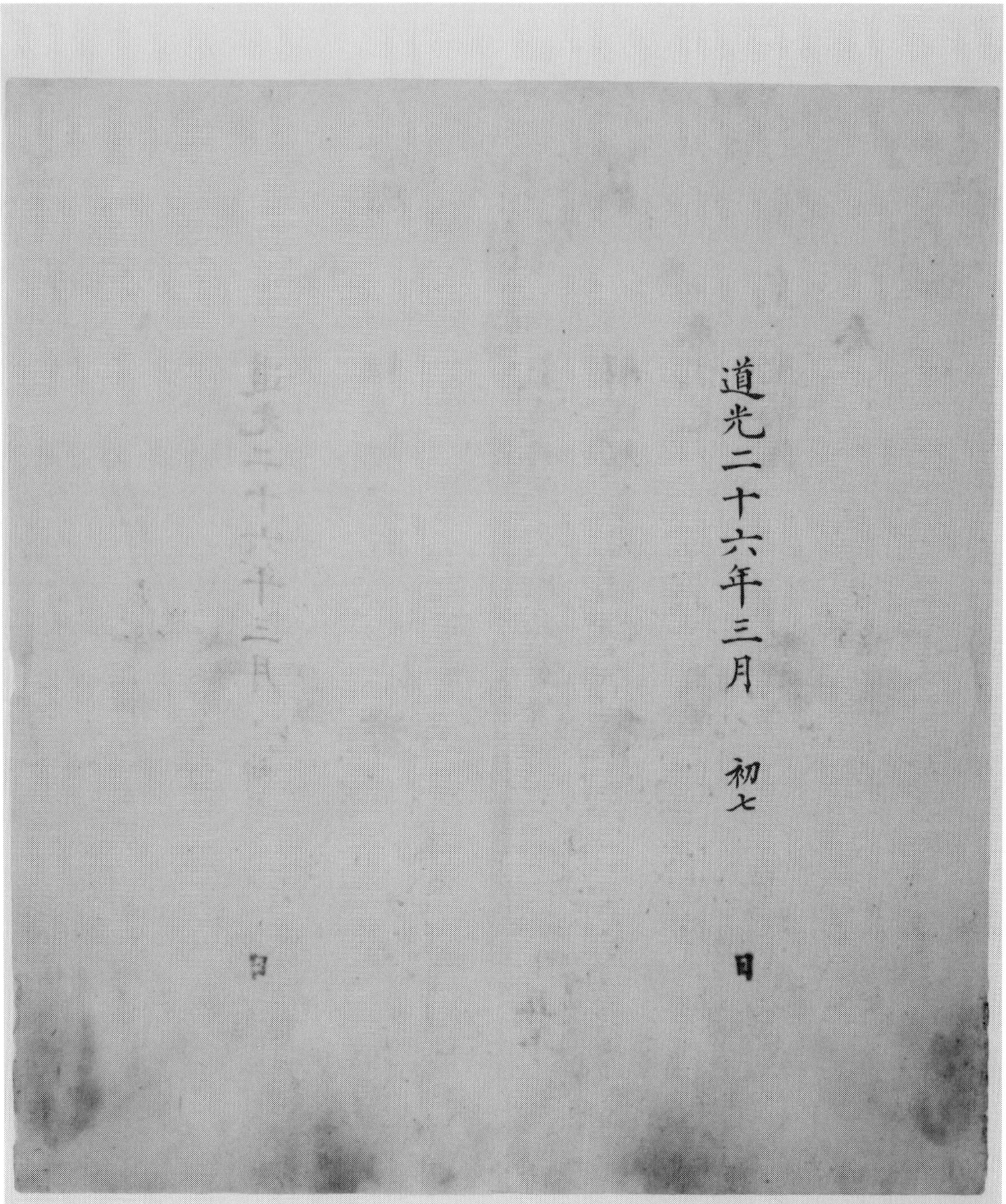
道光二十六年三月初七日

署理陝甘總督林則徐奏摺

奏報甘肅省道光二十六年正月份糧價及二月份雨雪情形

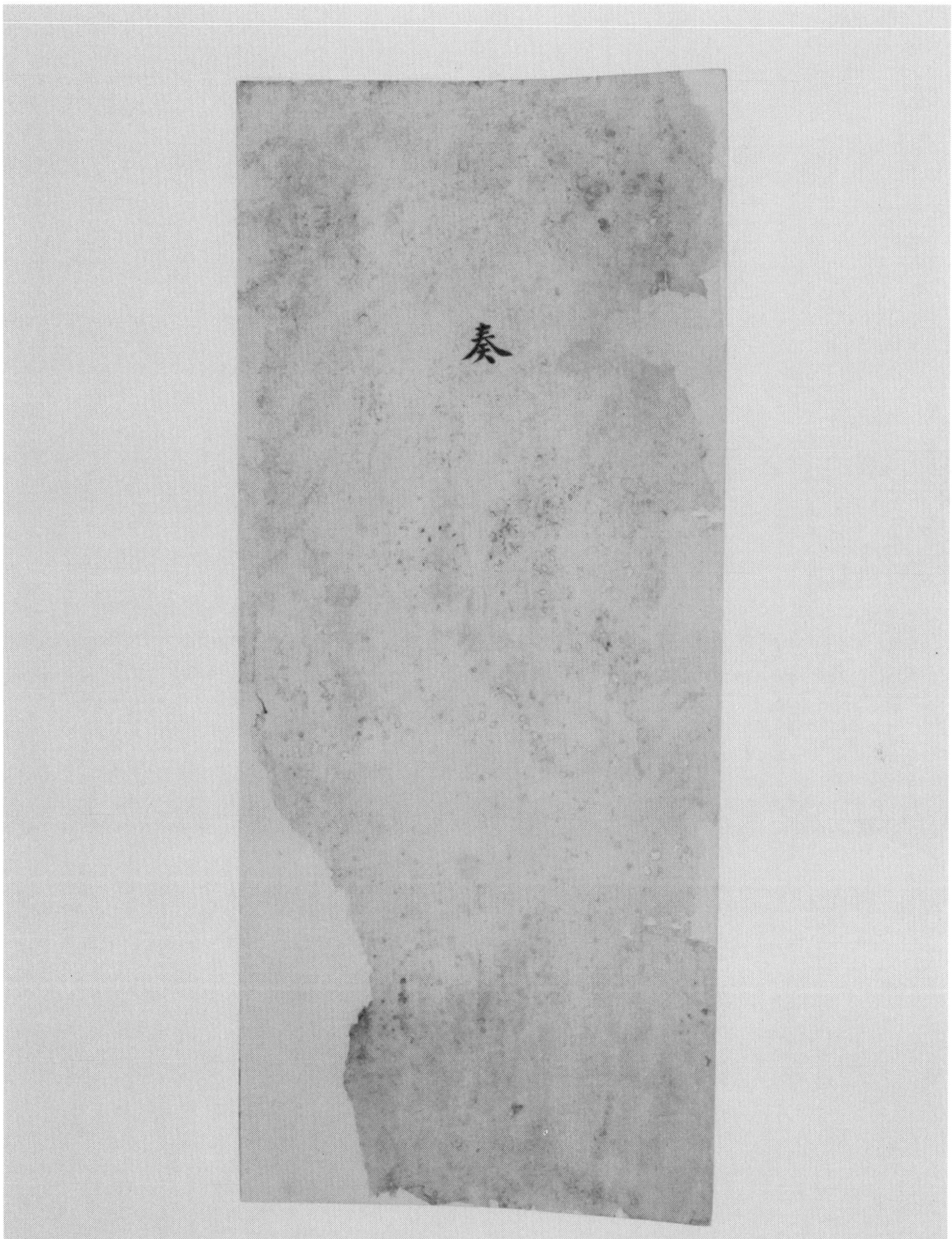

署理陝甘總督林則徐奏摺 奏報甘肅省道光二十六年正月份糧價及二月份雨雪情形

道光二十六年三月初七日

署陝甘總督臣林則徐跪

奏為恭報道光二十六年正月分糧價及二月得

霑雨雪情形仰祈

聖鑒事竊查甘肅省上年十二月分糧價及本年正

月得雪情形業經

奏報在案茲據藩司寶清查明本年正月分糧價

及二月得霑雨雪分寸日期詳請具

奏前來臣查甘省各屬本年二月內得霑雨雪一

二三寸不等正值農田播種之際得此膏澤滋

培實為有益糧價與上月相同民情安貼地方

靜謐堪以仰慰

聖懷所有查明本年正月分糧價及二月得霑雨雪

署理陝甘總督林則徐奏摺　奏報甘肅省道光二十六年正月份糧價及二月份雨雪情形
道光二十六年三月初七日

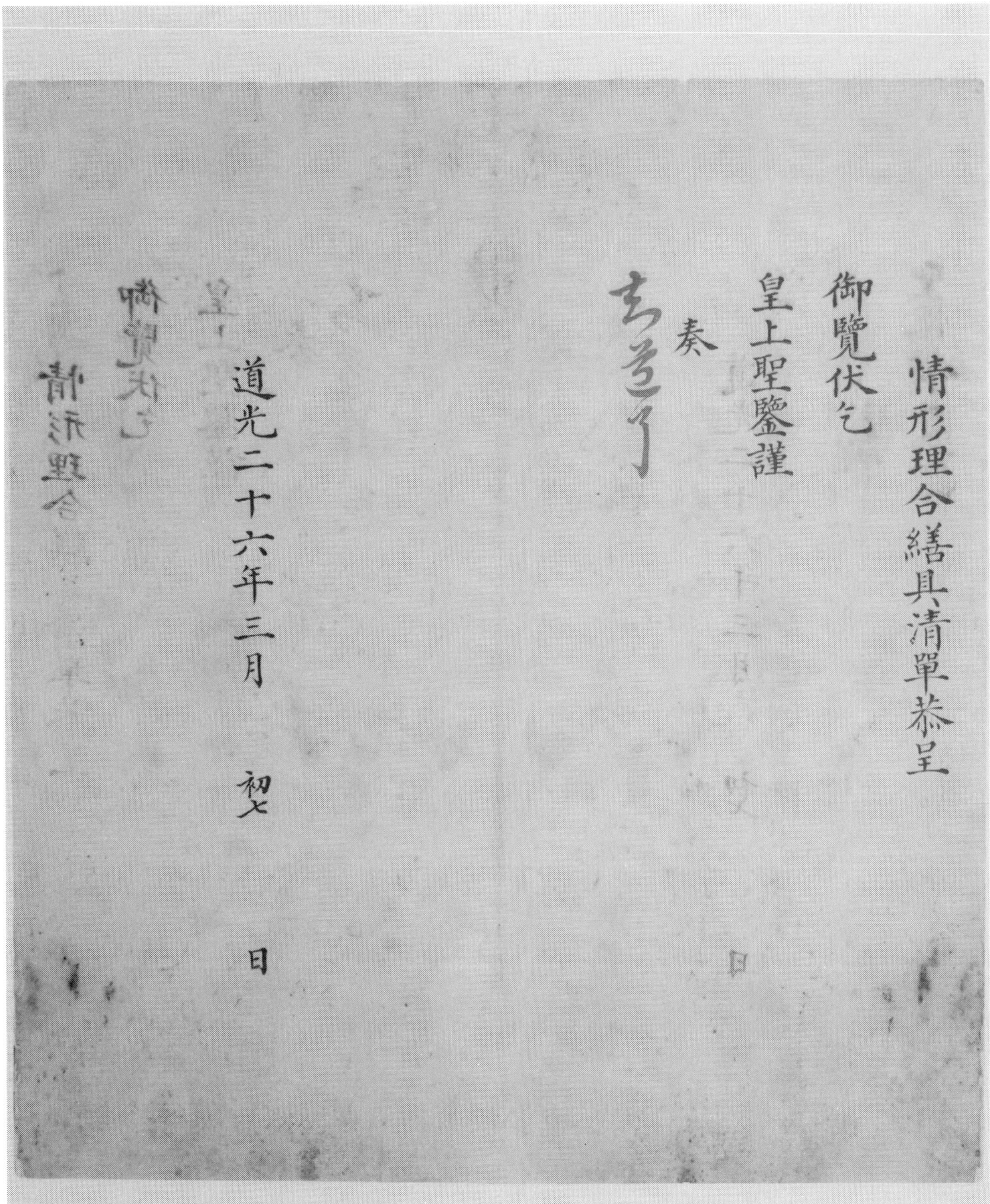
情形理合繕具清單恭呈
御覽伏乞
皇上聖鑒謹
奏
知道了
道光二十六年三月　初七　日

署理陝甘總督林則徐清單　甘肅省道光二十六年正月份糧價清單

道光二十六年正月分糧價清單

二五

署理陝甘總督林則徐清單 甘肅省道光二十六年正月份糧價清單
道光二十六年三月初七日

謹將道光二十六年正月分甘肅各屬地方米
麥豆青稞糜子各項糧價開具清單恭呈
御覽
蘭州府屬價中
粟米每京石價銀一兩二錢四分六釐至一
兩五錢八分二釐與上月相同
小麥每京石價銀一兩二錢三分二釐至一
兩五錢一分二釐與上月相同
豌豆每京石價銀一兩二錢三分二釐至一
兩五錢一分二釐與上月相同
青稞每京石價銀五錢六分至七錢五分六
釐與上月相同

鞏昌府屬價中

粟米每京石價銀一兩二錢三分二釐至一兩五錢一分二釐與上月相同

小麥每京石價銀一兩二錢三分二釐至一兩五錢一分二釐與上月相同

豌豆每京石價銀一兩二錢三分二釐至一兩五錢一分二釐與上月相同

青稞每京石價銀六錢二分三釐至六錢五分八釐與上月相同

平凉府屬價中

粟米每京石價銀一兩二錢三分二釐至一兩五錢四分與上月相同

小麥每京石價銀一兩二錢三分二釐至一兩五錢四分與上月相同
豌豆每京石價銀一兩二錢三分二釐至一兩五錢四分與上月相同
糜子每京石價銀六錢一分六釐至七錢四分九釐與上月相同

慶陽府屬價中

粟米每京石價銀一兩二錢三分二釐至一兩三錢三分與上月相同
小麥每京石價銀一兩二錢三分二釐至一兩三錢三分與上月相同
豌豆每京石價銀一兩二錢三分二釐至一

兩三錢三分與上月相同
糜子每京石價銀六錢一分六釐至六錢六分五釐與上月相同

甘州府屬價中
粟米每京石價銀一兩二錢八分八釐至一兩三錢五分八釐與上月相同
小麥每京石價銀一兩二錢七分四釐至一兩三錢七分二釐與上月相同
豌豆每京石價銀一兩二錢七分四釐至一兩四錢與上月相同
青稞每京石價銀六錢三分七釐至六錢八分六釐與上月相同

涼州府屬價中

粟米每京石價銀一兩二錢六分至一兩五錢六分八釐與上月相同

小麥每京石價銀一兩二錢六分至一兩五錢六分八釐與上月相同

豌豆每京石價銀一兩二錢六分至一兩五錢九分六釐與上月相同

青稞每京石價銀六錢三分至七錢八分四釐與上月相同

寧夏府屬價中

粟米每京石價銀一兩二錢三分二釐至一兩四錢九分八釐與上月相同

小麥每京石價銀一兩二錢三分二釐至一兩四錢九分八釐與上月相同
豌豆每京石價銀一兩二錢六分至一兩五錢一分二釐與上月相同
糜子每京石價銀六錢一分六釐至七錢四分九釐與上月相同

西寧府屬價中

粟米每京石價銀一兩二錢三分二釐至一兩三錢二釐與上月相同
小麥每京石價銀一兩二錢四釐至一兩二錢七分四釐與上月相同
豌豆每京石價銀一兩二錢三分二釐至一

兩二錢六分與上月相同
青稞每京石價銀六錢二釐至六錢三分與
上月相同
秦州直隸州並所屬價中
粟米每京石價銀一兩二錢一分八釐至一
兩二錢八分八釐與上月相同
小麥每京石價銀一兩二錢一分八釐至一
兩二錢八分八釐與上月相同
豌豆每京石價銀一兩二錢一分八釐至一
兩二錢八分八釐與上月相同
糜子每京石價銀六錢九釐至六錢四分四
釐與上月相同

階州直隸州並所屬價中
粟米每京石價銀一兩二錢三分二釐至一
兩三錢九釐與上月相同
小麥每京石價銀一兩二錢三分二釐至一
兩二錢七分四釐與上月相同
豌豆每京石價銀一兩二錢五分三釐至一
兩二錢七分四釐與上月相同
糜子每京石價銀六錢二分七釐至六錢三
分七釐與上月相同
涇州直隸州並所屬價中
粟米每京石價銀一兩二錢八分八釐至一
兩四錢七分與上月相同

小麥每京石價銀一兩二錢四釐至一兩四錢七分與上月相同
豌豆每京石價銀一兩二錢七分四釐至一兩四錢七分與上月相同
糜子每京石價銀六錢四分四釐至七錢三分五釐與上月相同

肅州直隸州並所屬價中
粟米每京石價銀一兩二錢八分八釐至一兩五錢五分四釐與上月相同
小麥每京石價銀一兩二錢八分八釐至一兩五錢四分與上月相同
豌豆每京石價銀一兩二錢八分八釐至一

兩五錢五分四釐與上月相同
青稞每京石價銀六錢四分四釐至七錢七分與上月相同
安西直隸州並所屬價中
粟米每京石價銀一兩二錢六分至一兩四錢七分與上月相同
小麥每京石價銀一兩二錢六分至一兩四錢七分與上月相同
豌豆每京石價銀一兩三錢三分至一兩五錢一分二釐與上月相同
青稞每京石價銀六錢三分至七錢三分五釐與上月相同

安肅道屬哈密廳價中
粟米每京石價銀二兩二錢九分六釐與上
月相同
小麥每京石價銀一兩八錢九分與上月相
同
豌豆每京石價銀二兩七錢八分六釐與上
月相同
青稞每京石價銀九錢四分五釐與上月相
同

二

知道了

署理陝甘總督林則徐清單　甘肅省道光二十六年二月份雨雪清單

道光二十六年二月分得雨雪清單

謹將甘肅省各屬道光二十六年二月分得雨雪日期分寸開具清單恭呈

御覽

蘭州府屬

狄道州二月十二日得雪一寸餘

鞏昌府屬

安定縣二月十一二兩日得雪一二寸不等

會寧縣二月十一二兩日得雪一寸餘

伏羌縣二月二十二日得雪一寸

寧遠縣二月二十日得雨二寸餘

洮州廳二月二十日得雪一寸餘

三月二十日得雪一寸餘

平涼府屬

靜寧州二月十二日得雪一寸

隆德縣二月十二日得雪不及一寸

甘州府屬

山丹縣二月二十二日得雪一寸餘

涼州府屬

武威縣二月二十二日得雪一寸

永昌縣二月二十一二兩日得雪一寸餘

古浪縣二月二十二日得雪不及一寸

秦州直隸州二月初一二兩日得雪一寸餘二十日得雪一寸餘

禮縣二月二十二十一兩日得雨雪三寸餘

階州直隸州屬

成縣二月十九二十兩日得雨二寸餘

署理陝甘總督林則徐清單 甘肅省道光二十六年二月份雨雪清單

道光二十六年三月初七日

署理陝甘總督林則徐奏片　**甘肅省道光二十六年二月份收捐監生銀兩及實存藩庫銀數**

再甘肅省捐監銀兩
舊管
自嘉慶五年三月初六日開捐起至道光二十
六年正月底止共收捐監銀七十二萬四百
九十兩內除歷次
奏明動用及遵
旨解部歷任藩司借動未還撥歸喀什噶爾經費並抵
解部庫及撥歸儲備專款加謹封貯並撥補
甘肅癸卯年及提支二十四年兵餉等項共
銀七十萬五千八百一十二兩零尚存藩庫
銀二萬四千六百七十七兩零又原報餘平
銀五萬二千五百一十四兩零隨正解交部

署理陝甘總督林則徐奏片 甘肅省道光二十六年二月份收捐監生銀兩及實存藩庫銀數

道光二十六年三月初七日

庫銀叁萬一千六百八十一兩零尚存藩庫
銀八萬三十二兩零前經
奏明在案十萬五千八百一十二兩零尚存
新疆癸卯年及拔支二十四年兵餉等項
道光二十六年正月初一日起至二月底止收捐
貢籍俊秀監生十名共收銀[illegible]千十百[illegible]兩餘
平餘四十七兩零
開除
無項
實在
道光二十六年二月底止實存藩庫銀一萬五
千四百六十五兩零餘平銀八百八十兩零

署理陝甘總督林則徐奏片　甘肅省道光二十六年二月份收捐監生銀兩及實存藩庫銀數　道光二十六年三月初七日

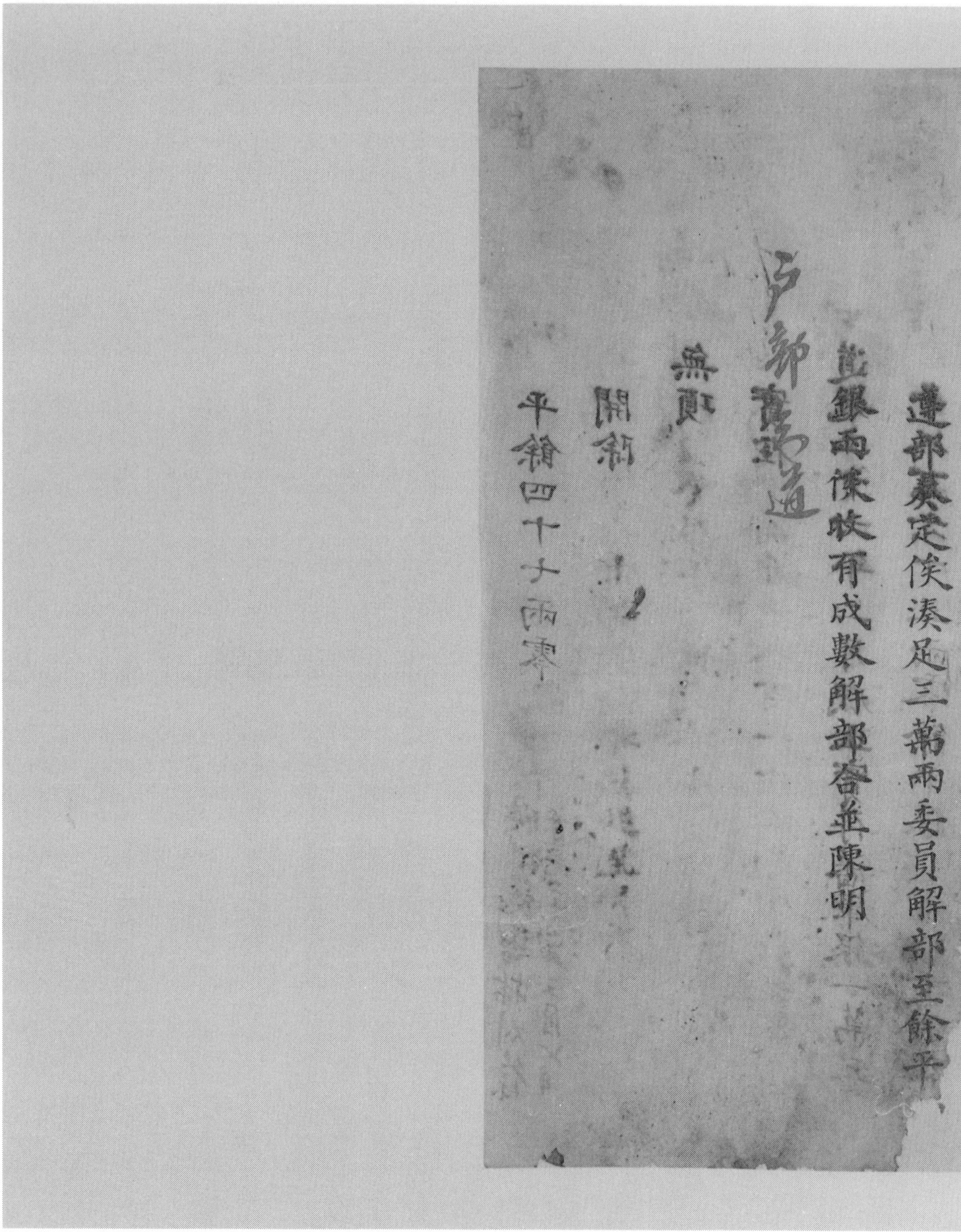
遵部奏定俟湊足三萬兩委員解部至餘平
並銀兩俟收有成數解部合並陳明
戶部知道
無項
開銷
平餘四十七兩零

署理陝甘總督林則徐奏片

瀝陳因病請卸任後賞假在寓醫調

再臣向患鼻衄脾泄病症屢治未痊若過用心
思則兩疾並作兼之瘴氣時發尤難支持前在
伊犁即為布彥泰達洪阿所共見迨奉
恩命履勘回疆地畝周歷經年因積受寒瘴更覺氣
虛下墜坐立維艱差竣後幸荷
天恩飭令回京冀得覓醫調治復蒙
慈施格外署篆陝甘入關之前即奉
諭旨馳赴署任時當緊要不敢不力疾辦公臘正兩
月間氣候嚴寒雖鼻衄稍稀而脾泄更甚迨移
西寧駐劄復因挑兵操演在較場添受風寒以
致咳甚傷肺喉痛失音已閱兩旬尚未差減然
番務緊要仍逐日接見文武指畫講求不敢希

圖休息雖服祛風之劑而風不能避即病不能
除茲接布彥泰來信知其已過肅州臣不日即
應交卸督篆因先奏
諭旨於卸事後仍暫留西寧會辦番務臣凜遵之下
自不敢請赴他處就醫惟總須服藥靜攝先使
咳止音開方能接見官僚商辦公事合無仰懇
天恩俯准於卸事後暫行給假在寓醫調遇有緊要
事宜仍與布彥泰達洪阿往返函商密籌會辦
伏念臣現年六十二歲精力本已就衰惟渥蒙
高厚鴻慈以獲咎之身猶荷
恩加再造即捐糜頂踵亦不足仰荅
生成但能勉竭駑駘萬不敢稍圖暇逸一俟所患病

署理陝甘總督林則徐奏片　瀝陳因病請卸任後賞假在寓醫調
道光二十六年三月初七日

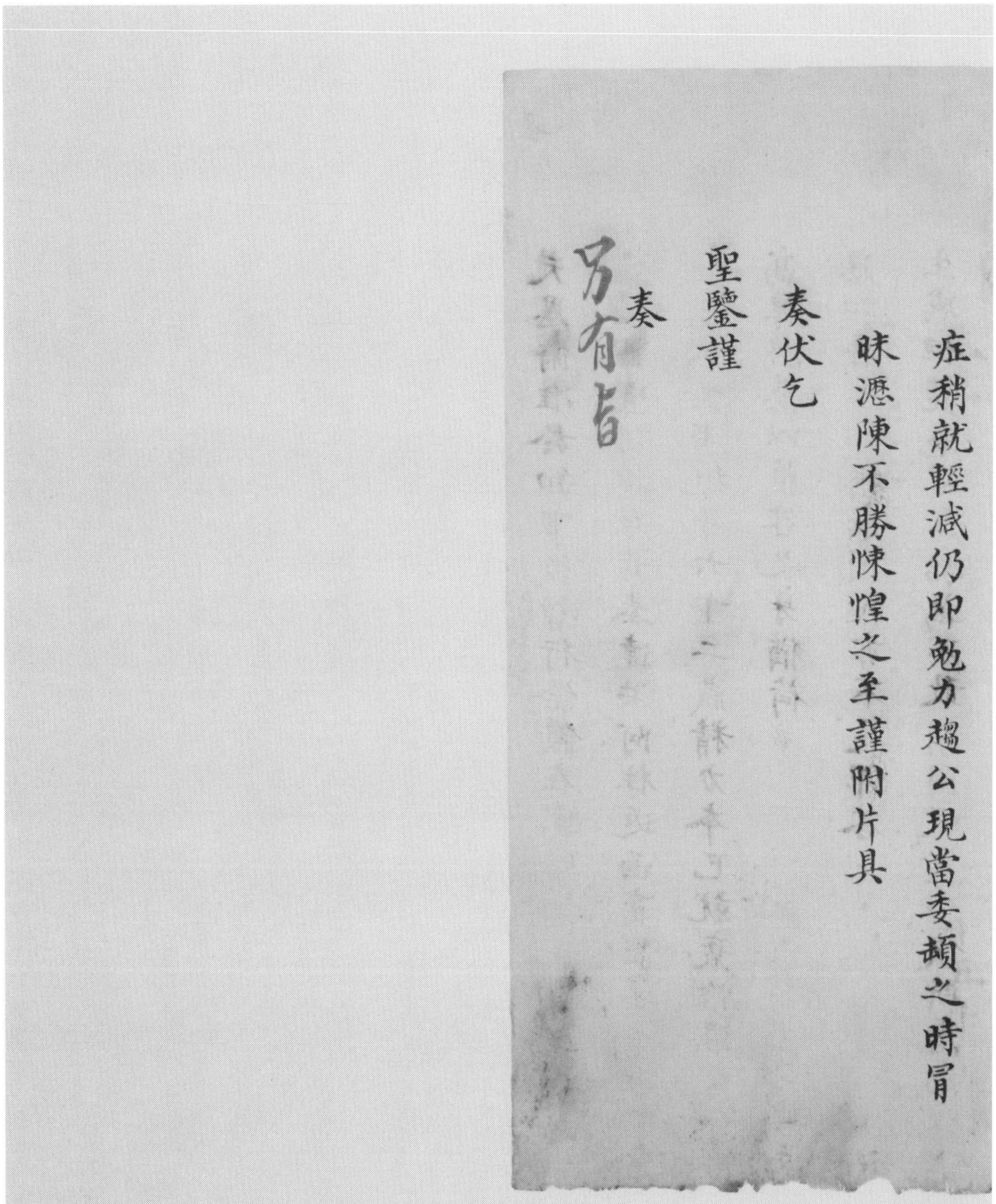

症稍就輕減仍即勉力趨公現當委頓之時冒
昧瀝陳不勝悚惶之至謹附片具
奏伏乞
聖鑒謹
奏
另有旨

署理陝甘總督林則徐奏片

委任德順署理陝西河州鎮總兵佈克慎護理督標中軍副將

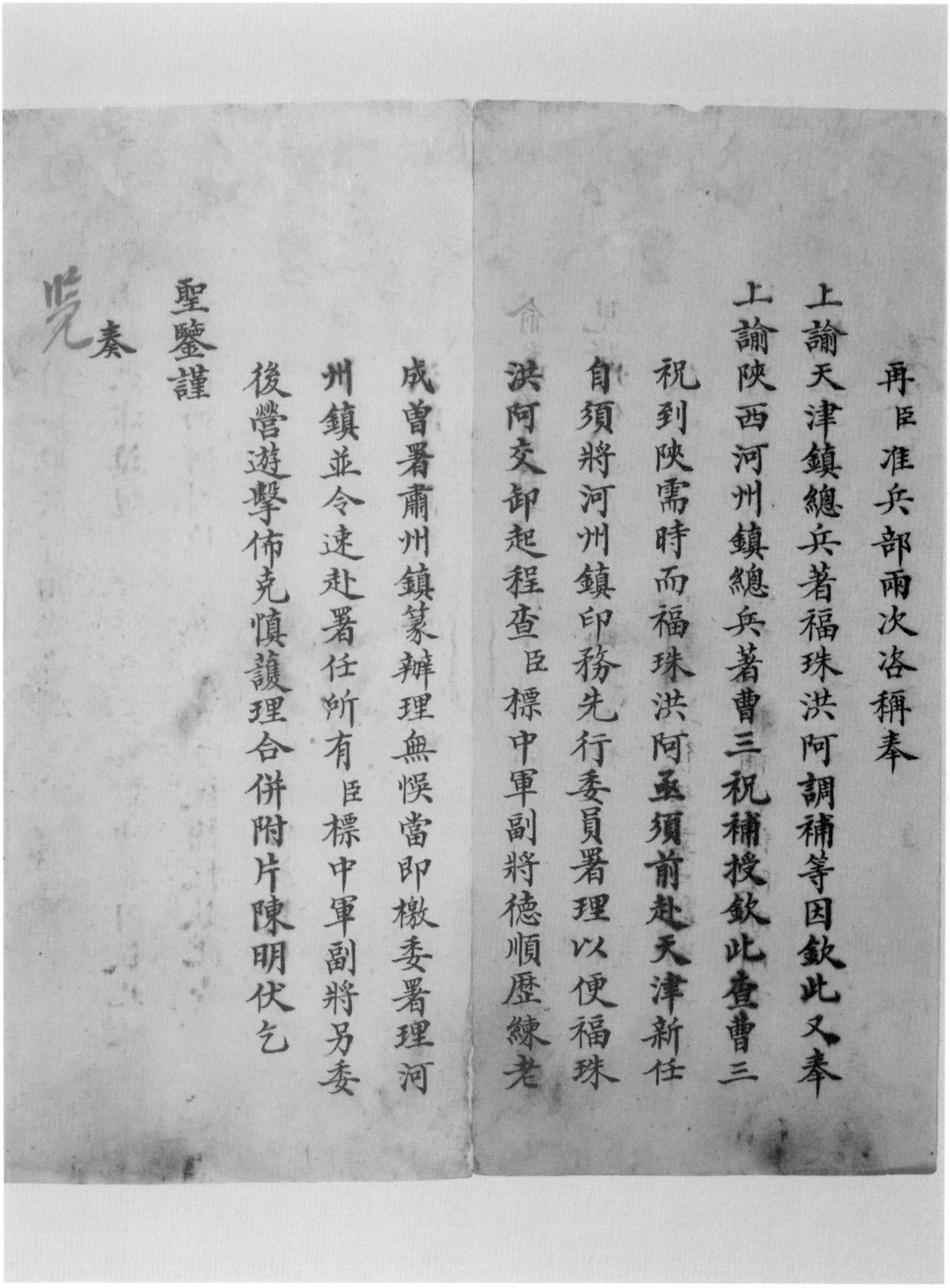

再臣准兵部兩次咨稱奉
上諭天津鎮總兵著福珠洪阿調補等因欽此又奉
上諭陝西河州鎮總兵著曹三祝補授欽此查曹三
祝到陝需時而福珠洪阿亟須前赴天津新任
自須將河州鎮印務先行委員署理以便福珠
洪阿交卸起程查臣標中軍副將德順歷練老
成曾署肅州鎮篆辦理無悞當即檄委署理河
州鎮並令速赴署任所有臣標中軍副將另委
後營遊擊佈克慎護理合併附片陳明伏乞
聖鑒謹
奏
覽

署理陝甘總督林則徐奏片　原任東昌營參將徐福景蒙營遊擊馬進祿請留西寧差遣

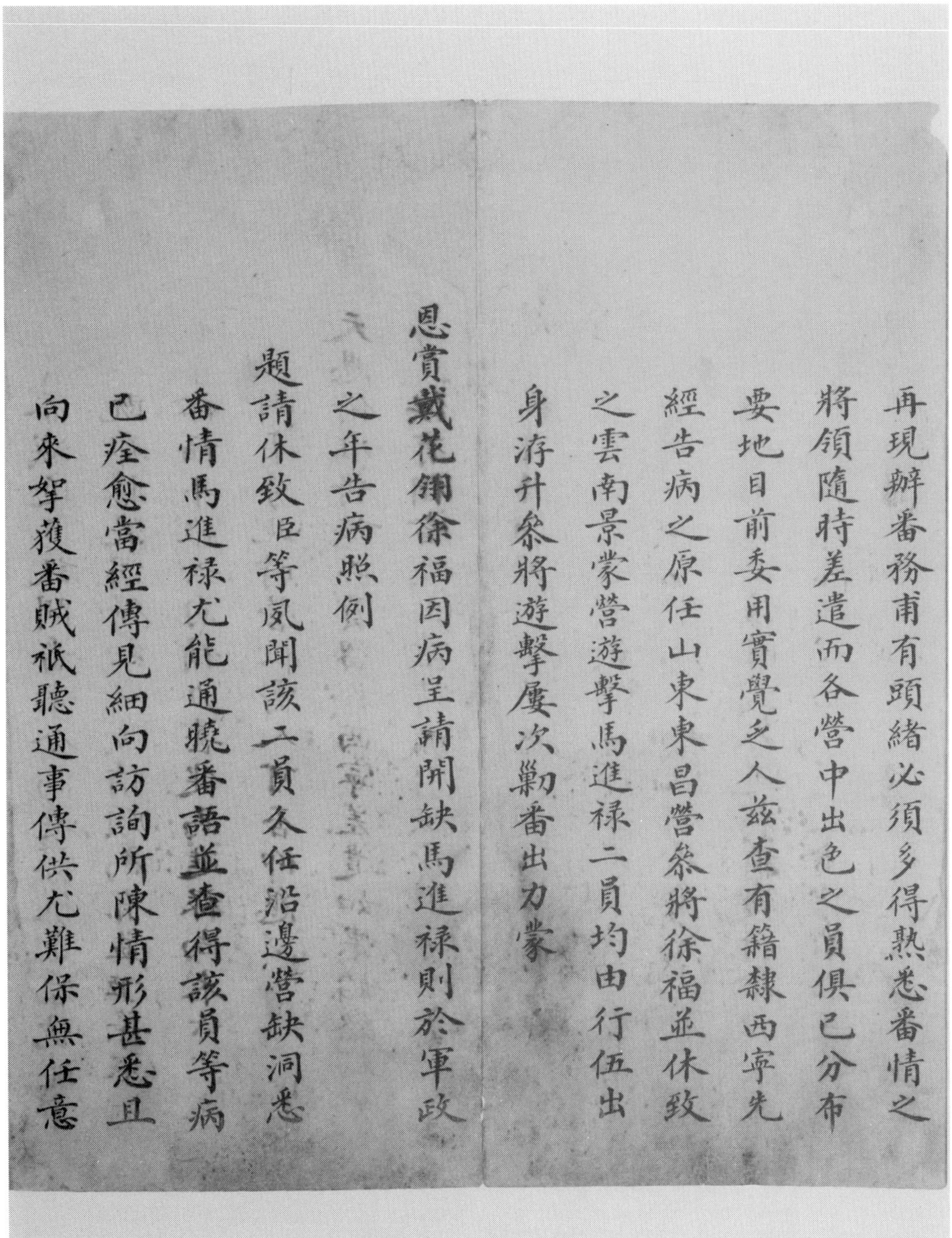
再現辦番務甫有頭緒必須多得熟悉番情之
將領隨時差遣而各營中出色之員俱已分布
要地目前委用實覺乏人茲查有籍隸西寧先
經告病之原任山東東昌營參將徐福並休致
之雲南景蒙營遊擊馬進祿二員均由行伍出
身洊升參將遊擊屢次勦番出力蒙
恩賞戴花翎徐福因病呈請開缺馬進祿則於軍政
之年告病照例
題請休致臣等夙聞該二員久任沿邊營缺洞悉
番情馬進祿尤能通曉番語並查得該員等病
已痊愈當經傳見細向訪詢所陳情形甚悉且
向來拏獲番賊祇聽通事傳供尤難保無任意

署理陝甘總督林則徐奏片　原任東昌營參將徐福景蒙營遊擊馬進祿請留西寧差遣
道光二十六年三月初七日

二五 署理陝甘總督林則徐奏片 原任東昌營參將徐福景蒙營遊擊馬進祿請留西寧差遣

道光二十六年三月初七日

添減近日訊問番案令馬進祿從旁察聽通事
既難朦混因得細究賊情頗為有益臣等察看
徐福年雖六旬精力甚健馬進祿尚未六十尤
耐辛勞此時營伍需人可否仰懇
天恩俯准將該二員留於西寧差遣如果始終得力
俟有相當缺出量請補用該員等感激
鴻慈自必力圖報効臣等亦可收指臂之助不揣冒
昧謹合詞附片具陳伏乞
聖鑒訓示謹
奏
另有旨

署理陝甘總督林則徐奏片　**請動用武威義倉存麥團練鄉勇**

臣林則徐跪

奏再臣前因番賊屢擾甘涼當經諄諭該處士民
團練鄉勇各保村莊曾經奏蒙
聖鑒在案嗣據武威縣紳耆劉鎔等稟稱因番匪劫
掠咸思預防莫急於團練鄉勇但團練一事必
須經費現有武威義倉所存小麥六千餘石已
歷十有餘年未能出陳入新稍有霉變恐將來
反成無用士庶等公同商議情愿作為團練之
資似乎公私兩便等情臣當即批行藩司查核
報部原案妥議去後茲據藩司寶清詳稱查原
奏義倉章程如遇歉歲量借籽種豐年每石加息
一斗還倉或減價平糶將糶價收存報官俟糧

署理陝甘總督林則徐奏片　請動用武威義倉存麥團練鄉勇
道光二十六年三月初七日

署理陝甘總督林則徐奏片 請動用武威義倉存麥團練鄉勇

道光二十六年三月初七日

價平減之時照數買補再歉之年准借免息歉
甚之年即動用糧石設廠煮粥仍於有收之年
勸輸補足等因每年收支動存數目於年底專
摺具奏現在實貯倉斗小麥五千六百二十石
八斗四升五合均經報部有案查義倉原為備
荒而設本未議及軍需但同為地方切要之事
若動義糧以練鄉勇係屬以公濟公惟收支數
目本係按年具奏今全數動用似宜
奏明再行支放等情臣覆核無異理合附片具
奏伏乞
聖鑒再前項義糧動用後應俟將來察看年歲豐登
民力充裕再行勸捐歸款合併陳明謹

署理陝甘總督林則徐奏片　請動用武威義倉存麥團練鄉勇
道光二十六年三月初七日

奏
另有旨

二五 署理陝甘總督林則徐奏片 原參護永昌協副將隆盛友督兵擒犯出力請給還頂戴

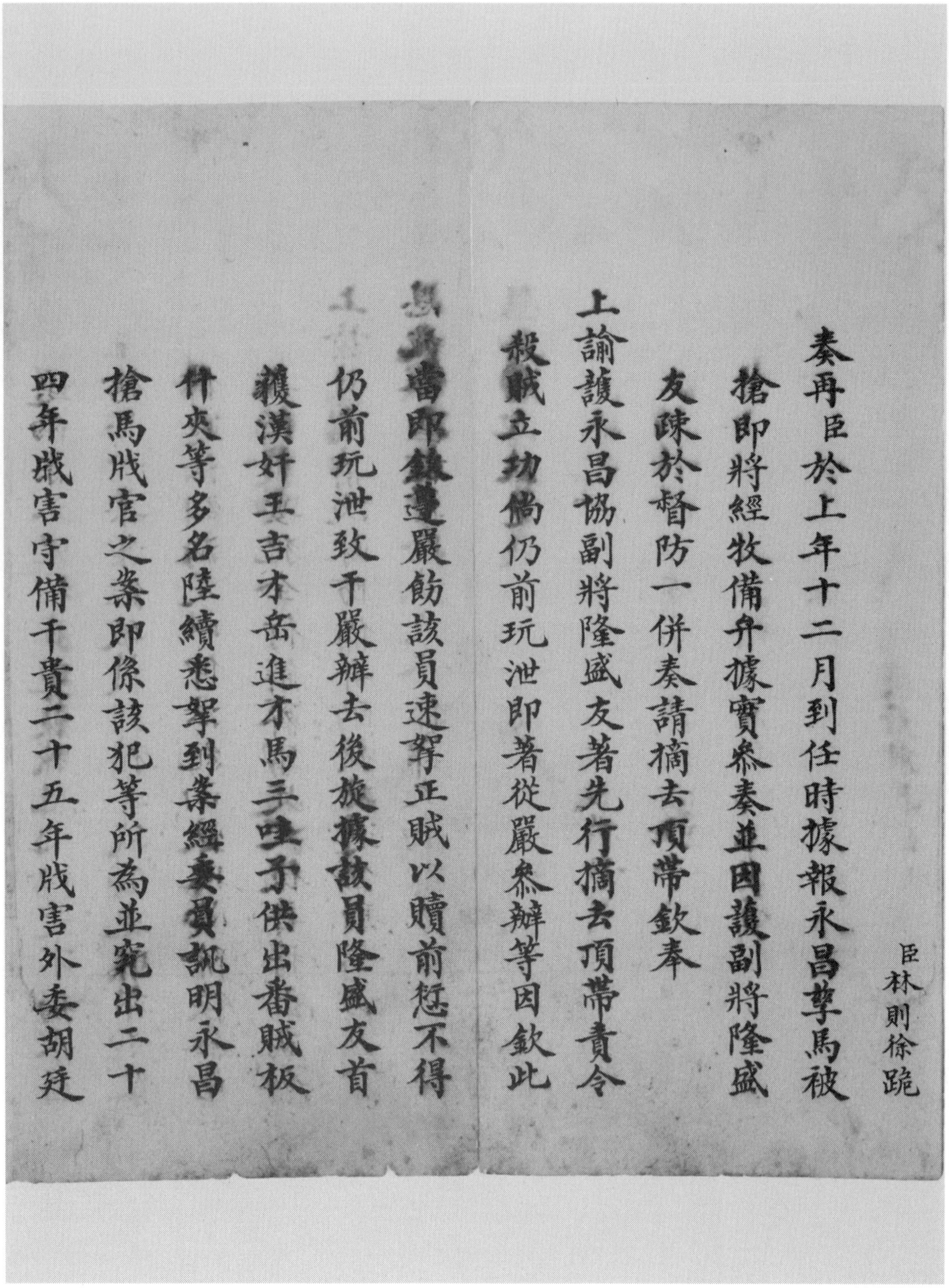
臣林則徐跪
奏再臣於上年十二月到任時據報永昌草馬被
搶即將經牧備弁據實參奏並因護副將隆盛
友疎於督防一併奏請摘去頂帶欽奉
上諭護永昌協副將隆盛友著先行摘去頂帶責令
殺賊立功倘仍前玩泄即著從嚴參辦等因欽此
臣當即鈔錄嚴飭該員速拏正賊以贖前愆不得
仍前玩泄致干嚴辦去後旋據該員隆盛友首
獲漢奸王吉木岳進木馬三娃子供出番賊板
什夾等多名陸續悉拏到案經委員訊明永昌
搶馬戕官之案即係該犯等所為並究出二十
四年戕害守備千貴二十五年戕害外委胡廷

署理陝甘總督林則徐奏片 原參護永昌協副將隆盛友督兵擒犯出力請給還頂戴

道光二十六年三月初七日

選兩案正兇均在現獲賊犯之內是不獨永昌
搶馬一案業經破獲即積年戕官兇賊亦不使
倖逃法網洵足以伸法紀而快人心除俟各營
縣所獲要犯全行解齊審定之後再將出力人
員及前次疎防備弁酌核功過分别懇請
恩施外查該員隆盛友本係節次勦番出力之員上
年永昌孳馬被搶時該員甫經蒞任正奉委赴
卡防堵距失事之處百里而遥其疎於督防尚
與久在該營者有間迨被參後即自購覓眼線
於沿邊山徑一帶深入窮搜並有賊犯占據陡
崖負嵎抵拒該員棄馬徒步親督兵弁趕攏兜
擒賊犯無路可逃遂皆就獲似該員尚知愧奮

署理陝甘總督林則徐奏片　原參護永昌協副將隆盛友督兵擒犯出力請給還頂戴

道光二十六年三月初七日

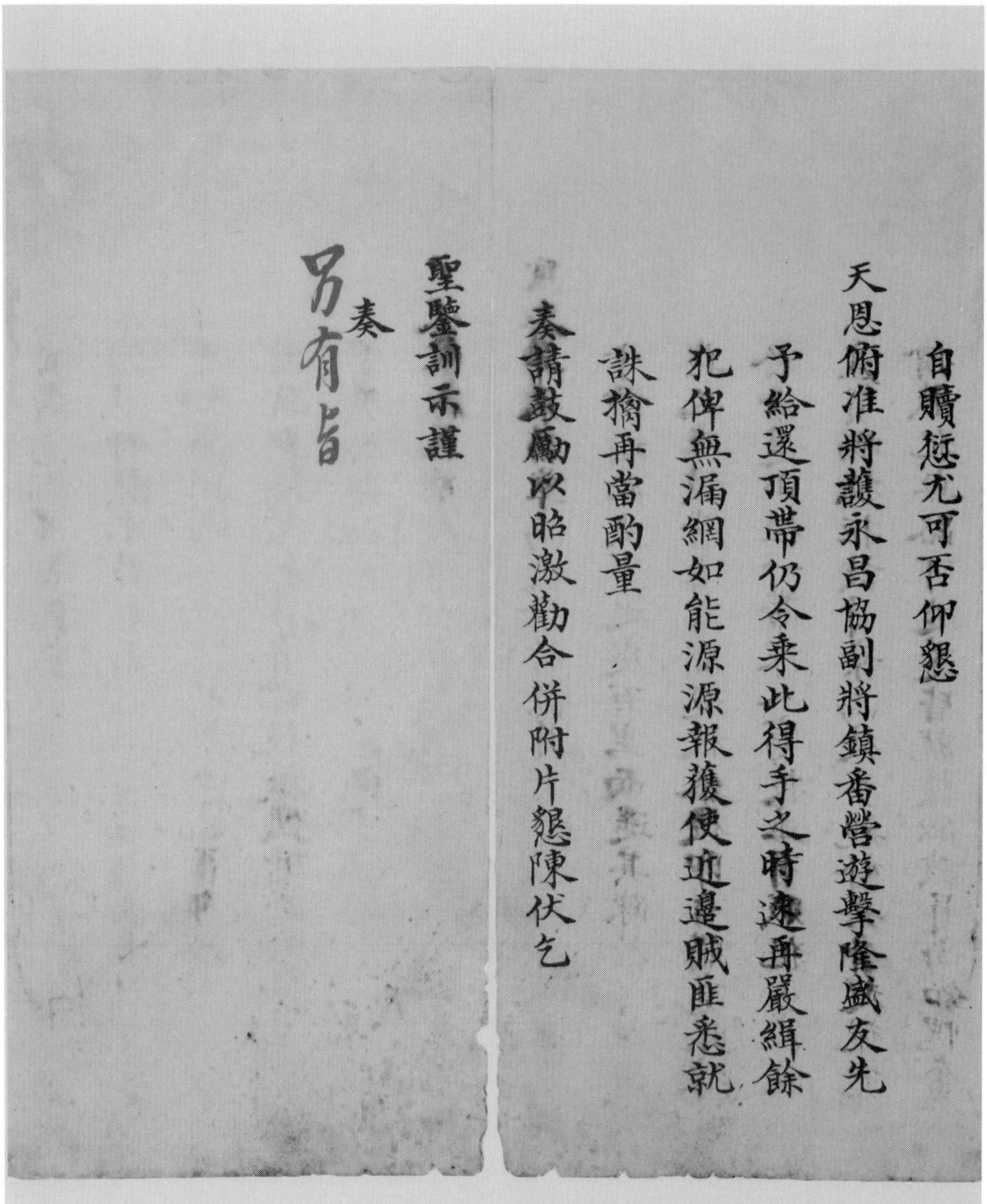
自贖懲尤可否仰懇
天恩俯准將護永昌協副將鎮番營遊擊隆盛友先
予給還頂帶仍令乘此得手之時速再嚴緝餘
犯俾無漏網如能源源報獲使迤邊賊匪悉就
誅擒再當酌量
奏請鼓勵以昭激勸合併附片懇陳伏乞
聖鑒訓示謹
奏
另有旨

署理陝甘總督林則徐奏片

委派西寧鎮總兵站柱等員出卡查辦雍希葉布族内番犯情形

再臣等先經會派西寧鎮總兵站柱西寧府知
府莊俊元等於二月二十五日帶兵出卡查辦
雍希葉布族內番賊當即恭摺奏
聞在案茲據站柱等會稟稱出卡之後即見蒙古左
右兩翼盟長遵照前次行文挑備蒙番各兵共
八百名隨同前進該鎮等於三月初一日在烏
蘭烏蘇紮營接見該盟長等始將雍希葉布番
族賊情及帶兵前往查辦緣由向其密述據右
翼盟長蒙古郡王恭木楚克集克默特面稱雍
希葉布本非伊之族類因其窮阨給以牧地數
年之內如何行搶實不深知茲既惡跡敗露蒙
大兵為之除害則所屬旗下庶皆知所儆畏實

署理陝甘總督林則徐奏片 委派西寧鎮總兵站柱等員出卡查辦雍希葉布族内番犯情形
道光二十六年三月初七日

深感服情願隨同到彼與官兵設法擒拏現受
皇上厚恩身居王爵豈肯稍為迴護等語該鎮等觀
其詞色實有慚感真情復與拔營同行計再歷
三四站可抵賊巢容當相機行事等情除俟續
據稟報到彼辦理情形再行具
奏外謹先附片奏
聞伏乞
聖鑒謹
奏

知道了

署理陝甘總督林則徐題本 陣亡陝甘督標中營馬魁嫡長子馬吉貴請准承襲雲騎尉世職

署理陝甘總督林則徐題本 陣亡陝甘督標中營馬魁嫡長子馬吉貴請准承襲雲騎尉世職

道光二十六年三月初九日

署理陝甘總督林則徐題本　陣亡陝甘督標中營馬魁嫡長子馬吉貴請准承襲雲騎尉世職

道光二十六年三月初九日

三品頂帶署理陝甘總督印務兼管甘肅巡撫事臣林則徐謹
題爲咨行事據甘肅布政使寶清呈稟查道光貳
拾伍年玖月初叁日奉准兵部咨令將奉派出
征河南滑縣打仗陣亡陝甘督標中營藍翎馬
兵馬魁之嫡長子馬吉貴應准其接襲雲騎尉
世職行令地方官詳細查明造具宗圖族鄰切
實印甘各結具題請襲等因當經移飭遵辦去
後茲准蘭州道郭夢齡咨據蘭州府知府許乃
安詳據署皋蘭縣知縣章禮銘詳稱遵查嘉慶
拾捌年奉派出征河南賊匪打仗陣亡陝甘督
標中營藍翎馬兵馬魁之嫡長子馬吉貴現年
叁拾肆歲例應請襲雲騎尉世職其中並無過

署理陝甘總督林則徐題本　陣亡陝甘督標中營馬魁嫡長子馬吉貴請准承襲雲騎尉世職
道光二十六年三月初九日

繼違礙等弊理合造具宗圖履歷冊結加具印
結申齎核轉等情由府道核明加結連人一併
咨送核轉到司該司覆查馬吉貴既經由籍查
明結報實係出征河南賊匪打仗陣亡陝甘督
標中營藍翎馬兵馬魁之嫡長子應請照例以
馬吉貴請襲雲騎尉世職查馬吉貴現年叁拾
肆歲年已及歲所有送到宗圖履歷冊結相應
連人一併詳請驗看具
題承襲等情呈詳到臣該臣查得前准部咨令將
奉派出征河南滑縣打仗陣亡陝甘督標中營
藍翎馬兵馬魁之嫡長子馬吉貴應准其接襲
雲騎尉世職行令地方官詳細查明造具宗圖

署理陝甘總督林則徐題本 陣亡陝甘督標中營馬魁嫡長子馬吉貴請准承襲雲騎尉世職

道光二十六年三月初九日

族鄰切實印甘各結具題請襲等因當經轉飭
遵辦在案茲據甘肅布政使寶清詳稱准據該
管道府縣詳查嘉慶拾捌年奉派出征河南賊
匪打仗陣亡陝甘督標中營藍翎馬兵馬魁之
嫡長子馬吉貴例應請襲雲騎尉世職查馬吉
貴現年叁拾肆歲年已及歲合將送到宗圖履
歷冊結送人一併詳請驗看具
題承襲等情前來臣覆核無異除將該世職驗看
俟准部覆後就近發標學習准食全俸扣至叁
年期滿照例出具考語給咨送部引
見並將宗圖冊結分送部科外相應具
題伏祈

署理陝甘總督林則徐題本　陣亡陝甘督標中營馬魁嫡長子馬吉貴請准承襲雲騎尉世職

道光二十六年三月初九日

皇上聖鑒勅部核覆施行再馬吉貴道光貳拾伍年
拾貳月由司轉請承襲時年叁拾肆歲今道光
貳拾陸年應年叁拾伍歲合併陳明謹
題請
旨

道光[illegible]務兼管甘肅巡撫事臣林則徐

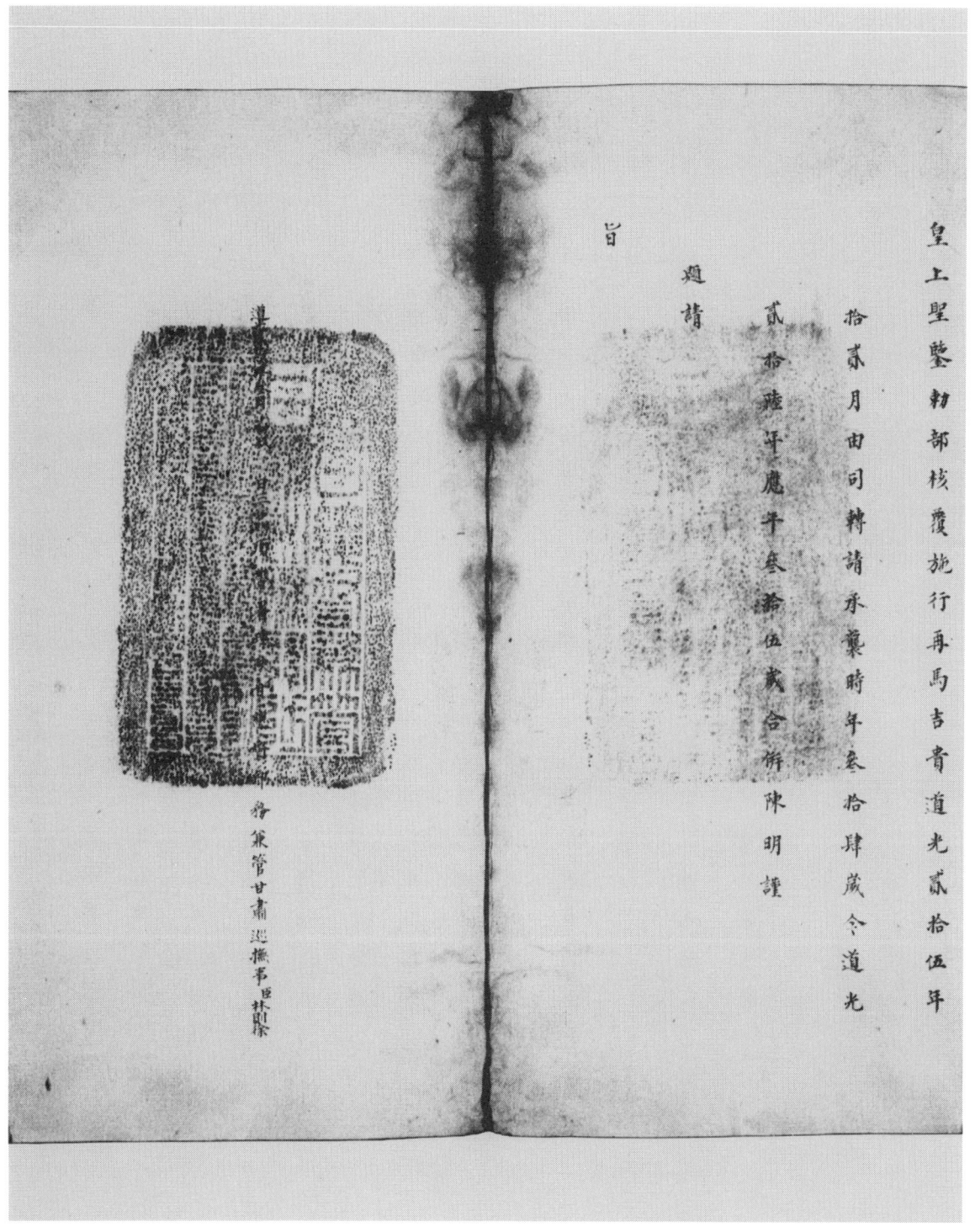

署理陝甘總督林則徐題本 陣亡陝甘督標中營馬魁嫡長子馬吉貴請准承襲雲騎尉世職

道光二十六年三月初九日

三品頂帶署理陝甘總督印務兼管甘肅巡撫事臣林則徐謹

題爲咨行事該臣查得前准部咨令將奉派出征

河南滑縣打仗陣亡陝甘督標中營藍翎馬兵

馬魁之嫡長子馬吉貴應准其接襲雲騎尉世

職行令地方官詳細查明造具宗圖族鄰切實

印甘各結具題請襲等因當經轉飭遵辦在案

茲據甘肅布政使賓清詳稱准據該管道府縣

詳查嘉慶拾捌年奉派出征河南賊匪打仗陣

亡陝甘督標中營藍翎馬兵馬魁之嫡長子馬

吉貴請襲雲騎尉世職查馬吉貴現年叁

拾肆歲年已及歲合將送到宗圖履歷冊結連

人一併詳請驗看具

題承襲等情前來臣覆核無異除將該世職驗看

俟准部覆後照例辦理並將宗圖冊結分送部

科外謹

題請

旨

軍機大臣　字寄
署陝甘總督林　甘肅提督胡　西寧辦事大
臣達　道光二十六年三月十三日奉
上諭林則徐等奏查明番賊勾結情形派兵出卡一
摺覽奏均悉據稱此次滋事賊番查係玉樹所屬
之雍希葉布番族勾結果洛克賊番屢在沿邊搶
掠滋擾並拏獲漢奸韓茂才訊出各情現在派委
站住等先往查拏并密咨胡超出卡會剿等語該
番族等勾引搶劫屢為邊患亟應趁果洛克未來
之前速行查拏庶剿辦易於得手惟站住等孤
軍深入必須預籌策應著林則徐等悉心籌畫選
派得力將弁帶兵前往作為後路接應方免疎虞

至胡超所派游兵埋伏堵截之處尤當飭令相機前進會合兜擒毋得有名無實致令賊番竄往他處是爲至要又另片奏請將黄冕暫留西寧審辦番案著准其暫留差遣將此由四百里各諭令知之欽此遵

旨寄信前來

署理陝甘總督林則徐等奏片

請將原任江蘇知府黃冕暫留西寧差遣

林則徐等片

再番賊出沒情形非漢奸莫能深悉而漢奸皆異
常狡獪雖拏獲到案而堅不吐實並善熬刑
一由畏衆之情一存救贖之見若向來不能設法
研鞫即使夾刑並用亦祇能使之伏罪無由推究
賊情查此次獲到奸匪二千餘名其本衆多
非生擒而要重究明番賊日是何族類盤踞在何
地方如何偵探官兵如何勾引内綫路徑如何竄
覓蹤物如何售銷如何透漏糧茶如何來帶
火藥必得隨案跟究洞悉確情勒辦方有把
握臣林則徐先查該府魁劉祥復稿至西寧該
又度區卽人員不敷派審查有原任江蘇知

府黃冕因事
東派開墾伊拉里克地畝事竣由口外回至甘肅
順途來見臣林則徐因其曾任江寧蘇州兩處
首要委審疑難事件均能推鞫精詳因將狡
黠奸犯令其設法議審果能旁敲側擊摘伏
發奸不動一刑而真情畢露以達法網前在口
外知其提辦烏魯木齊都統衙門文案並經惟
勤帶往伊犁與布彥泰會委審辦案件均稱
妥協此次臣等仿照洋法製造砲車炸彈委
令督匠遂製尤能如意講求得獎實用當此籌
辦番務之際正極需才臣等公同商酌擬將黃
冕暫留西寧差遣俾審辦者製造利器

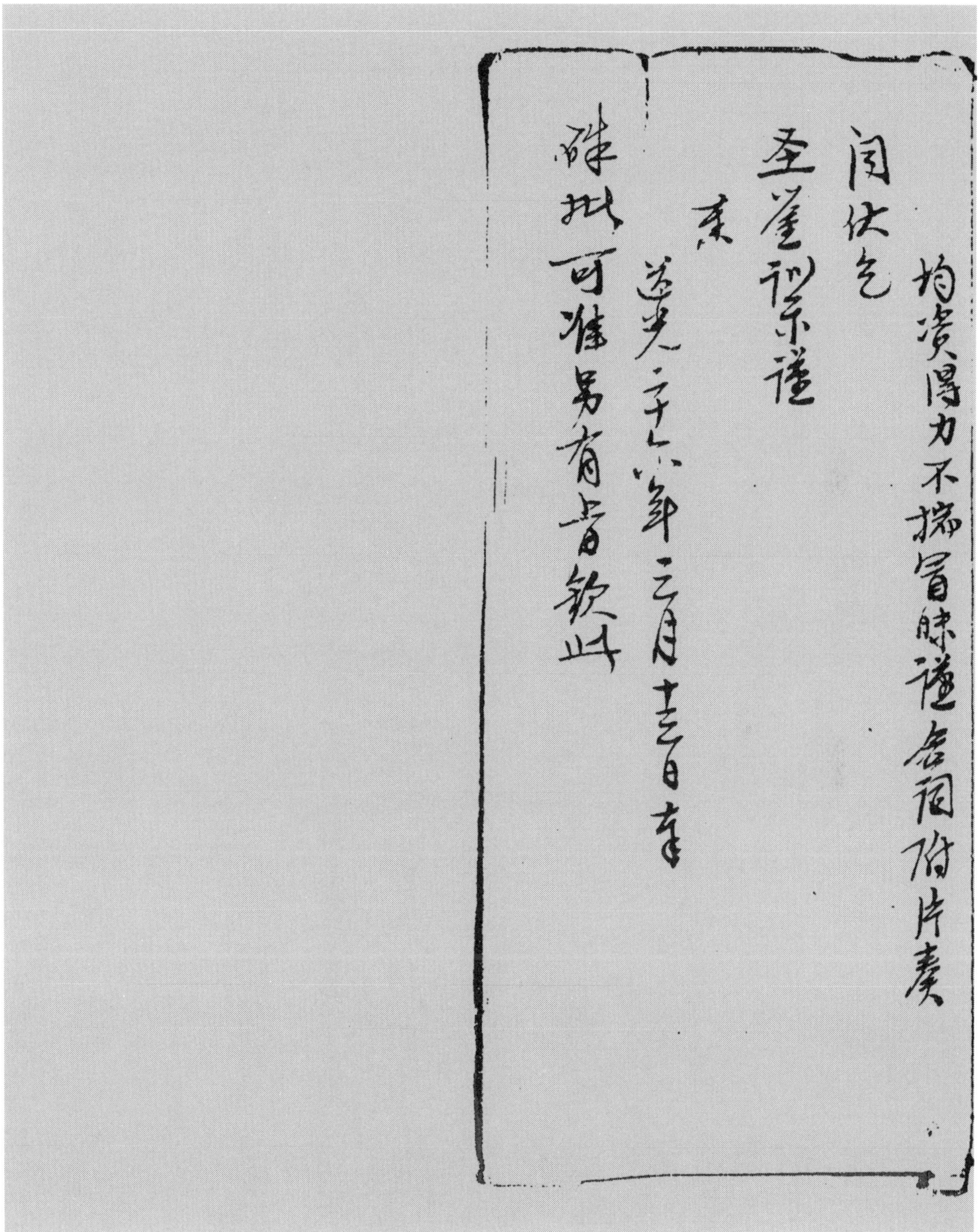

均資得力不揣冒昧謹合詞附片奏
聞伏乞
聖鑒訓示謹
奏
道光二十六年三月十三日奉
硃批可准另有旨欽此

陝甘總督布彦泰籌辦番務林則徐奏摺　**遵旨會議新疆各城破除積習並核明哈密地畝安置民户情形**

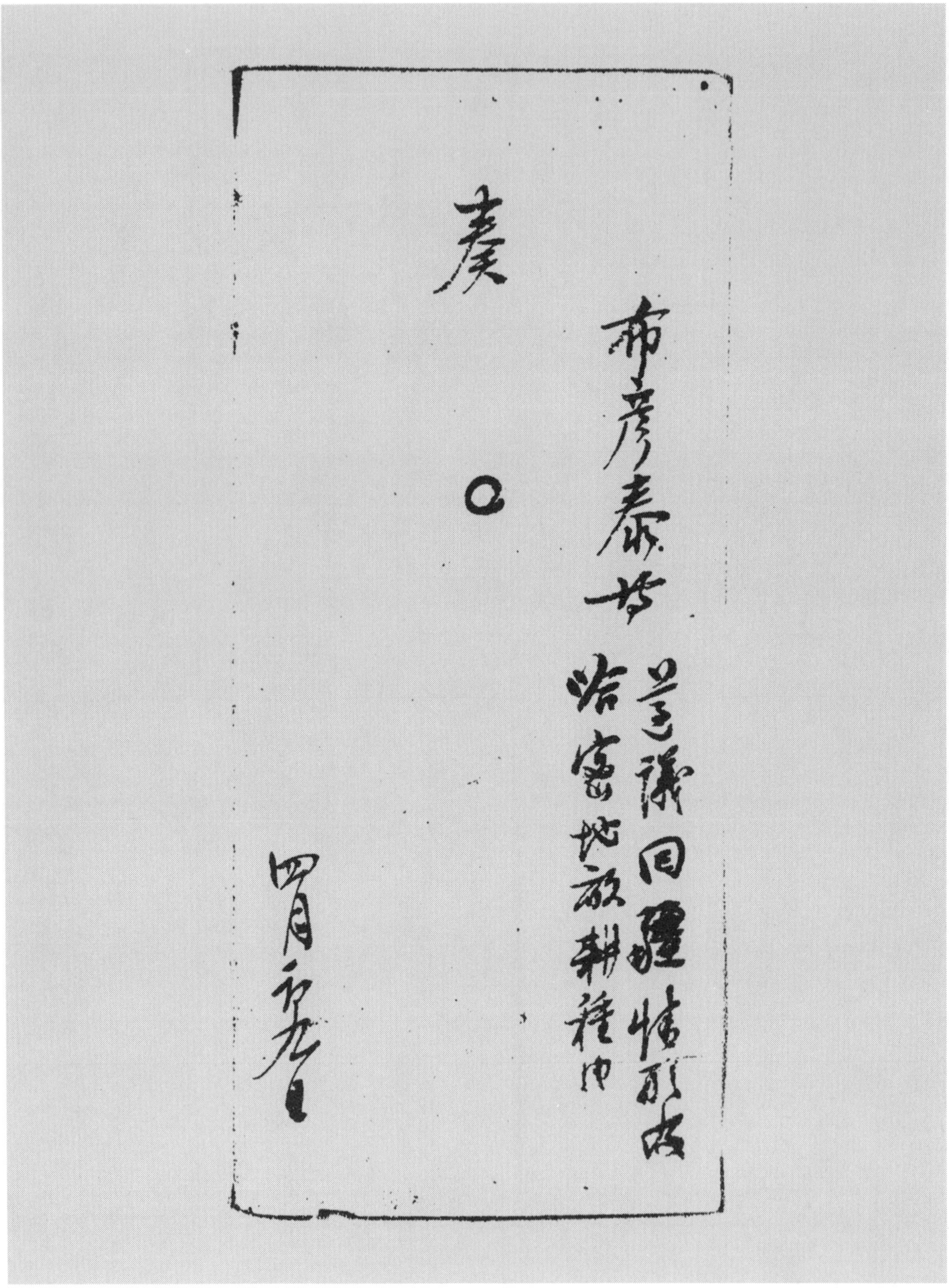

奏

布彦泰等

遵議回疆情形及
哈密地畝耕種由

○

四月初五日

陝甘總督布彥泰籌辦番務林則徐奏摺 遵旨會議新疆各城破除積習並核明哈密地畝安置民户情形 道光二十六年三月二十日

臣布彥泰臣林則徐跪

奏為遵

旨會議回疆各城破除積習應照道光八年議定章程

實力奉行並核明哈密地畝安置民户足資控

制緣由恭摺具

奏仰祈

聖鑒事竊臣等承准軍機大臣字寄欽

上諭昨據布彥泰奏查明哈密另有可墾地畝一摺已

批交軍機大臣會同該部議奏矣其另片所稱回子

近日窮苦由於該伯克等科派所致自係實在情形

各城回子生計本少加以科派致愈不聊生全在各城

大臣力矢清操方能約束該伯克等顧念回衆

顆不至借端魚肉此後該將軍應如何密加覈
察使各大臣先破除積習不令該伯克有所藉口
著布彥泰林則徐悉心妥議據實具奏至該扎薩
克郡王伯錫爾私墾地畝呈獻充公札安置民户等
語此項地畝既據呈出一經墾種斷可擴充是否
足以安置民户藉資控制並著布彥泰等
詳議具奏原片着鈔給林則徐閱看將此各
諭令知之欽此臣林則徐欽遵之下因臣布彥泰尚
在關外途次當即恭錄飛咨密商辦理並繕片
先行附片
奏在案茲臣布彥泰來至西寧與臣林則徐面商
籌議竊以除弊之道與其多立條目莫如謹守

舊章，澈查道光八年籌辦回疆善後事宜，經
欽差大臣那彥成節次議立章程，奏蒙
允准。通行並於各城大臣衙門刊立木碑，以資遵守。
如內各衙門食用物件，自行發價採買，不許勒
派支應。其役使小回子，議立限制，不許多用。修
理衙署等項工程，雇用回夫，不許攤派。並各城
大臣公出，自備資斧，不許供應。其條皆臣布彥泰
所記憶之大略，而其最要，尤在揀補伯克，要杜
賄囑之弊。是原定章程已極周備。覈明此外
無可增議，惟奉行日久，大端節目雖皆不致
故違，而零星食用及役使工作之類，實難保無
滋弊，自應恪遵

聖諭由伊犁將軍隨時認真查察以期積習盡除但
伊犁與南路各城相距數千里該將軍不能親
身遍歷即耳目難周若遣員往查既不免擾
累且所查亦未必足信設或所遣非人必至
指揣需索是一弊未除又生一弊轉非核實之
道查道光八年原定章程本係責成葉爾羌
參贊大臣查考歸於伊犁將軍覈查誠以參贊
總理回疆見聞切近如有弊端自難逃其耳目
而將軍有覈查之責即參贊有顧忌之心彼此
相維自不至扶同徇隱查新任伊犁將軍薩迎
阿曾任烏什喀喇沙爾辦事大臣於回疆各城
情形本屬深悉現又職司總統倍宜實力稽查

可否仰祈
敕下薩迎阿於到任後蒐查道光八年歷奉
諭旨敬謹謄錄頒發各城申明嚴禁之令觸目警心
奴恐日久懈生再令於各城大臣蒞任之始及
常年四季傳集各官吏宣讀曉諭責令實力
奉行並將有無違犯實情按季咨報將軍參
贊一體查核如實有陽奉陰違之事即據實參奏請
旨嚴懲若參贊不能力矢清操亦許各城大臣指明
揭報如此互相考察立法似已周詳果能實力
奉行自可滌除積習臣布彥泰現駐甘肅為
關外直衢凡新疆來往之人均可隨時咨訪如有
見聞亦必據實具

陝甘總督布彥泰籌辦番務林則徐奏摺 遵旨會議新疆各城破除積習並核明哈密地畝安置民户情形 道光二十六年三月二十日

奏斷不敢諱飾朦徇以期仰副
聖主廑念回疆至意至哈密地土自
國初即隸版圖維時防兵家口屯田亦廣歲納
屯粮二萬七千三百石迨新疆平定陸續裁撤
防兵祇留八百餘名作為眷兵其屯田亦酌留
塔爾納沁蔡巴什湖牛毛湖三處歲收粮三
千八百餘石以給兵糈此外並無民人因地而回田
因免納粮賦私墾漸多該處為新疆南北咽喉
本須密籌控制此次該扎薩克郡王伯錫爾將
私墾地畝呈獻充公意即招徠户民耕種充實以
林則徐與全慶赴地勘丈由臣布彥泰覆核具
奏前來

諭旨此項地畝一經墾種斷可擴充是否足以安置民户
務資控制茲因臣布彥泰於路過哈密時即經飭
令該承委哲爾精額哈密通判保忠前往
東新莊確切查明已墾熟田三千七百二十
畝舊渠一道長一百二十餘里水源來自北山
榆樹溝順流南注所有熟田悉數灌溉如蒙
允准安置民户即可耕種升科惟附近又有未墾生地
四段共四千八百三十二畝因舊渠不敷分灌尚在
拋荒既據一併呈出自應先籌引水俾澆灌有資
始能招種據該承委等請從榆樹溝山口另挖新
渠一道亦如舊渠之長一百二十餘里又布彥泰
因其工程較大且榆樹溝山口多係塊石恐難鑿開

當經面諭該革員等仍就舊渠上段加濬寬深察
看水勢可分之處再於舊渠東面接濬新渠引
至續開地内以施工較為節省籌費亦不至過煩惟
查勘之時尚未冰泮該革員等請俟春融後
勘估亦並據該城大臣面稱總當設法勸捐辦理
恭候
命下准行應由該城大臣將開渠安户分地各事宜
奏明辦理查該處民人甚衆不患無户可招惟在承
辦各員秉公經理使地畝愈開愈廣户民愈集
愈多既圖自衛身家即以永綏疆圉誠如
聖諭藉資控制斷可擴充於邊防尚有裨益除再
移咨哈密大臣督同革員等作速籌畫

預備分別有無等會議緣由謹合詞恭摺具
奏伏乞
皇上聖鑒謹
奏
道光二十六年四月初九日奉
硃批　欽此
三月二十日

上諭 著布彥泰馳赴西寧接印與林則徐等訪拏漢奸妥辦番務

軍機大臣 字寄

陝甘總督布 道光二十六年三月二十三日奉

上諭（摘交起）布彥泰奏（摘交止）請先赴西寧會籌番務並展限（摘交起）勘辦

秋審一（摘交止）摺前有旨令林則徐暫留西寧與該督等

公同會辦番務嗣據林則徐等奏拏獲漢奸訊出

各情已有旨令其悉心籌畫相機妥辦矣辦理番

案自必以訪拏漢奸為首務所有偷渡河北之各

番匪黨亟應從現獲漢奸供出各匪按名責令獻

交如頑梗不化方可懾以兵威至果洛克駐牧四

川如果遠涉數千里之遙搶掠牲畜亦必將引導

之漢奸勾通之熟番緝獲淨盡自不至復為邊患

該督即先行馳赴西寧接印與林則徐達洪阿等

熟商妥辦總期淨盡奸匪永安邊圉是為至要至
摘交起該省秋審之期著准其展限辦理摘交止將此諭令知之
欽此遵
旨寄信前來

上諭　著布彥泰等嚴飭將弁擒犯務獲林則徐著准暫行給假調理

軍機大臣　字寄
陝甘總督布　署陝甘總督林　西寧辦事大
臣達　道光二十六年三月二十四日奉
上諭林則徐等奏添兵前赴循化廳卡外剿辦拒捕
番賊並疊獲漢奸番賊請將要犯暫緩處决備質
各一摺此次該副將札勒罕布帶領官兵一千餘
名查拏番賊並不親往致有弁兵被賊拒傷之事
已明降諭旨將該副將勒令休致矣該署督現添
派弁兵進剿著即嚴飭該將弁等審度機宜設法
將應拏賊犯悉數擒獲不准一名漏網儻有始終
抗拒情事即著奮力夾擊毋令稽誅至現在拏獲
番賊漢奸板什夾王吉才二名訊係連年搶馬戕

官重犯自應立正刑誅惟續獲之犯尚須質對板
什夾王吉才著准其暫緩處决留備質訊其未獲
之犯二十餘名仍著嚴拏務獲布彥泰計此時已
抵西寧著即與林則徐等會商妥辦至林則徐另
片奏舊疾復發懇請給假等語林則徐著准其暫
行給假即在西寧安心調理遇有緊要事宜仍與
布彥泰達洪阿籌商妥辦將此諭令知之欽此遵
旨寄信前來

上諭　著准林則徐所奏動支武威縣義倉貯糧以為團練義勇之資

道光二十六年三月二十四日内閣奉

上諭林則徐奏請動用義糧作為團練經費等語甘肅武威縣義倉現在實貯倉斗小麥五千六百二十石零著准其全數動支以為團練義勇之資仍俟將來察看年歲豐登即行籌備歸款該部知道

欽此

上諭 著准林則徐等所奏陝西洮泯協副將札勒罕布勒令休致

道光二十六年三月二十四日內閣奉
上諭林則徐等奏請將副將勒令休致一摺陝西洮泯協副將札勒罕布庸懦無能且現患痰疾難期振作著即勒令休致該部知道欽此

上諭　著准林則徐所奏護永昌協副將隆盛友賞還頂戴

道光二十六年三月二十四日內閣奉
上諭前據林則徐奏護永昌協副將隆盛友於孳馬
被搶疎於督防當降旨摘去頂帶茲據奏稱該員
被參後購覓眼線深入窮搜並親督弁兵兜擒賊
犯悉已就獲尚知愧奮隆盛友著加恩賞還頂帶
仍令嚴緝餘犯俾無漏網如果始終出力酌量奏
請鼓勵該部知道欽此

上諭 著准林則徐所請前參將徐福休致遊擊馬進禄留西寧差遣

道光二十六年三月二十四日内閣奉
上諭林則徐等奏請留熟悉番情將領隨時差遣等
語籍隸西寧告病之前任山東東昌營叅將徐福
休致之雲南景蒙營遊擊馬進禄著准其留於西
寧差遣如果始終得力再行酌量請補該部知道
欽此

上諭　著照林則徐所請以同知保忠借調哈密通判

道光二十六年三月二十四日內閣奉

上諭林則徐奏口外要缺通判升調無人仍請以同知借調一摺著照所請哈密通判員缺准其以保忠借調該部知道欽此

上諭 著林則徐補授陝西巡撫待籌辦番務事竣再赴新任

道光二十六年三月三十日內閣奉

上諭陝西巡撫著林則徐補授仍會同布彥泰達洪阿籌辦番務事竣再赴新任未到任以前陝西巡撫著裕康署理唐樹義著署理布政使其按察使篆務著揀派道員署理欽此

上諭　著布彥泰等巡視卡隘確勘布置林則徐達洪阿會同商辦

軍機大臣　字寄
陝甘總督布　陝西巡撫林　西寧辦事大臣
達　道光二十六年四月初九日奉
上諭布彥泰等奏會籌番務擬先巡閱沿邊要隘一
揖番賊屢滋搶刦蹤跡靡常必俟報有搶案然後
往追勢已無及若待以重兵則又虛糜糧餉自須
履勘要隘體察實情庶克整飭邊防杜賊窺伺該
督現擬親往巡閱著即俟進省辦理秋審後挑帶
官兵親歷沿邊卡隘確勘情形周詳布置務使聲
威壯盛番賊懾服庶可一勞永逸至內地漢奸業
經查拏得手著趁此再加嚴緊飭令實力緝拏毋
留餘孽林則徐著將西寧經手事務與達洪阿會

同清釐後亦即赴省與布彦泰商辦一切餘依議
其籌議回疆事宜並哈密地畝安置民户一摺已
有旨交薩迎阿等查照辦理矣將此諭令知之欽
此遵
旨寄信前來

陝西巡撫林則徐奏摺　**補授陝西巡撫謝恩請覲**

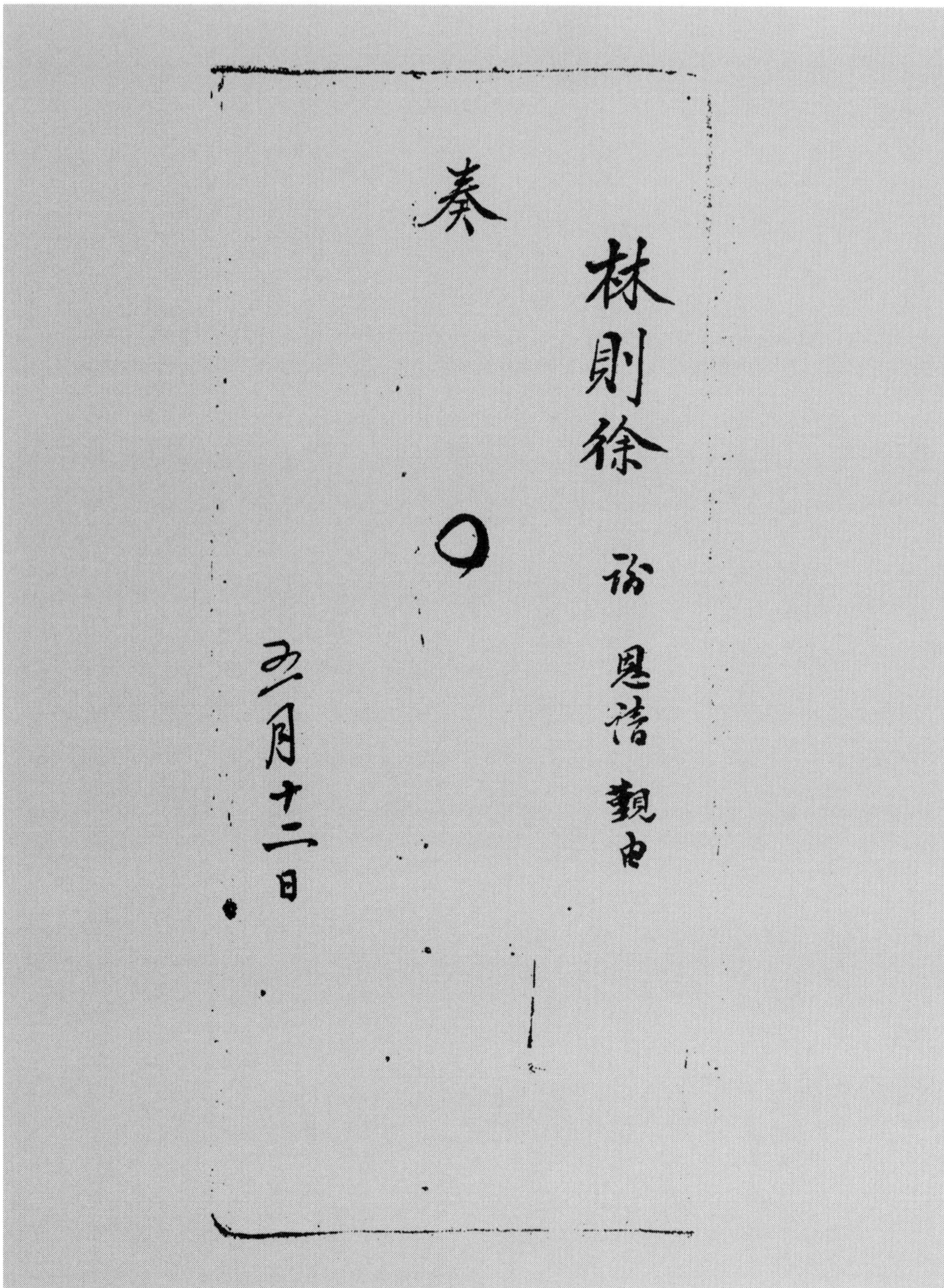
林則徐　謝恩請覲由
奏
〇
五月十二日

陝西巡撫林則徐奏摺　補授陝西巡撫謝恩請覲

道光二十六年四月二十二日

新授陝西巡撫臣林則徐跪
奏爲恭謝
天恩並懇
聖鑒俯准于番務竣時先行進京跪聆
訓諭再赴新任仰祈
聖鑒事竊臣于四月十八日准陝甘督臣布彥泰咨開准吏
部咨道光二十六年三月二十日內閣奉
上諭陝西巡撫著林則徐補授仍會同布彥泰達洪阿籌
辦番案事竣再赴新任等因欽此臣聞
命之下感激悚惶莫能名狀當即恭設香案望
闕叩頭謝
天恩伏念臣才識至愚愆尤自蹈辜荷

生成之再造，時深感悚于五中。自舊冬仰奉
恩綸，署理陝甘督篆，迨節次附陳，復蒙
諭令暫留甘肅者，會辦番案，因恐溺職未效，無以上答
高深，夙夜撫衷，惟虞隕越，乃又沐
慈施于格外。
畀重寄于閫中，感極涕零，悚深汗浹。查陝西地方固
稱安靜，而南山界連楚蜀，北山地處邊陲，僻遠語
所在在皆關緊要，又況閭閻殷實，處處措理難周，惟
有覲懇
聖恩准于來京，仰以瞻光，叩泥首
宸墀，慶聆
訓諭，俾一切政務有所秉承，庶得敬謹遵循，或免

據桂先古現奏
諭旨仍令同布彥泰達洪阿籌辦番務臣雖心殷瞻
覲而未敢遽照向例迎摺起程查本年數月以來沿邊
極為靜謐並無搶擾之案惟番匪出沒靡定仍
應隨時隨處加意防範前在西寧時曾與布彥泰
到彼面商以該處究係偏隅不如在省彙核情形始
可將各處邊情閱報
奏明同赴省城商辦並以臣患瘦嗽痰疾亦可順
便就醫調等
恩旨准臣給假調理遇有緊要事宜仍即籌商妥辦
仰荷
鴻慈倍深感悚除遵旨臣到省延醫調治舊疾已形輕減

亦常膺辦番務不敢稍有諉延除將辦理情形隨時
會摺具
奏外如蒙
恩准臣于未到任之前先行進京
陛見容臣將經手應辦諸務料理稍了再行恭摺
奏報起程即有微臣感激下忱並懇求進京請
訓緣由謹繕摺叩謝
天恩伏乞
皇上聖鑒訓示謹
奏

道光二十六年五月十二日奉
硃批毋庸來京可赴任時即赴新任欽此

陝西巡撫林則徐奏摺　補授陝西巡撫謝恩請覲
道光二十六年四月二十二日

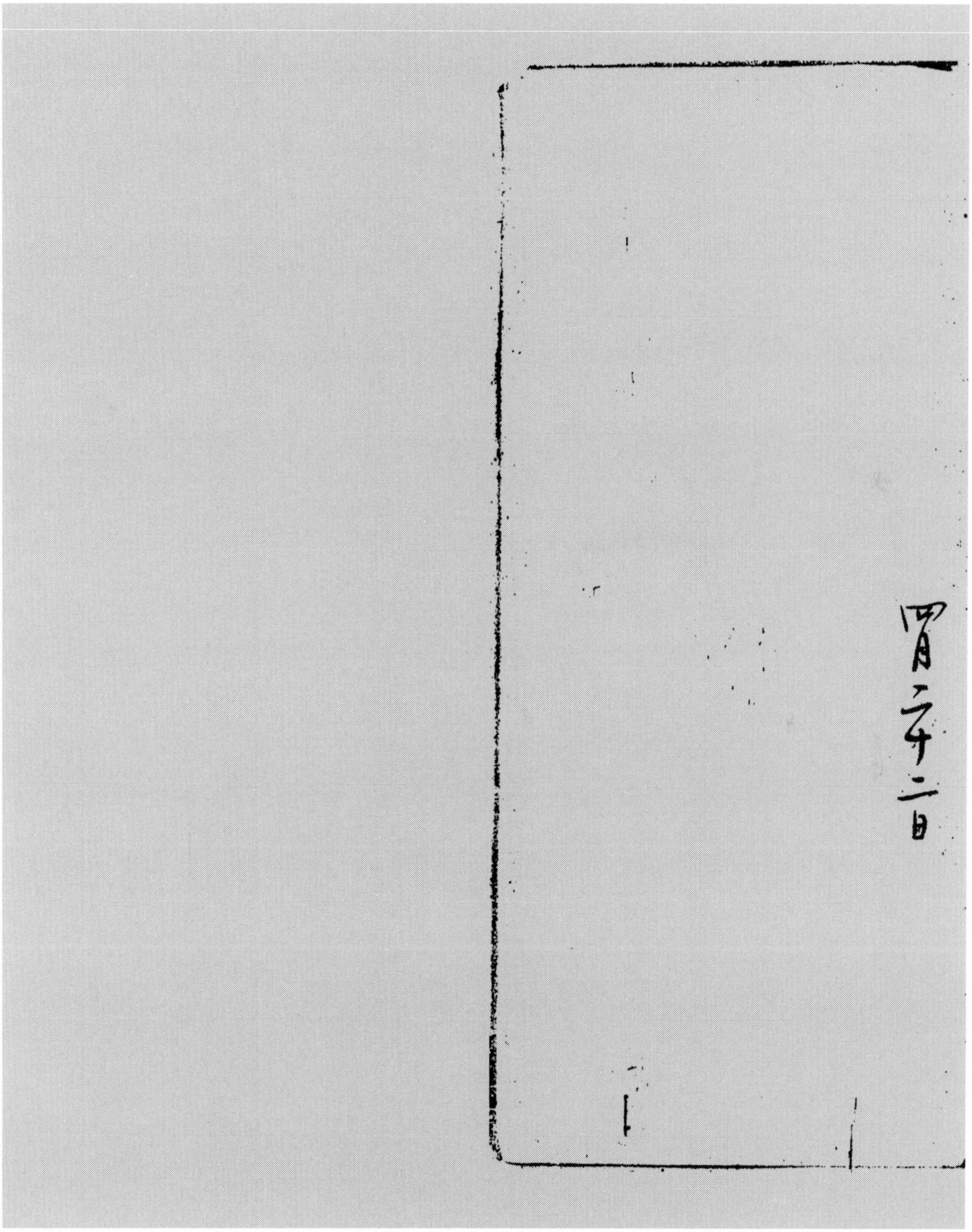
四月二十二日

大學士穆彰阿等奏摺 議覆奕山所奏和闐新墾地畝招墾陞科摺

臣穆彰阿等謹
奏為遵
旨會議具奏事道光二十六年三月十三日署伊犁將軍伊犁參贊大臣奕山奏和闐新墾地畝招集回戶定則升科章程一摺奉
硃批軍機大臣會同戶部議奏欽此據原奏內稱查達瓦克在和闐東北距城二百餘里所有不能招集民戶情形業經全慶林則徐奏明即安置回戶非廣為招徠計十萬餘畝之地不足以資耕種當即出示剴切曉諭如有情願前往承種者自行報領不准各伯克強為勒派又派署章京勒莽阿阿奇木伊什罕伯克等協力往勸並

諭該委員伯克等擇其有室家力能耕種者方
准領地承種如家口衆多勤於力作者不妨酌
添地畝續據委員及伯克等於和闐所屬六城
莊回戶内招徠情願前往達瓦克領地承種者
或四五十戶或七八十戶接踵而至共計招回
戶八百九十二戶呈報前來並取具該管伯克
回子等連環保結註冊存案至所招回戶若分
給畝數過多似覺漫無限制惟給數過少回疆
有歇地之說又不足以資養贍事關
國計民生必須斟酌盡善方足以垂久遠奴才俯
察地利下順輿情酌中定議以八十畝為一分
每戶授地一分其家口衆多酌加一分共給地

九百分計地七萬二千畝其餘賸荒地二萬八千一百餘畝即遵部議暫停招墾至於升科查
阿克蘇議
奏案内每畝完納五升並准折徵普爾錢以二百文抵糧一石四百文抵銀一兩業經
勅部議准自應仿照辦理惟和闐僻處一隅商賈稀少銀賤錢貴若一律令交普爾錢恐回戶以銀易錢日後致滋苦累不足以示體恤奴才在和闐接見大小伯克時細加詢問均稱徵銀為便
奴才悉心籌度擬仿阿克蘇之議稍為變通阿克蘇以糧折錢和闐擬以糧折銀每畝升科納糧五升每糧一石折銀五錢計地九百分每分

領地八十畝應交糧四石共計七萬二千之地
應徵糧三千六百石共折銀一千八百兩擬即
令按數交銀不必折錢每年所徵遵照前
奏章程作正報部覈銷於和闐請調經費銀內如
數減調以昭覈實復傳諭各員弁及大小伯克
等詢察回衆情形似此給田定額能否經久相
安有無苦累情事旋據各員弁並大小伯克等
查詢回情據稱新墾地畝給回子承種俾無業
窮回得有恒產又嘗按畝徵糧五升計糧石折
銀交納實於生養之中兼寓矜全之意更於窮
回有益且所領地畝均屬膏腴委無苦累情事
並據各伯克等結稱日後升科時回戶若有拋

荒蒂欠伯克等情願代賠等情具結存案至新
招回戶所需牛具籽種該伯克等踴躍捐輸備
辦齊全令各種地回戶均勻承領並取具各回
戶及該管伯克連環保結存案即諭令領地回
戶於今春及時試種以期無誤春耕所墾之地
應徵糧銀擬請照伊犁歷次開墾之案因上年
未經耕種以二十六年為試種之年二十七年
減半升科二十八年全數徵收其餘賸暫停招
墾之荒地二萬八千一百餘畝應請
勅下和闐辦事大臣俟有戶可招隨時察看情形擬議
奏
聞等語臣等伏查上年六月據伊犁將軍奏查勘和

闐地畝請安回戶情形一摺當經臣等遵
旨議覆行令該將軍等查明招集回戶若干每戶給
畝若干尚有餘地若干並將如何按畝徵糧妥
議章程具奏奉
旨依議欽此欽遵在案茲據覆奏和闐達瓦克地方
安置回戶非廣為招徠計十萬餘畝之地不能
徧行耕種據委員及伯克等於和闐所屬六城
莊回戶內招得情願前往達瓦克領地承種者
共計八百九十二戶酌中定議以八十畝為一
分每戶授地一分其家口衆多者酌加一分共
給地九百分計地七萬二千畝其餘荒地二萬
八千一百餘畝暫停開墾等語臣等查該署將

軍所議按戶定給畝數既足以資養贍亦不至漫無限制應即准其照辦又稱和闐銀賤錢貴請仿照阿克蘇每畝納糧五升折徵普爾錢以二百文抵糧一石四百文抵銀一兩成案稍為變通請以糧折銀每畝升科納糧五升每糧一石折銀五錢共計地七萬二千畝應徵糧三千六百石共折銀一千八百兩每年所徵銀兩作正報部覈銷查與道光二十四年戶部覆准阿克蘇奏案銀錢互抵之數相符惟該處銀賤錢貴自應量予變通應請准其以糧折銀每年共徵銀一千八百兩即於和闐請調經費銀內如數減調以昭覈實至升科年限據稱因上年未

經耕種以二十六年為試種之年二十七年減
半升科二十八年全數徵收覈與伊犁歷次開
墾成案均屬符合亦應如所奏辦理再查上年
伊犁將軍原奏內稱該處僻在一隅不但招民
為難即招回戶亦復不易是以臣等議令除去
撥給回戶承種各畝外其餘荒地暫停開墾原
以防人少地多濫行給種之弊今據奏稱招集
回戶已有八百九十二戶則遠近聞風踴躍情
形已可概見而所餘荒地尚有二萬八千一百
餘畝之多既稱該處地盡膏腴若任其久荒難
保無私墾隱匿情弊相應請
旨勅下和闐辦事大臣趕緊設法招徠如有隱占私

種者即查明升科仍由伊犁將軍覆覈具奏務
使地無曠土以裕
國課而杜弊端謹將臣等會議緣由恭摺具
奏伏乞
皇上聖鑒此摺係戶部主稿合併聲明謹
奏
道光二十六年四月　二十八　日
臣穆彰阿
臣潘世恩
臣賽尚阿差
臣祁寯藻
臣何汝霖
奉
旨依議欽此

臣福濟
臣賈楨
臣花沙納
臣徐士芬

上諭　甘肅提督胡超經布彥泰林則徐察看稽延畏葸著交部嚴加議處

硃

道光二十六年五月初二日内閣奉
上諭布彥泰奏遵旨再行察看胡超一摺甘肅提督胡超
有統領邊疆彈壓番夷之責乃去秋由永固進兵
之際輒調極遠之漢中官兵故為延宕旋又停止
以遂其苟安之計其遷延迂緩已可概見本年林
則徐密咨派兵赴野馬川一帶堵截該提督又不
即行調往節次徒事添兵並未辦有成效種種稽
延畏葸咎無可辭胡超著交部嚴加議處欽此

陝甘總督布彥泰陝西巡撫林則徐奏摺

陝甘兩省捐輸請隨時即予議叙

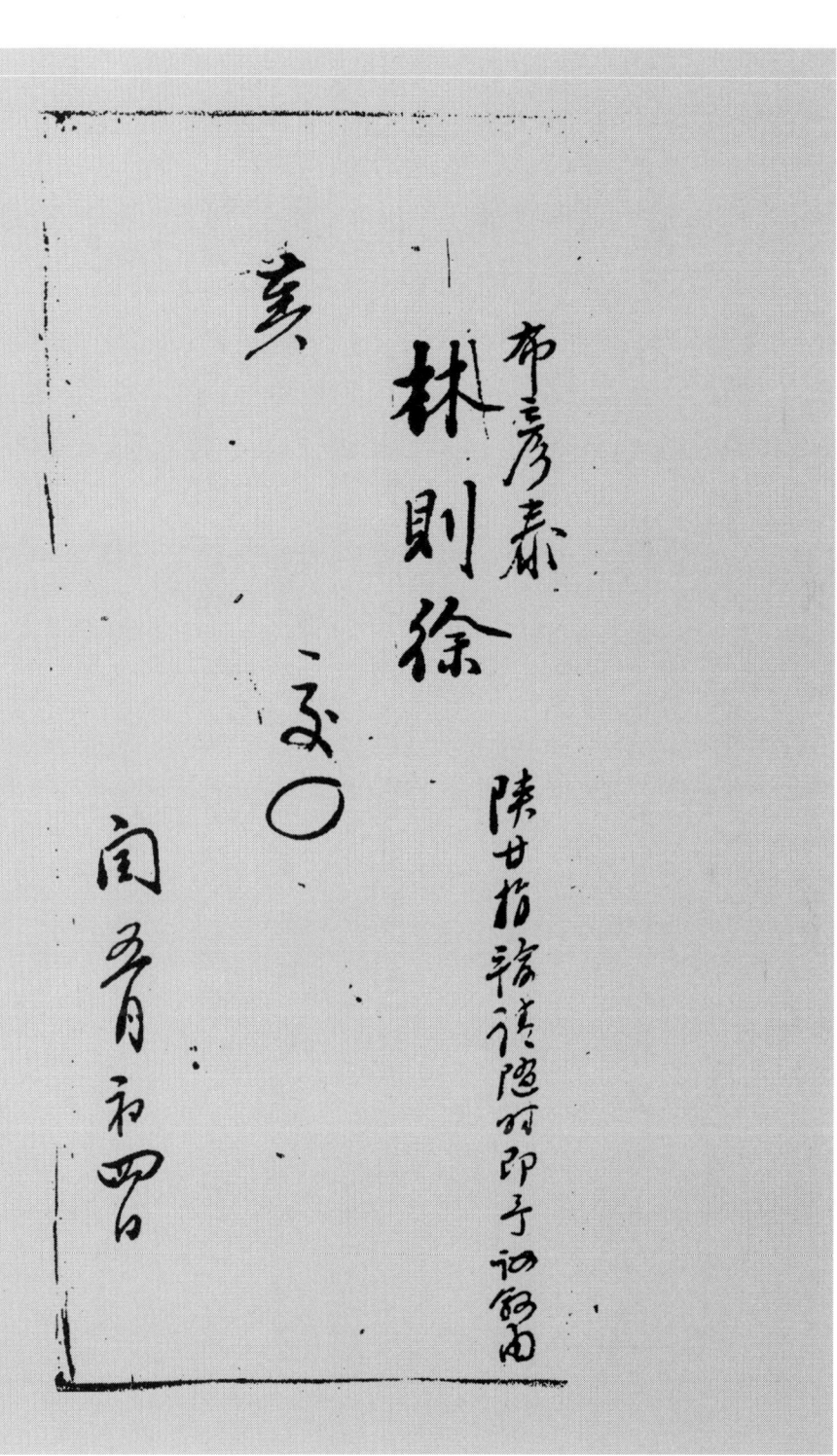

陝甘捐輸請隨時即予議叙摺

布彥泰
林則徐

奏

閏五月初四日

二五 陝甘總督布彥泰陝西巡撫林則徐奏摺 陝甘兩省捐輸請隨時即予議叙

道光二十六年五月十八日

臣布彥泰 臣林則徐跪

奏爲准到部咨謹將陝甘兩省捐輸可否一律並

辦並擬隨時請

旨即予議叙以勸急公恭摺奏祈

聖鑒事竊臣等前以甘省籌辦番務需用繁多乞

恩援照順天府捐輸可否令陝甘兩省並外省人員

一律准在陝甘捐輸緣由具奏請

旨仰蒙

敕部議覆除

覃恩封典仍由部庫辦理外其餘各款准照順天府

捐輸之案按豫工事例不敷辦理隨時奏請獎

勵並令以奉准部文之日起限扣至本年十二

陝甘總督布彥泰陝西巡撫林則徐奏摺　陝甘兩省捐輸請隨時即予議敘　道光二十六年五月十八日

月底即行截止以示限制奉
旨依議欽此又准部咨給事中曹履泰條奏新開捐
輸事宜奉
旨交部速議旋經戶部議請仍照常
旨陝甘兩省不分畛域一體准其捐輸等因奉
諭旨允行知照前來除咨陝西撫及飭藩遵行
甘肅藩司欽遵辦理仍分咨各直省一體出示
曉諭並嚴禁胥吏人等不許稍有需索使費阻
捐抑勒以示體卹而廣招徠訪日當查近年各
省雖皆辦理捐輸要以順天府設局最為踴躍
緣近在
輦轂之下凡官商紳庶但有急公好義者一經

奏請獎勵無不立沛
恩綸俾得及時自效陝甘兩省捐輸之案雖已歸局
成數者須由部彙核奏獎仍仰邀
俞旨其遲速本屬懸殊捐生早一日沾
恩即倍加一分踴躍是以樂輸恐後由於感激奮興
此次辦理善務仰蒙
聖主恩施垂念俾免籌款之難
俯准各省捐生在陝甘收捐者照順天府成案辦理
各捐生一聞定議競樂輸將是以陝省捐准部
咨者經出示即令捐生在於藩司衙門內依限呈
捐及二萬三千兩者擬即衆情鼓舞之時聽准
議敘若仍拘格不免延緩多時即恐於有礙捐

之人踴躍於遠，期倍不無稍存觀望，日前畏昧
之員一俟捐有成數，無論在甘在陝，俱由臣等
按照籌工成例，分數隨時奏請獎勵，仰乞
逾格慈施，准照順天賑捐捐輸章程，迅
賜優叙，俾捐輸紳士素乃畢休
聖仁覺致守義需財，自必倍形感奮，於經費書務實
屬均有裨益。再，降革人員呈請捐復降捐並捐
復原資人員，前係先已奉
旨准捐者，亦准在陝甘上兌，至若未經核准之員，其
被叙原案陝甘無可稽查，如有呈請捐輸者，由
臣等先咨吏部核其原犯公私罪名，由部覈准
行知，照例具奏請

旨，以蒙
恩允，即知照。俟甘一律業辦，又節次捐輸人員內，如
先因已敘不敷給予降革，已敘並已給加銜加
級紀錄者，此次如願續捐，准其氣明前案統計
先後所捐已敷，奏請鼓勵。俟奉
旨後，即將前次所給銜級紀錄概行註銷，用昭核實。
是否有當，謹會詞恭摺具
奏。伏乞
皇上聖鑒訓示。謹
奏。
道光二十六年閏五月初四日奉
硃批：該部速行察覈辦理。欽此。
五月十八日

上諭

布彥泰林則徐達洪阿剿辦黑錯寺番族迅速有方著分別議叙

道光二十六年六月十三日内閣奉
上諭布彥泰等奏官兵勦燬番莊匪族四散酌量撤
兵一摺所辦可嘉之至該處番族衆多素稱獷猂
其膽敢出巢肆搶者歷有年所從前總督提鎮等
辦理番案一味因循遷就敷衍了事以致該番族
等習為故常肆行無忌此次黑錯寺地方番族恃
强抗拒經該督等示以兵威添調官兵帶領進勦
經過番莊隨燒隨進斃賊多名該匪等復有馬隊
迎敵復經分為兩翼夾擊中路官兵用大礮轟斃
執紅旗番賊該匪奔竄逃命連日逐一排搜並無
賊番蹤跡現經查拏餘匪緝捕漢奸酌量撤兵辦
理尚為迅速布彥泰林則徐調度有方達洪阿身

先士卒不遺餘力均著交部從優議敘在事員弁
著擇其尤為出力者據實保奏傷亡兵丁著交部
照例議䘏餘著照所議辦理欽此

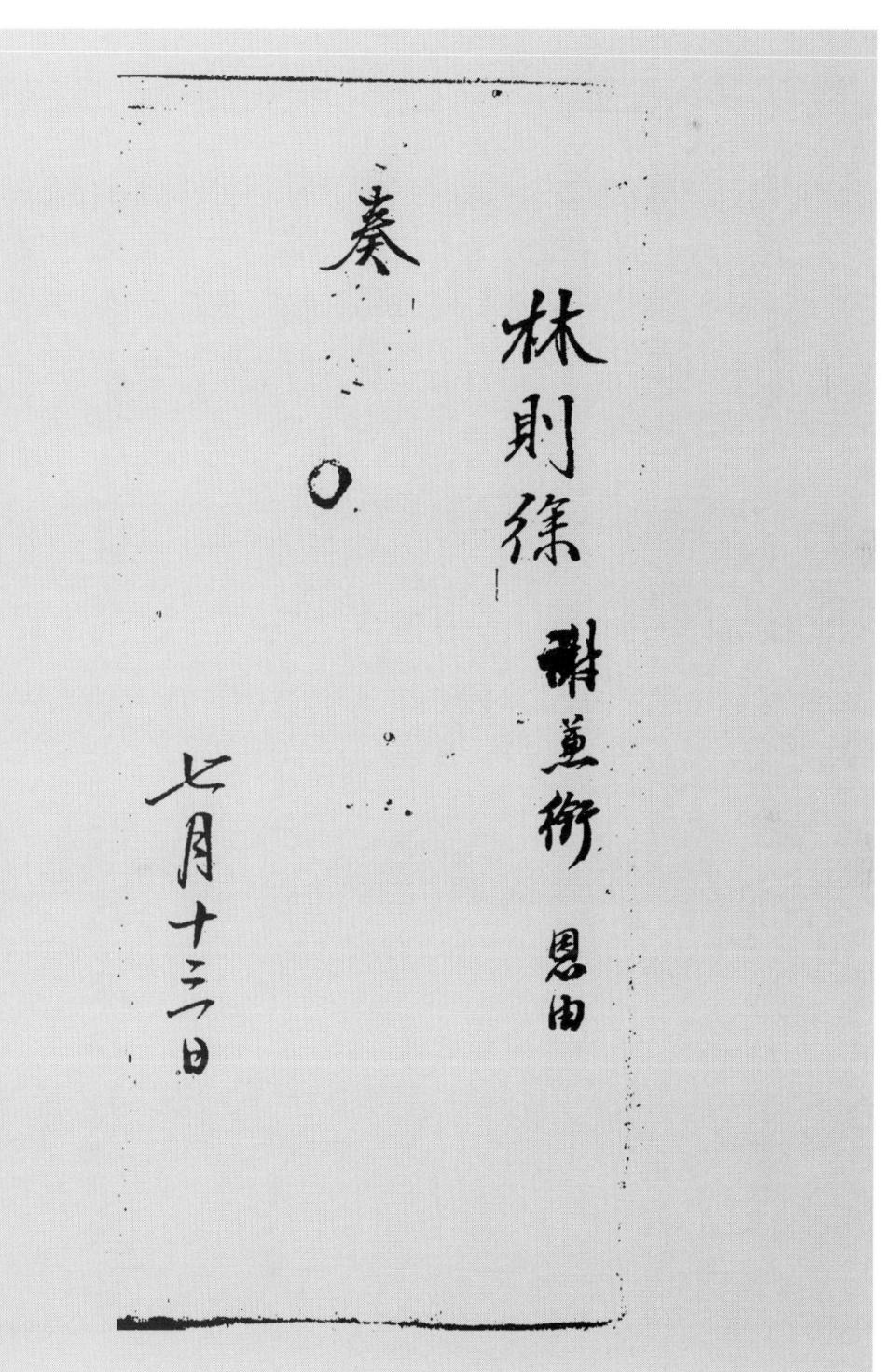

林則徐謝兼銜恩由

奏　○

七月十二日

陝西巡撫林則徐奏摺　兼兵部侍郎銜謝恩

道光二十六年六月二十四日

陝西巡撫臣林則徐跪

奏爲恭謝

天恩事竊臣接准署陝西巡撫臣禄康咨稱准吏部

咨以臣奉

旨補授陝西巡撫應否兼兵部侍郎銜具奏奉

旨以例兼銜欽此臣聞

命之下感激難名伏念臣屢荷

生成慚無報稱

恩慈曲逮俾祓濯以自新

簡畀重膺愧寡折之再領庚以籌防于隴上稽

案賊于閩中乃循例上陳獲頒兼銜之請而

隆施下賁
許邀加秩之榮每思奮武揆文何以能勝其職經益念
循名責實務期克詰戎兵惟有倍矢慎勤
不敢稍遺心力庶勉驅其駑鈍仰答夫
鴻慈所有感激下忱謹繕摺恭謝
天恩伏乞
皇上聖鑒謹
奏
道光二十六年七月十三日奉
硃批知道了欽此
六月二十四日

陝西巡撫林則徐奏摺 兼兵部侍郎銜謝恩
道光二十六年六月二十四日

陝西巡撫林則徐奏摺　**奏報赴陝西巡撫新任起程日期**

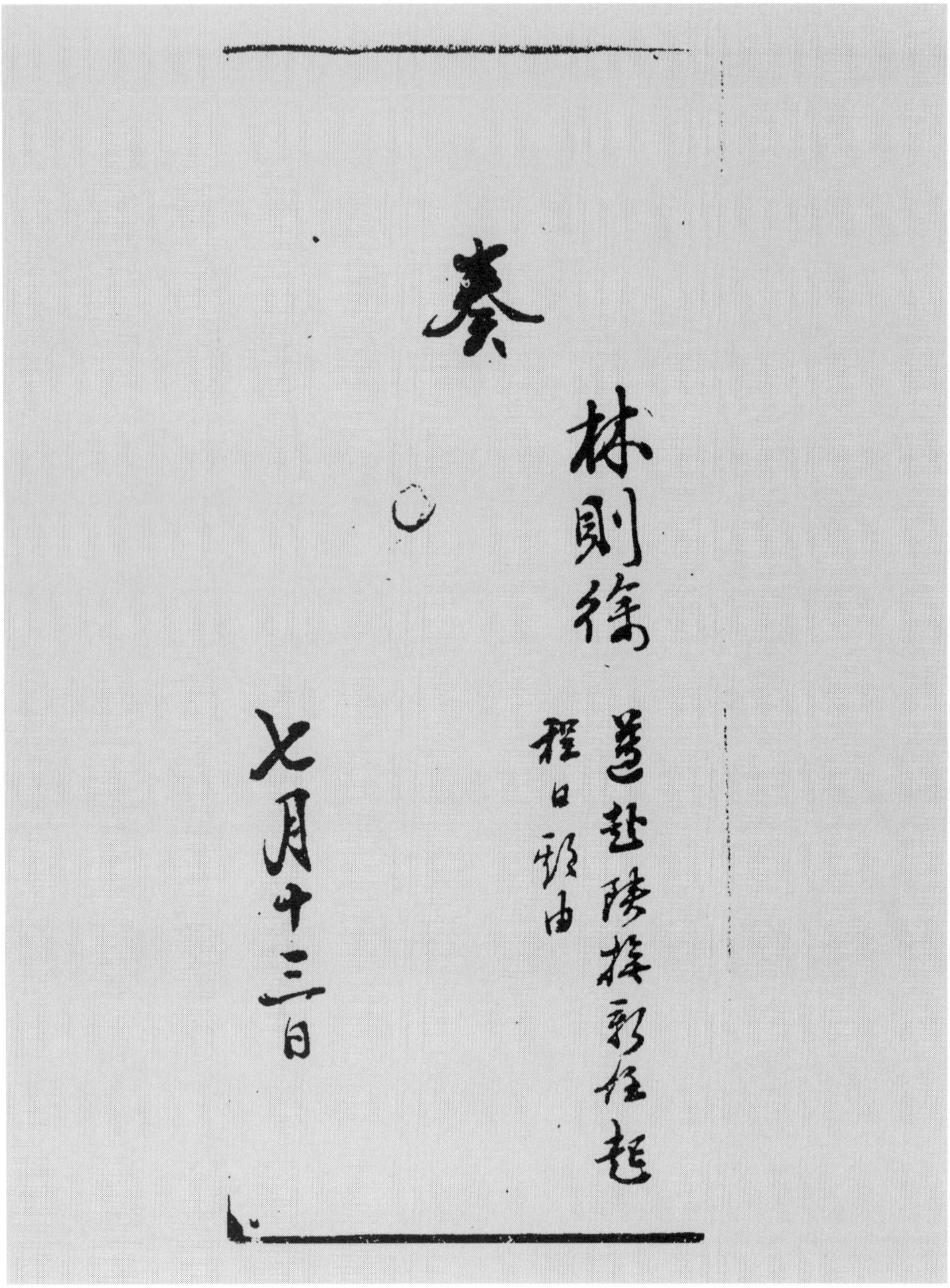
奏
林則徐
恭赴陝接新任起程日期由
七月十三日

陝西巡撫林則徐奏摺　奏報赴陝西巡撫新任起程日期
道光二十六年六月二十四日

陝西巡撫臣林則徐跪
奏為甘省番案現無應行會辦事宜欽遵
諭旨前赴陝西巡撫新任謹將起程日期恭摺
奏報仰祈
聖鑒事竊臣仰荷
恩綸補授陝西巡撫仍留甘肅會同布彥泰達洪阿
籌辦番務當即具摺叩謝
天恩並請將會辦事竣于未到任之前先行進京
陛見欽奉
硃批毋庸來京可赴任時即赴新任欽此臣跪誦之
下欽懌再三既不敢以瞻就下忱再行瀆請而
本任之職守與番務之情形尚須權其緩急查

本年沿邊各卡隘防守嚴密並無野番竄入惟
上年循化廳卡外之黑錯寺番賊劫殺洮州土
司一案官兵赴彼緝兇膽敢抗拒戕害不得不
懾以軍威是以數月以來臣未敢遠離甘省當
與督臣布彥泰籌畫次
奏明添兵易將恪遵歷奉
諭旨該處要害賊巢最稱偏僻番族等紛紛懼罪
經達洪阿帶兵勦辦將主令抗官之僧寺及恃
嶮濟惡各番莊悉行焚燬賊番巢穴為之一空其
逃至果念地方希冀負嵎為固者復經痛加
勦辦擊斬擒獲甚多餘眾乞命投誠隨經收撫歸田
地招良承種大兵凱撤回營計此案先後解到

陝西巡撫林則徐奏摺　奏報赴陝西巡撫新任起程日期
道光二十六年六月二十四日

番犯共有六十三名，除西寧鎮總兵諾桂所獲
內有訊係株連之人業經隨時釋放外，其餘均
已分別勘辦，另行會摺具
奏。又本年以來拿獲番賊漢奸多起，亦就其情節
輕重定擬罪名，分別
奏咨完結。達洪阿於撫番後經過省城，與臣布
彥泰面述一切，遄回青海本任。布彥泰以
奏准親巡邊隘，事竣料理起程。臣前由西寧回至蘭
州，已閱四個月，現與布彥泰、達洪阿訪詢輿
論，咸謂向來番匪出沒靡常，雖不敢保其久遠
無事，而此時野番之懾伏、邊隘之安恬，實與去歲
情形判若霄壤。臣思近年番匪鴟張，原因弁

兵怯懦所致卡隘雖同虛設既不能諸賊禁于未
來之先又以視為畏途又不能擊賊于既來之後
卡內則有漢奸熟番為之引路通信卡外則
有番僧巨寺為之庇窩贓是以來去自如肆
無忌憚不獨民間疊遭劫掠即戕官亦若泛常
不獨草肥始出逞兇即寒冬亦多肆擾經此次
大加懲創之後番眾知喇嘛寺院不足恃為護
符我兵知大礮抬槍實能遠攻克敵軍威既振
賊膽自寒加以督臣帶兵親赴沿邊周歷巡閱凡
番賊易于出沒之處或堵截要隘或添設汛
卡皆可相度情形熟籌防範新任提臣台湧不
日亦可到甘營伍尤資整頓現在臣別無應行會

外之事西陝省文闈伊邇巡撫例應監臨所有
科場事宜亦經先期督飭免致臨事周章是
以仰謹遵前次欽奉
硃批可赴任時即赴新任于六月二十四日由蘭州起
程赴陝除俟行至西安接受撫篆另行專摺
奏報外所有察看甘肅省書業現無餘剩事宜謹遵
批諭赴任緣由理合繕摺具
奏伏乞
皇上聖鑒謹
奏
道光二十六年七月十三日奉
硃批是知道了欽此
六月二十四日

陝甘總督布彥泰籌辦番務林則徐奏摺 **審明黑錯寺番犯抗拒官兵戕害土司案分別定擬**

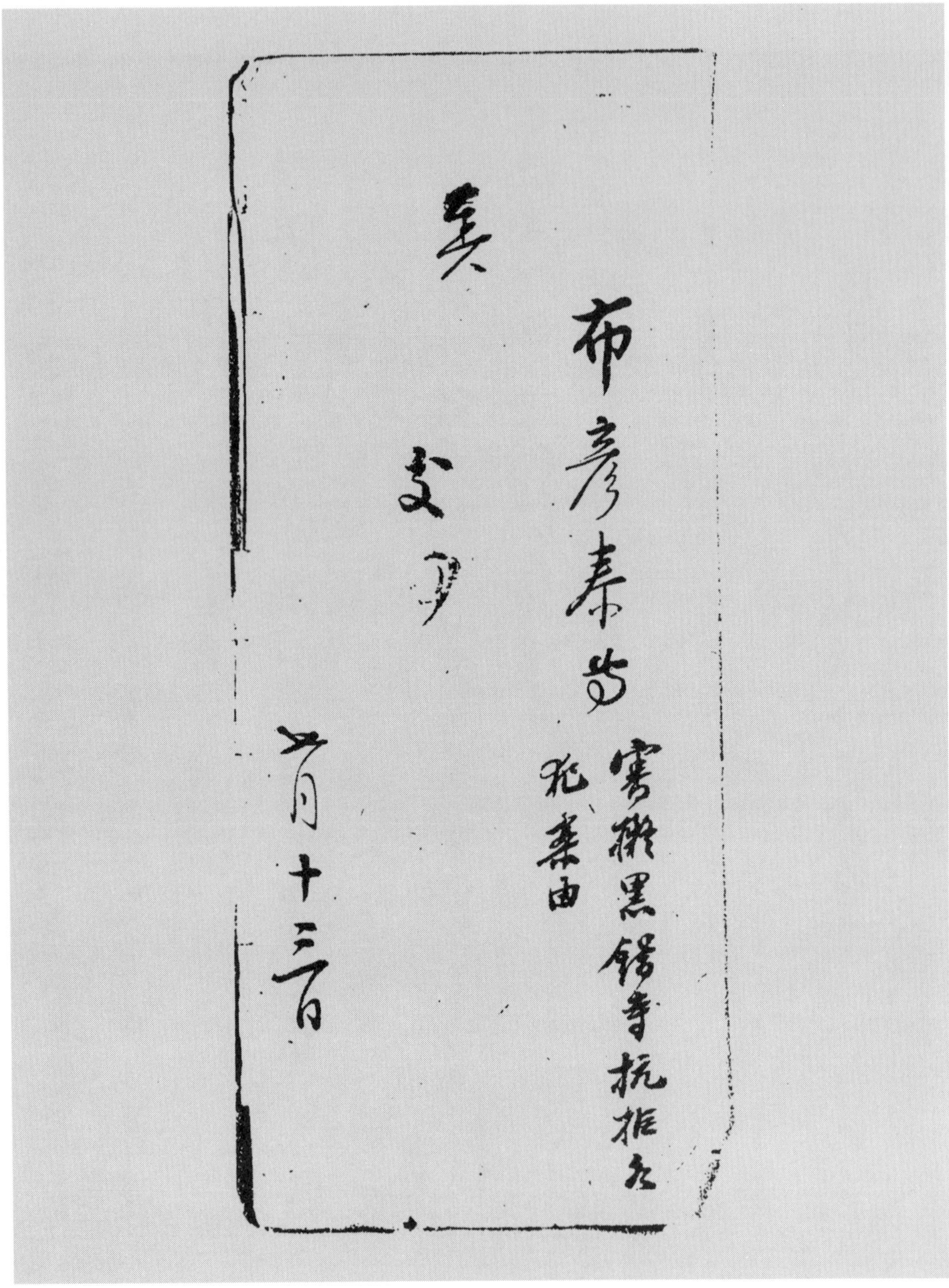

布彥泰等
審辦黑錯寺抗拒官
犯、案由
奏
交
六月十三日

陝甘總督布彦泰籌辦番務林則徐奏摺　審明黑錯寺番犯抗拒官兵戕害土司案分别定擬　道光二十六年六月二十六日

臣布彥泰臣林則徐跪
奏為剿辦黑錯寺抗拒官兵之番獻出各犯審明
分別定擬將情重之犯恭請
王命先行正法恭摺奏祈
聖鑒事竊臣等前將剿辦黑錯寺番賊並查黑番出地
方後徑搜勦竄逸及凱撤官兵各情形節
次奏
聞茲將訊獲各犯提省審辦業已具奏在案所有各犯
解到省城當飭隨營司道來省之青海衙門員
外郎玉銘西寧府知府莊俊元循化廳同知愛
長
館會審去後茲據該員等審擬由司解勘前
來臣等督同臬司楊以增親提各犯研鞫緣黑

錯寺創建多年現在僧衆數逾八百大該處人
十餘莊番子人數尤多近所僧頭使令寺內賊
番之僧多爾勒巴　大小吉哇　多佑　蓋魁
黃衣自稱在寺喇嘛摘隨克當該僧寺不守清
規素為機棟現在之加木羊貢巴　加木羊札
化即係該寺賊番之僧那卷丹貢　帳哇送蓋
折和也矣均係該寺僧徒打吾納木加祿旆
化番子因推邁克二十五年五月殺搶案犯
番黃川李向導逸至黑錯寺近來居住噶寮個
多里吉　甲拉仍住　那目希克益祀僕從在
監獄做之寶巴加均係番莊頭人什吉哇係四
川果洛克番僧逃川至古浪一帶寺院念經里

錯寺大吉哇因失寺知覺卜黑以前住寺內買
木沙係洮州回民潛赴卡外貿易與黑錯寺僧
番扎識失公布才夫旦等相依黑錯寺該管番
子上年十月向該寺賊番番僧令其巴加以業
藏之拉失工布什加布等三十餘人追來收贓
巴引路騎馬持械至洮州府屬有逆番地搶均
屬牛該管土千戶楊國成帶領土目追捕阻
楊國成等被賊犯拒傷該管洮州府督防
明已賊來收贓已等土黑錯寺藏匿帶兵
前往勒令獻交該寺賊番番僧與番花頭人商
致恐獻賊後轉將平時有逆之情被官究出起
意糾眾抗拒遂挑帶番子及寺內僧人約共一

千七八百人馬步並進歸該寺戕殺僧官欽
拒敵三次傷害官兵土兵多名黃賊六百殺
傷復因有安添派鎮將帶領各營官兵馳往會勦
諭令該番果能捉賊獻賊為可量寬一線嗣後
威勿步至該捉賊並獻賊拜後一名大黑錯寺
僧眾屢經勸獻正賊僅將旦只發步至各延緩
至去者示不從西寧鎮提兵前往帶兵攻打
那沙滅力進兩山莊搜獲二十五人解省審訊
內有舍平之壽子八名另有釋從該寺又
將姜目工吳續獻希莫即此退兵提兵試往遂
引率該寺說結經得多金商將試往撤回營會西
寧辦了大員近從何親往辦查指索主使番犯

該寺不肯獻交，仍謀抗拒。隨於閏五月十一及
二十二等日連次痛勦，其寺莊除殺斃燒斃
外，生擒二十七名。該寺番與案律合殘番可
懂處大乘機（机）搶殺，於與官兵拒敵之時，多派步
隊二百餘人在寺後山梁駐紮防堵。現在各犯
內扎和也交、才化什加布、希格、佐布什
加卜等，均係派往山梁，未與官兵打仗，且本欲
投獻，因寺僧把守，以致無間以出。其時牙若則
爾當十四犯均止知情，並未隨同出隊。什吉哇
並因占卜可驗，經該寺僧頭領住本年正月初
百般至僧從其占算吉凶，該犯稱可無禍，
嗾使小心防。因官兵一至，寺僧眾敢圖拒敵，復央

占卜該犯仍以小心之言向告迨官兵攻破寺院
該犯欲逃無及被获買木沙係河州回民因潛
赴番地貿易與該寺僧番多相熟識本年四
月初旬復赴該處與素識之番子納拉扎布
告知打仗情由囑探信息許以酬謝牛馬該犯
初猶未允納拉扎布揚稱欲殺害始行允從
行至中途遇被巡兵拏获先後解省委審各
犯均因不服水土完麻子等九犯尚未取供並
目工玄等七名推諉供後陸續在監病故以致
親提現犯反覆研鞫僉供前情不諱查黑錯寺
僧衆平時指使屬番出搶騷擾因拒覓土司纏
官帶兵前往勸諭後膽敢負嵎抗拒戕害

官兵即屬謀叛已行法難寬貸所有同謀打仗
之加木羊貢巴　加木羊札化　哼察個多里吉
公布才夫旦　加化勒加卜　甲拉仍佳　安木許格加
那目茄克　登巴加　那卷丹曾　科洛
旦木丘才夫旦　安木却合才楞　洮哇克蓋
只化也交　旦只交　什個郝尔什加布　壬什加布
扎吾納木加　等目工交共二十犯均應照謀叛
不分首從皆斬律擬斬立決查近年野番屢肆
猖獗戕官傷兵之案不一而足不可不嚴加懲
創所有此案各重犯未便稍任稽誅以昭
審明後即恭請
王命委員固揚以增設中軍付將佈克慎將各犯押

赴本寺立即要犯並傳首犯事地方恩罕示
乘營回加　番目工交巴於訊供後在監病故仍
戮屍傳梟示以昭炯戒　依布什加卜　才化什加布
折和也亥　果呢　希格　完只格　承吐卜加
南目　拉莫什加布九犯僅止防守與該寺眉
擅〻番木彈合族番並未與官兵抗拒數且均
料欲行投首情稍可原應於謀叛斷決律上
量減發新疆給官兵為奴以示區別　果呢
完只格　承吐卜加　南目　拉莫什加布業於
訊供後在監病故應毋庸議　什吉哇　羅米沙
沙牙若則爾　拉化先盞　尖只格　東沖什加卜
呢旺什旦住七犯知情容隱不首之人不自行投識

敢隨眾逃奔，或代探消息，均屬知謀叛已
行而不首，律杖一百，流三千里。共只格雙目失明，
照律收贖。車沖什加卜年已七十，格化生蓋年
未及歲，將牙蒼多爾雖一足成廢，尚能乘
騎。該犯等俱係積匪黨類，應不准其收贖，仍
古加　那木加　夏買　旦巴才布旦　工布才夫旦
楞欠加　公布端住布　完只蓋八犯，擬杖之
時均未在家，回歸後均知情未首，嗣又隨眾
奔逃，旋被擊散，逃往他處，加原係寺內之人，並未隨
眾打仗，由該寺獻出，均情節較輕，應於知情
不首流罪上減一等，杖一百，徒三年。完只蓋雖
未及歲，不准收贖。完麻等九名未及訊供

病故罪雖應寔應毋庸議各犯家財業經
燒燬毋庸查追所有黑錯寺番賊抗拒官
兵案內先後殺獲各犯察明勦辦緣由隨
全案供招咨部外另片奏謹會同西寧辦事
大臣達洪阿合詞恭摺具
奏伏乞
皇上聖鑒訓示謹
奏
道光二十六年七月十二日奉
硃批刑部議奏欽此
六月廿六日

陝西巡撫林則徐奏摺

奏報接陝撫關防任事日期

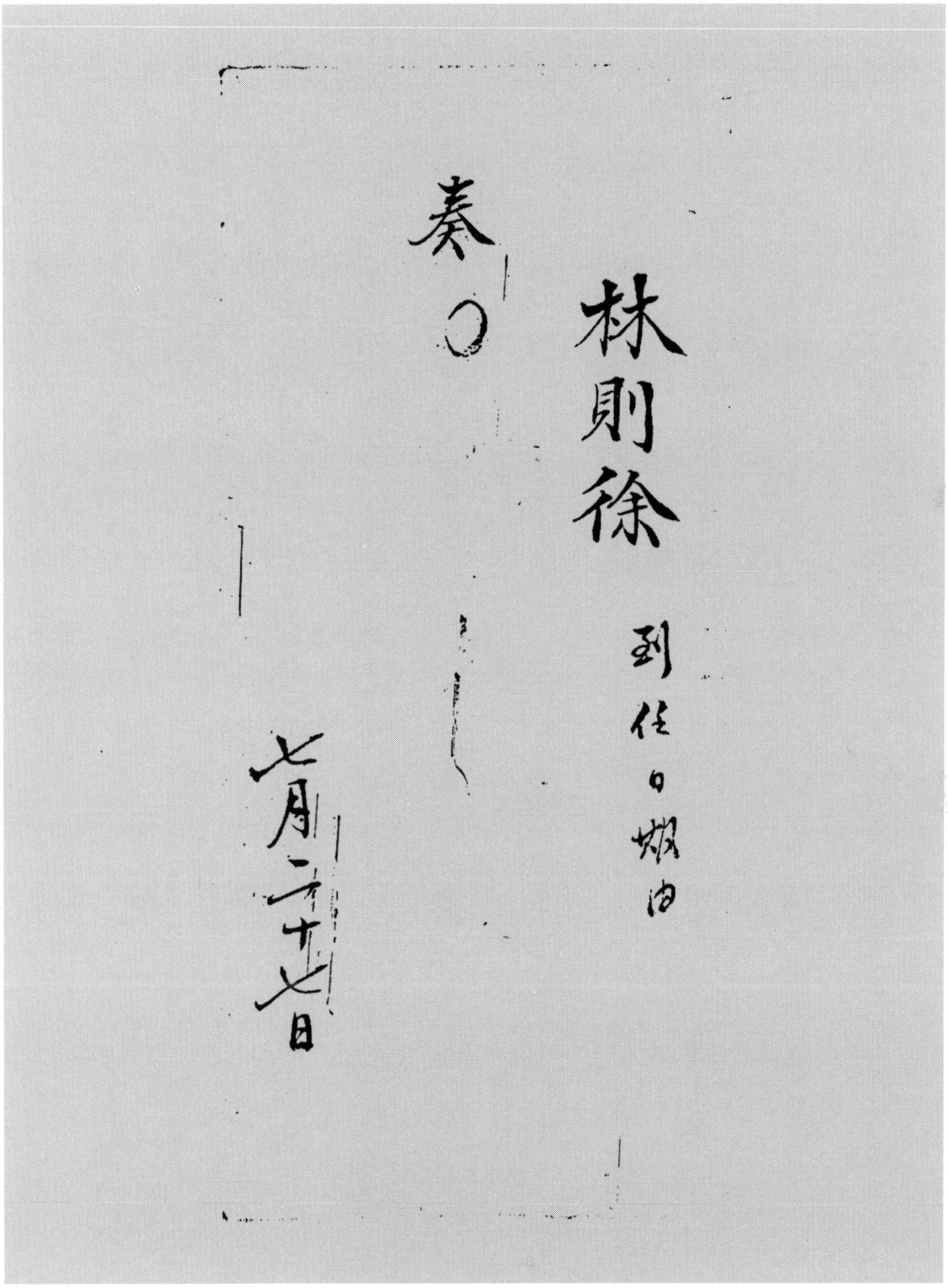
林則徐到任日期由

奏○

七月二十七日

陝西巡撫林則徐奏摺　奏報接陝撫關防任事日期

道光二十六年七月十三日

陝西巡撫林則徐奏摺　奏報接陝撫關防任事日期
道光二十六年七月十三日

陝西巡撫臣林則徐跪

奏爲恭報微臣接印任事日期叩謝

天恩仰祈

聖鑒事。竊臣前因甘省番案已無餘事宜，謹遵

批諭即赴新任，于六月二十四日由蘭州起程赴任，

奏報在案。茲于七月初九日行抵西安省城，准

署撫臣[illegible][illegible]委員齎送陝西巡撫關防

王命旗牌暨文卷前來。臣謹即恭設香案望

闕叩頭，即于是日祗領任事。伏查陝省民風尚稱

淳樸，惟東北毗連晉豫，西南壤接川甘，道路

紛歧，奸宄易于出沒。如佩挖兇器之刀匪，此等

彼逃最爲民害，而南山一帶五方雜處，尤屬扼要

天恩除恭奏外臣向為芻務以仰膺
畀任惶悚實深惟有矢公勤以率群寮別賢否
以飭吏治練操防以重營伍廣緝捕以靖地方
此則犬馬下忱所以為夙夜兢兢冀以稍答
鴻慈之再造者也至文闈鄉試及西安寧夏莊浪
各處駐防繙譯現俱將次屆期及職任監臨自
當督飭各員妥為辦理再臣經過陝甘一路秋
稼均覺青蔥而地土間形乾燥西安省城於
六月間禱祈得雨目前雖澤猶穀遍而九
日夜間復得三寸查附近之同州鳳翔商州一
帶亦已一律均霑仍盼日內續佈甘霖以期
深透察看閭閻安帖糧價中平堪以仰紓

陝西巡撫林則徐奏摺 奏報接陝撫關防任事日期

道光二十六年七月十三日

宸念所有微臣接印任事日期理合恭摺具

奏伏乞

皇上聖鑒謹

奏

道光二十六年七月二十七日奉

硃批照常勉力以副委任欽此

七月十三日

陝甘總督布彥泰籌辦番務林則徐奏摺

續獲指引番犯迭次搶劫拒捕及提問留質各犯審明分別定擬

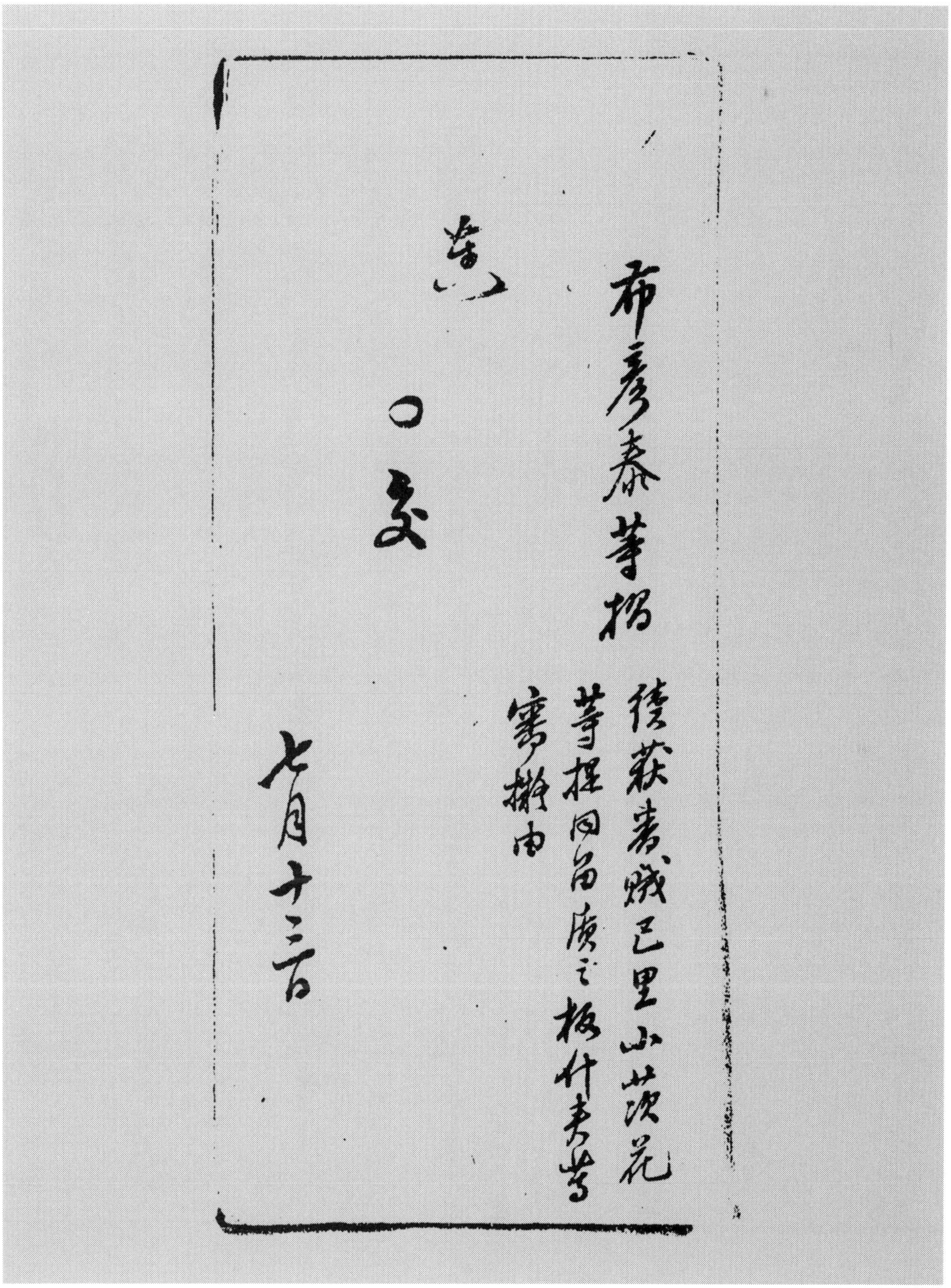
布彥泰等摺

續獲番賊巴里山茨花

等提問留質之板什夫等

審擬由

旨

口交

七月十三日

日布彥太 日林則徐跪

奏為續獲指引番賊迭次搶劫拒捕之熟番提問留質各犯審明分

別定擬恭摺 奏祈

聖鑒事竊臣 等前經籌擬永昌縣屬先後緝獲迭次勾引野番搶掠

各營馬匹及沿邊民番牲畜並拒捕戕斃兵丁奸匪王吉才番賊板

什夾等十七名各招案維時臣 林則徐因籌辦番案移劄西寧隨會

商青海大臣達洪阿提犯赴涼督同委員審明該犯王吉才

板什夾等均係迭年勾同野番搶馬戕兵重犯因尚有續獲

夥犯巴里小落花等名以資質訊當將現獲之丁蒙藏等八名係

擬斬決梟示奏請

王命先行正法王保子等七名先行發遣訖經臣等另摺奏報

梟示要犯板什夾王吉才二名暫緩處決留備質訊在案

陝甘總督布彥泰籌辦番務林則徐奏摺 續獲指引番犯迭次搶劫拒捕及提問留質各犯審明分別定擬

道光二十六年七月十三日

勅諭撫標參革羽日林則徐于移駐蘭州後續往會同日布彥太

並催解去後嗣據武威縣知縣椿繼續獲番子丹木汁一名訊係

先年隨同石稜又以來戴明嗎 花樹拉才太 托叭千搖

訊木匣 撥子咯五 把先後在營遞逮捕故以時續獲之

巴昂小莊花寺子千名分起押解來省旋據隨即撤委臬司楊以

增會同蘭州道鄭夢齡督率委員審明擬程去後茲據皋蘭縣

詳報巴昂小莊花等十二名均因不服水土先後病斃身死詳驗

免擬外將所獲各番犯提訊詳晰定案並經該司道等提集質現

犯審擬解甚屬未日前隨即會同提犯隔別研鞫據瑪大木喜

沛拉加西加兩 巴五哨阿子支 廣戴木句 千畫美什見

合宗才木古 古宗頭目 以哩臉里 里宗拉瑪什

沙瑪日久娃子 牛業阿子生 甲木才展戶 羅什具失塞結

共查拿南木吉望　鎖细蓋　業碌扭哼　革什旦逵人　沙瑪三羅子
多宜都爾子　蒼洛普化　蒼洛普化姪子　沈扭才查校洛
路路頭目　錢克朕　達就武安　業枯寫婦蒼普存吞校二
巴旦小花花　馬通任保　瑪瑙木句　丹木丹木沖
鴉小娃喝見　阿什多羅哼　揚曲乞木蓋　馬宗見
千葉木子格　甲木才藏寫力先　旦大地望　沙瑪寫扎
沙瑪太六息蓋均係洋州莊浪永昌西寧等處搶番之未
為正逃逸旦小旦花　瑪瑙木句與已獲正法之王格頭目多宜
頭目並留質之拉什吳及已故之旦正扒拉什克沃提交隆由貴
城俱係該海貴德廳所屬之番道光二十一年十二月十五日因先在該廳
告發之汗民智四子知之主書化勾什貴洋廳處河南拉安
族逃番西寧府屬之辛東三千餘人寔在貴德城俱屬廳搶

撩喀馬二百餘匹，牧至年堡迤西搶奪，隨將巴里小莧花 瑪腦木

句及拉什夾旦之人捉獲，復經兩年第五十五神見賊當要索逃亡

因曾與拉什夾識，將其即一併釋放，其逃拉什夾與巴里小莧花

父親拉伊旦沙住逃，共會巴里小莧花代探官兵消息，指

引出大路，使拉以得利，分巴里小莧花以為散案，並隨

將伊等原鎗並馬亦給巴里小莧花母名一匹，兩家言定之。年十

一月初間，西木遜支與同族賊首完的爭領野番一

百餘人，賫聚兵卡外，圍搶先至拉什夾帳房，嗣其邀入幫

夥。拉什夾乃往向巴里小莧花 瑪腦木勿爭吉知會，糾同

什多羅呼、丹木丹木冲爭共十三人各攜槍械迤至卡外，

完的當令巴里小莧花爭更換野番衣帽，並當引路，是日

十五哨，該野番分為三股，先後搶劫，竊水磯上石橋與不隨

營從熟番馬匹七百餘匹，並搶獲涼州協營廠馬五十餘

匹逃至卡外，令齊分赴巴里小淡花等與板什夾爾共分
搶民馬八十餘匹，俵分而散。二十四年六月，完的爾伏率夥
番三百餘人，至一顆樹卡外盤踞，而令西木匝克爾住
尋板什夾爾，令扮人往說板什夾而與王吉才首先分的
巴里小淡花　瑪臘太克　阿什多羅嘆　丹木丹木咩馬遜住
保媽爾嘎哩旦路路頭目爾哇續出長完的爾併令出為引
路分為兩股，尋搶巴里小淡花十七人引領西木匝克一股賊
匪則擄上方寨，直扑馬廠，適官兵趕至堵擊，路路頭目
瞥見畏懼，衆聞落後瞭望，雕時野番趁勢拒捕，被伏
至將守備千貴戕害。巴里小淡花爾先引趕馬七百餘匹
逃出卡外。適完的一股亦從柯柯俄博一帶搶掠民馬旋
回，令齊分赴巴里小淡花爾與板什夾王吉才爾分的民馬
十餘匹，趕回俵分而散。路路頭目尹沒西木分遁。二十五年六月
完的爾伏率領夥賊四五百人至一顆樹卡外之石托洛濤插帳

適巴里小茨花在彼愚見完的卜爲其先回內地与板什夾
王吉才甬通信邀人出卡聚夥尋搶板什夾卜昂分糾瑪腦
木匀卜並過路之囊琥羯子卜措住迭引掠中途板什
夾卜伏將牧放牛羊之番婦葉桔寡婦叢濟出卡与
完的卜令夥殺分四股入卡尋搶因瑪大木喪 買什克賽寨
洛多空都孫尔 洋秋切西加布 巴里肖阿子克 麻古木匀
名底木古 馬尔見 藥什旦道人 藍查貢南大吉里 錯爾蓋
械兇狠 洛秋賓者甲不才藏多蓋力先並先殺之木耳
腦木匀等或心怀畏懼或未帶器械完的令与原來黑番
三十余人看守糾李時房並將葉桔寡婦 苟孜帳
房与卑人數查茶巴里小茨花 瑪腦木匀卜
十六人与板什夾爾引領盜米迭支一股撲往一顆樹隘

口沙瑪日久哇子、沙瑪三咱尔哇子、甲木才靡卢、若海當
化暨其子若洛當化哇子因見西木遜支甘直朴達吗馬
厥心怀畏懼俱各藏匿于山坡瞭望西木遜支甘隨即
糾約番馬三百余名往官兵追擊西木遜支分令一半番子
邀截先走一半番子留後拒敵官兵致被什克甘名用槍打
死傷官兵三人巴里小孩花瑪腦木句撮曲蒼木盖、丹木
丹木冲阿什多叟呼馬首遜陸保二人各趕馬匹先走媽小噹哩
見在場助勢逃避去後又惟附于茶阿子盖甘眾隨王吉才
別領完的一股撲至水磨溝一同尋搶雖當逃引被中途于
茶阿子盖沉担才達板的二人心生悔懼俱各乘間落後
走于溝口瞭望完的多巴里小孩花甘路遇沙瑪古六阜盖
達隆武安二人在于山坡割草完的斯巾將其捉住詢問知
処有牧放牲畜遂令引路糾搶具以如不允從定行殺害之言

訪嚇沙瑪古六息盖　達瓏試安甘被脅無奈勉從，另引完
的甘巫水磨海附近熟番住牧地方搶得牛羊馬匹旋回甚錄
者爲什貞担木沖　拉布古才楞等二股亦由右東項邊馬
雖一六搶得民番馬匹牛羊與西木遜克　完的二股先
後赴田分贓而散並將葉枯寡婦尕放回巴里小茨花啞
等板什夾娃尕將分散牛羊撥衆分給什瑪古六息
盖　達瓏試安二人畏罪先走來歸分駐是年十月二十日
完的甘秋聚出六百人前來硤哩地方搶帳仍合西木遜克
潛回主告才板什夾告知板什夾甘又發兵分糾巴里小茨花
姓同至卡外完的合千畫盖什見　卡家頭目以哩蠻里里
安桂瑪什　日久地里　沙當賽死　千茶木子格並沙瑪盖什
貝甘等原來里番十余人留守帳房余賊仍分四股尋搶土
月初間巴里小茨花瑪臘木句　擬由卷木盖　阿什多羅賽
丹木排木沖　馬適住保　嗎小暧哩　見與板什夾甘引領西木遜

克及係什加一股仍往水磨溝一帶搶劫民人牧放牛
羊馬匹共四次其為什克坦木沖多吉才什坦廷
二股亦陸續由馬洛溝石東頂一帶先後搶回牛羊馬匹
惟王吉才母引領克的一股因引搶三滴門牧放馬
兵被殺敵復與戕害營弁直至十一日始引退四分避
而散此續獲番賊巴里小荗花母生迭次引賊搶劫夜泯
樹窩之實情也臣甘查此案先經續獲番賊板什夾
母克出語犯巴里小荗花母听升引路屢次引搶答往移
器親審供詞雖贓數次數及所搶牛隻大致無同惟
各犯現供搶掠情形與板什夾母供詞有不符提訊由
質之板什夾母救稱伊初到案時實因引搶人數自
多又事非一次不能遍記真切是以所供與現審微
有不同並無挾嫌妄扳亦無扶同支飾情弊質之續
獲各犯堅供如前加以刑嚇矢口不移似無避飾查例載響

馬隴盜執持弓矢軍器白日邀劫道路贓証明白者俱不
分人數多寡曾否傷人依律處決梟首示又尋常盜劫
之犯如以在外瞭望並被人誘脅隨行上盜或行劫
止此一次並無兇惡情狀者俱以情有可原免死發遣新
疆給官兵為奴又洋盜案內如係被脅服役並未隨行
上盜如被擄挾者均杖一百徒三年名安深此案巴里小
淡花安以內地熟番膽敢從番賊酉木巡克安佈得
迭次持械引路劫掠漢民推商或于番賊突至界外代
為質轉糾人戕為拒捕殺傷弁兵敢于在場助勢為所
最之板什灰安均屬罪惡昭著該犯雖僅貴巴里小疾
花　瑪臘木句　攝曲卷木蓋　丹木丹木冲　阿什多罗呼
馬通柱保　媽小噪哩見七名均應照響馬強盜白日邀劫
道路贓証明白者俱不分人數多寡曾否傷人依律處
決梟首示衆例均擬斬立決梟示該犯巴里小淡花安均

因內地水土不宜，寒暄迥異，於擬解至省質審，先後在
監病故，仍各戮屍傳首犯事地方示眾。瑪大木素、甘坊保
听糾引叔，肆意抑斬之犯，雖該犯等或在帳房看守
引李，或中途畏懼落後瞭望，並未隨同上盜拒捕，且於
叔各以一次為備，情有可原。陳馬尕見、日久地里、沙瑪察
札、干茶木子格、甲木才藏、多蓋力先出犯，業經在監病
故外，瑪古木素、洋秋印西加布、匹星小沙子支、馬麻古木勿
中查蓋什見、合尔安木古、卡家頭目、叭哩臘里、黑尔拉瑪什
買什克亥塞洛、多空都尕尔、若洛普化、若洛普化哇子、
沙瑪日久哇子、沙瑪三級尔哇子、干茶阿子蓋、沉担才逢板
的、甲不才層戶、鐵路頭目、鐵児硤、藍查貢南大吉里、
錯細蓋、素囊疏粗呼、洛秋賽者、蔡什旦一道人二十三犯，猶
合族踞盜，是死賊殲，如其遵例發遣新疆給官兵為奴，妥
世例刺字遞滬。武果沙瑪古六息並扎係中途過賊被

脅隨同夥路搶劫牲畜，旋即懼罪先回。葉拉寡婦

尕拉係被裹去卡東，于番賊賴吞熬茶服役，均未分

受贓物，尚屬畏法。達讓武安等三犯，均應比照洋盜

案內被脅服役並未隨同上盜而被擄發遣者，均杖一

百[redacted]徒三年例，各擬杖一百，徒三年。沙瑪古六

息蓋已經病故，應毋庸議。葉拉寡婦係婦女，照律收贖。

達讓武安發配折責充徒。甲不木洛台、太東板、萬瑪

查貞、南大吉里三名，訊與引路搶劫並非不法情事，應與貝

叔拜昂肖、灘尕前、被番賊板行夾汗、好五吉、方瑪，係例

應斬決之犯，前因案內尚有漏獲夥賊，必須該

犯等與之質對，經奴等

奏請暫緩處決。現在夥賊巴里以及花尹業經到案質

審明確，分別定擬，未便再任稽誅，奴等現將板什

夾王吉才二犯照依原擬奏請

王命即行正法仍傳首犯事地方梟示以昭炯戒除拔獲犯以

送部外所有續獲指引番賊迭次搶劫拒捕之熟番

審明分別定擬緣由謹會同青海辦事大臣達洪阿合詞

恭摺具

奏伏乞

皇上聖鑒訓示謹

奏　道光二十六年七月十三日奉

硃批刑部速議具奏欽此

陝西巡撫林則徐奏摺

請以郃陽縣知縣陳煦與鄜縣知縣沈壽曾對調

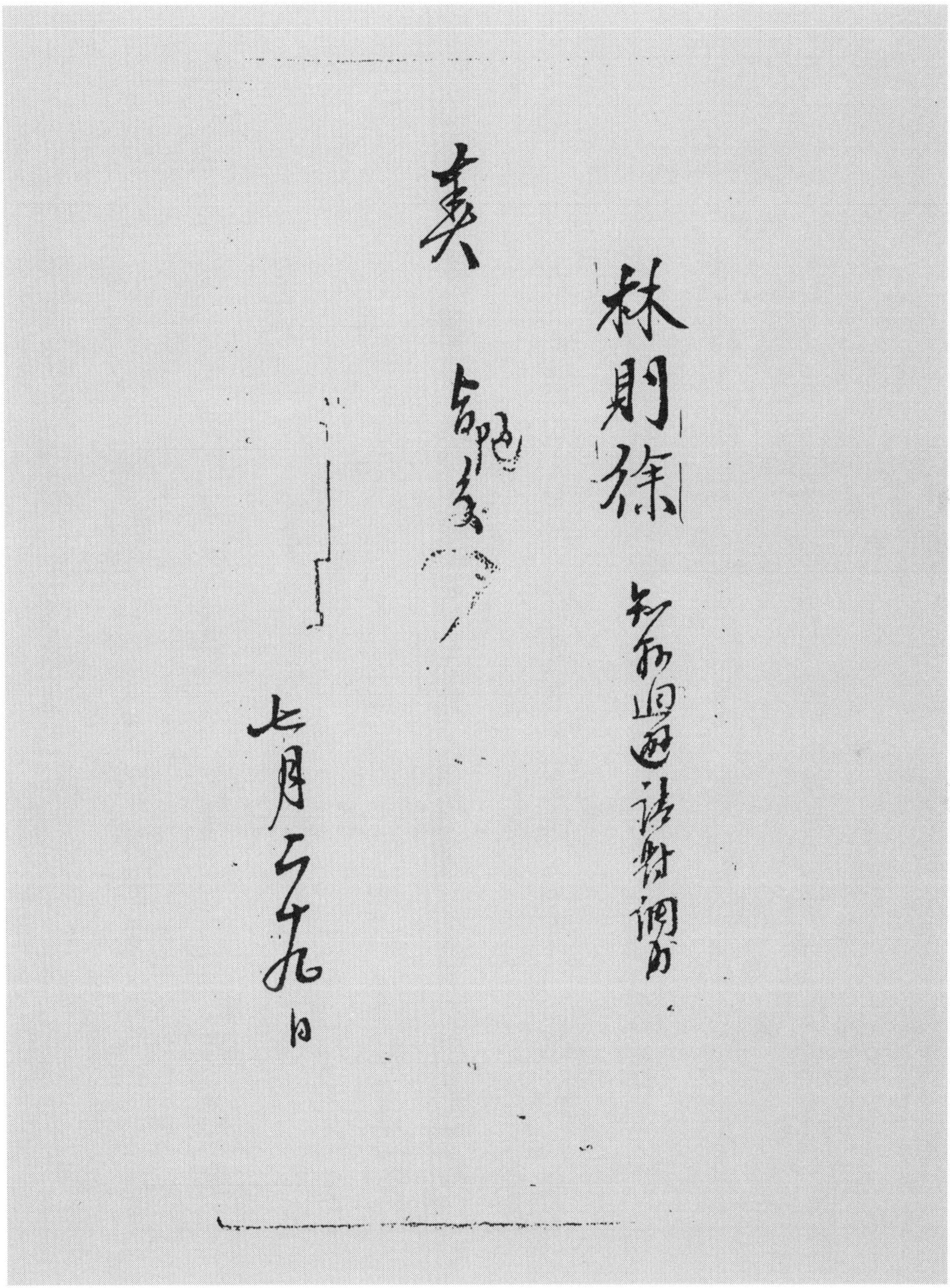

陝西巡撫林則徐奏摺 請以郃陽縣知縣陳煦與鄜縣知縣沈壽曾對調

道光二十六年七月十五日

陝西巡撫臣林則徐跪

奏為郃令迴避知府揀員對調恭摺奏祈

聖鑒事竊照定例外省有關刑名錢穀考核如係本身

兒女姻親應令官小者迴避該督撫即于本省內

酌量調補等語茲據補鄜縣知縣沈壽曾以該

員與本管鳳翔府知府白維清係屬兒女姻親

奏請迴避當經前署藩臬兩司查明鄜縣係屬

簡缺隨于通省簡缺知縣內逐加遴選查有郃

陽縣知縣陳煦年四十八歲江蘇上元縣監生捐

納縣丞分發陝西借補大荔縣縣丞因獲匪犯出

力奏奉

上諭著遇有知縣缺出酌量補用欽此旋補今職于

道光二十年四月日

見奏

旨准其補授郃陽縣知縣是年七月初任該員年力
富強亦屬勤奮堪與新補鄠縣知縣沈壽曾互
相對調甚情合詳前署撫楊以增因未及具
奏卸署藩文前來臣甫經抵任于屬吏多未接見
查該員等並無例應迴避自應以相當之缺酌量調
補郃陽與鄠縣同係簡缺核詳互相對調核與
例符相應請
旨將郃陽縣知縣陳煦調補鄠縣知縣所遺郃陽
縣員缺即以沈壽曾對調如蒙
俞允該員陳煦由現任知縣調補知縣銜缺相當毋

陝西巡撫林則徐奏摺　請以郃陽縣知縣陳煦與郿縣知縣沈壽曾對調　道光二十六年七月十五日

庸送部引
見亦毋庸查造送參罰至沈壽曾係捐納之員前補
郿縣尚未赴部今以例迴避對調仍俟部覆到
日再行給咨送部引
見合併陳明所有知縣迴避循例揀員對調緣由謹
會同陝甘督臣布彥泰恭摺具
奏伏乞
皇上聖鑒訓示謹
奏
道光二十六年七月二十九日奉
硃批
欽此
七月十五日

陝西巡撫林則徐奏摺

特參大荔縣典史薛謙疎防監犯越獄逃逸請旨革職拏問

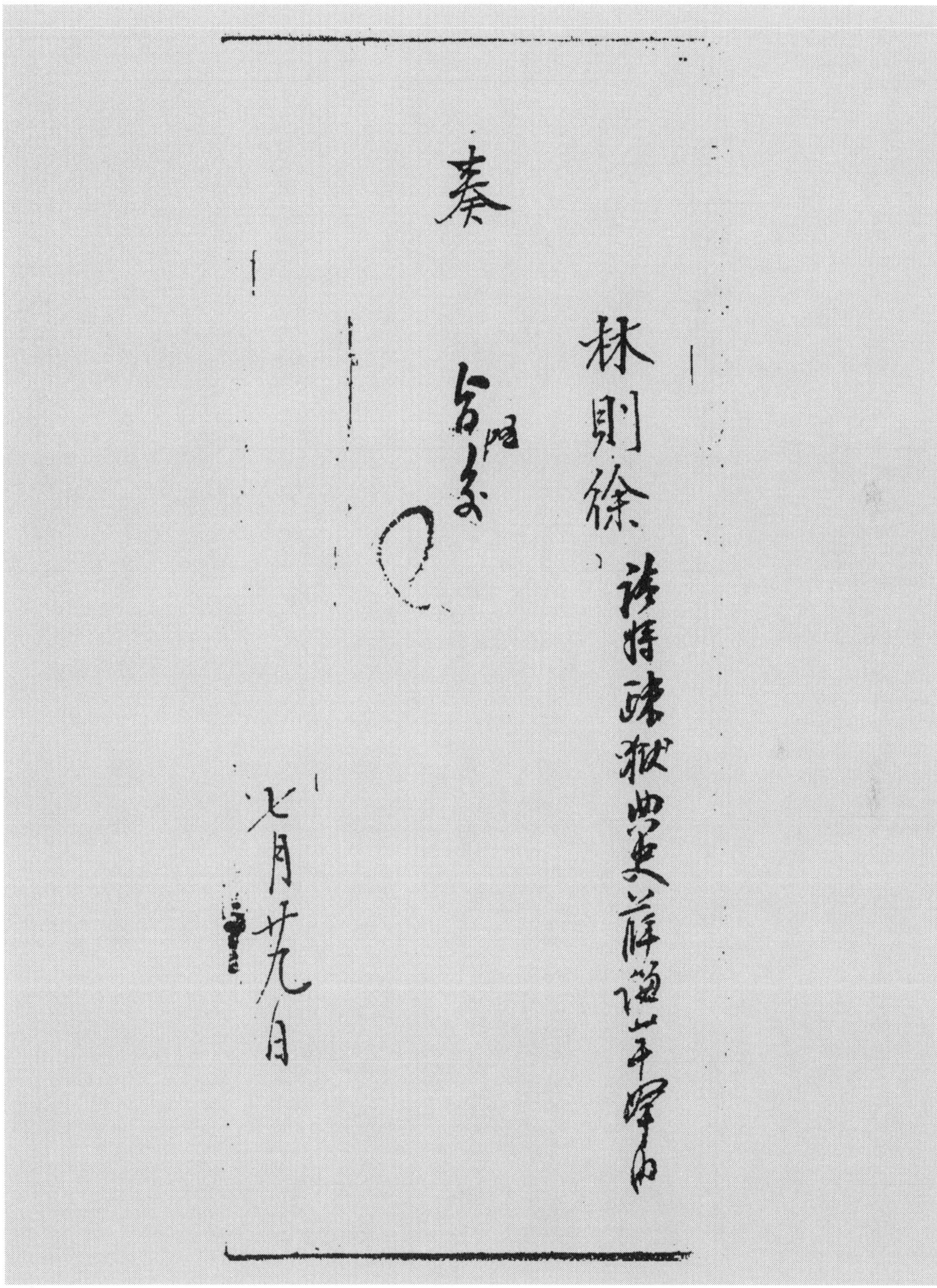
奏
林則徐
請特疏獄典史薛
旨　明發
七月廿九日

二五 陝西巡撫林則徐奏摺 特參大荔縣典史薛謙疏防監犯越獄逃逸請旨革職拏問

道光二十六年七月十五日

陝西巡撫臣林則徐跪

奏為特參疏防監犯越獄之典史請

旨革職拏問恭摺奏祈

聖鑒事竊據大荔縣知縣熊兆麟詳報該縣于七月初一日奉府委赴華陰縣查驗社倉糧石初三日事竣起程回署途次接據典史薛謙具禀是日五更時狂風大作監犯白已卯乘禁卒人等睡熟扭斷鐐鍊扳折籠柱越獄脫逃該縣馳回勘驗屬實現已分投跴緝等情臣查白已卯係因姦勒斃縱姦本夫白加猷擬斬監候入于本年秋審情實之犯該典史專司獄務自應督率禁卒人等嚴密防範乃漫不經心以致越獄脫逃疏玩已極且恐刑禁人等鬆刑賄縱亟應澈底

根究以示懲儆據藩臬兩司暨該管道府分別詳揭
前來除飭司委員前往摘取該典史鈐記接署並飛飭
各屬一體嚴拏逃犯白巳卯務獲報解外相應據實恭
奏請
旨將大荔縣典史薛謙革職拏問以便提同刑禁人等嚴訊
有無賄縱及鬆放刑具情弊按律定擬辦理大荔縣知縣
熊兆麟當該犯越獄之時雖稱奉委出境惟未能先
事豫防應勒限嚴緝俟限滿有無弋獲並確查果否
先期公出有無飾捏再行分別參辦至大荔縣典史員缺
陝西省現有應補人員容另咨補合併陳明臣謹會
同陝甘總督臣布彥泰恭摺具
奏伏乞

皇上聖鑒訓示謹

奏

道光廿六年七月廿九日奉

硃批 欽此

七月十五日

陝西巡撫林則徐奏摺

奏報陝西省道光二十六年六月至七月上旬雨水田禾情形

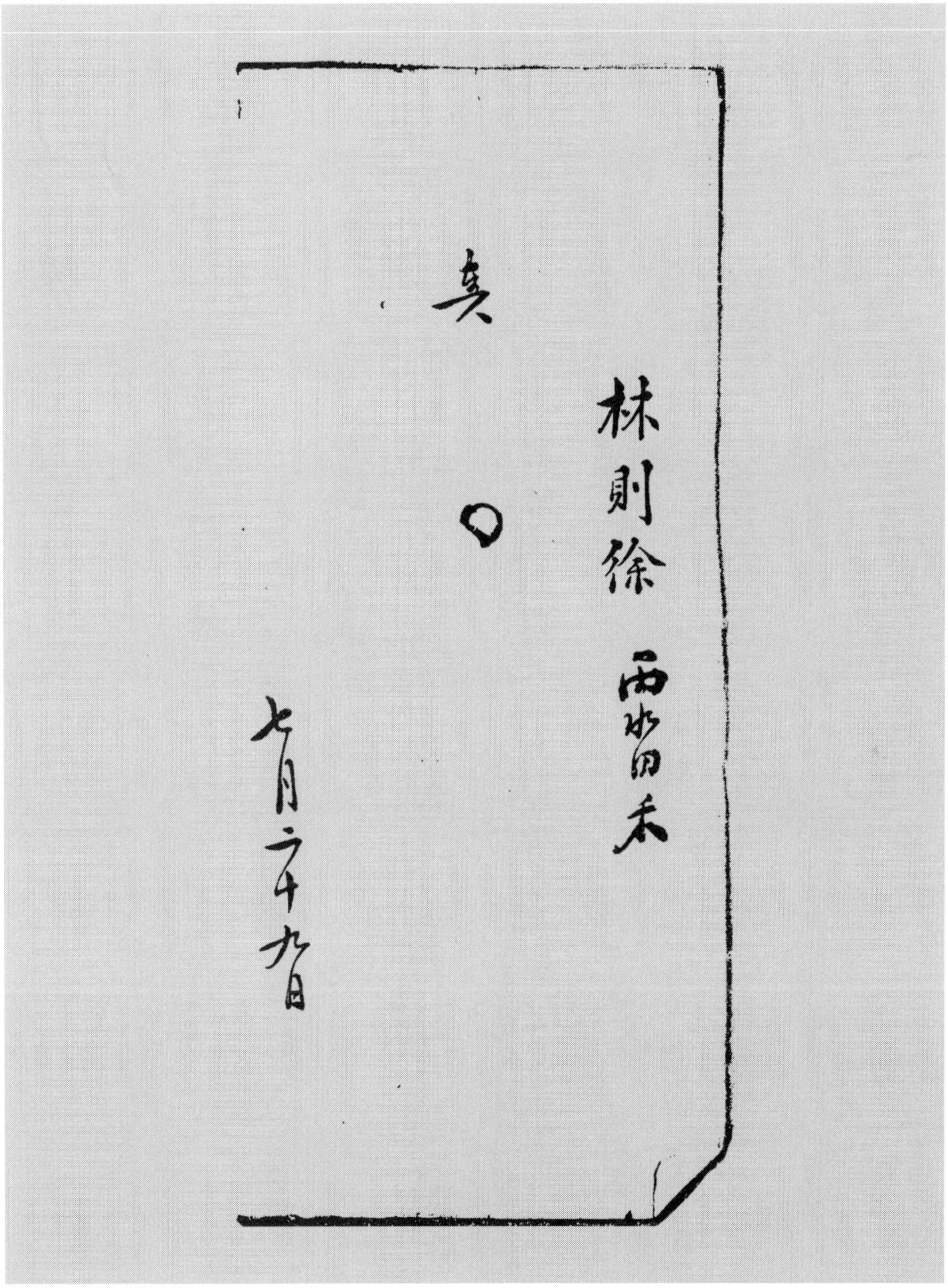
奏

林則徐 雨水田禾

七月二十九日

陝西巡撫臣林則徐跪
奏為恭報雨水田禾情形仰祈
聖鑒事竊照陝省各屬閏五月初旬暨六月初二以
前得雨情形業經前署撫臣楊以增恭摺具
奏在案茲據西安延安鳳翔漢中榆林同州商
州邠州乾州鄜州綏德州等府州屬陸續具
報於六月初五六初九十及十五六七八並二十二
十一二等日先後得雨一二三四五寸至深透不
等臣查陝省南北兩山暘雨尚合宜惟平原
一帶地土間形乾燥前于六月間禱祈得雨之
後又閱並旬農田仍殷望澤茲幸七月
初九初十等日續獲甘膏二三寸附近西
安鳳翔同州商州各屬一律均霑雖未甚透

足而各邑秋禾藉以滋培可期敷榮邑茂民
情歡悅四境安恬洵足仰紓
宸注謹將六月分各屬糧價敬繕清單恭呈
御覽伏乞
皇上聖鑒謹
奏

七月十五日

道光二十六年七月二十九日奉
硃批知道了欽此

陝西巡撫林則徐奏片　**奏報陝西省道光二十六年六月份收捐監生銀數**

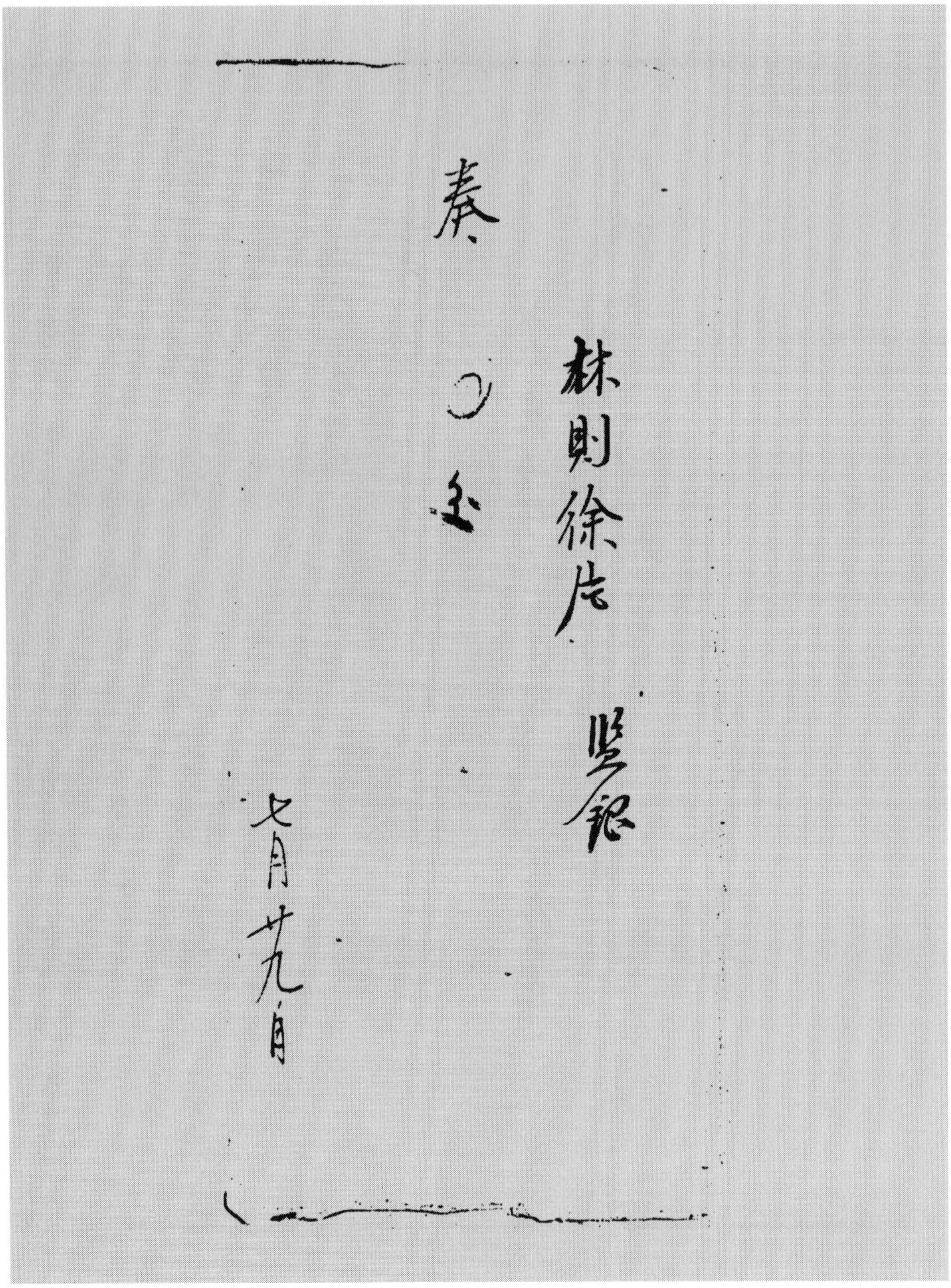

陝西巡撫林則徐奏片 奏報陝西省道光二十六年六月份收捐監生銀數 道光二十六年七月十五日

再查陝省收捐監生銀兩截至道光廿六年閏五月
底止共存銀一萬五千五百五十八兩業經前署撫
裕康附片
奏明在案今六月分又報捐監生六名收貯司庫銀六百
四十八兩連前共實存銀一萬六千二百六兩理合循例
附片奏
聞謹
奏
道光廿六年七月廿九日奉
硃批户部知道欽此

陝西巡撫林則徐題本　**題報接陝西撫篆任事日期**

兵部侍郎兼都察院右副都御史巡撫陝西等處地方贊理軍務兼理糧餉臣林則徐謹
題爲恭報微臣接印日期事竊准吏部咨道光貳
拾陸年叁月叁拾日奉
上諭陝西巡撫着林則徐補授等因欽此茲臣於道
光貳拾陸年柒月初玖日行抵陝西省城准署
撫臣裕康差委西安府知府徐棟臣標中軍參
將馬輔相齎送陝西巡撫銀關防壹顆
王命旗牌捌面杆節次欽奉
勅諭
聖訓
上諭
欽頒書籍及一切文卷等項到臣謹即恭設香案望

闕叩頭謝
恩接印任事除一切地方事宜容臣次第辦理外所
有徽臣接印日期理合恭疏
題報伏祈
皇上聖鑒施行爲此具本謹具
題
聞

陝西巡撫林則徐題本　題報接陝西撫篆任事日期
道光二十六年七月十五日

兵部侍郎兼都察院右副都御史巡撫陝西等處地方贊理軍務兼理糧餉臣林則徐謹

題為恭報微臣接印日期事竊准吏部咨道光貳

拾陸年叁月叁拾日奉

上諭陝西巡撫著林則徐補授等因欽此茲臣於道

光貳拾陸年柒月初玖日行抵陝西省城准署

撫臣裕康差委西安府知府徐棟臣標中軍參

將馬輔相齎送陝西巡撫銀關防壹顆

王命旗牌捌面杆節次欽奉

勅諭

道光貳拾陸年柒月拾伍日兵部侍郎兼都察院右副都御史巡撫陝西等處地方贊理軍務兼理糧餉臣林則徐

聖訓
上諭
欽頒書籍及一切文卷等項到臣謹即恭設香案望
闕叩頭謝
恩接印任事除一切地方事宜容臣次第辦理外所
有微臣接印日期理合恭疏
題報謹具
題
聞

陝西巡撫林則徐題本

請以白本初署理山陽縣知縣

該部議奏

陝西巡撫林則徐題本　請以白本初署理山陽縣知縣
道光二十六年七月二十四日

陝西巡撫林則徐題本 請以白本初署理山陽縣知縣
道光二十六年七月二十四日

兵部侍郎兼都察院右副都御史巡撫陝西等處地方贊理軍務兼理糧餉臣林則徐謹
題為詳請
題署縣令以裨地方事竊照山陽縣知縣周儀暐
病故於道光貳拾陸年柒月初柒日具
題開缺所遺員缺係簡缺聲明留陝請補在案茲
據布政使裕康按察使唐樹義詳稱遵查例載
告病病故休致叁項缺出以一缺題補各項候
補並進士即用以一缺題補本班前先用大挑
舉人以一缺題補本班大挑舉人等語查上次
韓城縣知縣缺出業以揀發知縣興緞請補在
案今山陽縣知縣一缺按例應用本班前先用
大挑知縣本班前先用大挑無人應用本班大

陝西巡撫林則徐題本 請以白本初署理山陽縣知縣
道光二十六年七月二十四日

挑查有本班大挑知縣白本初才識明敏辦事
實心堪以請署山陽縣知縣會詳前來臣查白
本初年肆拾陸歲河南武安縣人由增廣生中
式道光捌年戊子科本省鄉試第叁拾伍名舉
人拾伍年乙未科會試後大挑壹等引
見奉
旨以知縣用欽此籤掣甘肅親老告近改掣陝西領
照回籍聽候咨取在籍丁母憂服闋起復因親
父年老應仍赴近省試用奉文咨取於貳拾壹
年伍月拾捌日到陝科分名次在先以之請署
山陽縣知縣實屬合例亦堪勝任仍照例試署
期滿如果稱職另請實授臣到任未及叁月例

不加考再該員係大挑知縣請署知縣銜缺相
當毋庸送部引
見謹會同督臣布彥泰合詞具
題伏祈
皇上聖鑒敕部議覆施行爲此具本謹
題請
旨

陝西巡撫林則徐題本　請以白本初署理山陽縣知縣
道光二十六年七月二十四日

道光

……地方贊理軍務兼理糧餉臣林則徐

兵部侍郎兼都察院右副都御史巡撫陝西等處地方贊理軍務兼理糧餉臣林則徐謹
題爲詳請
題署縣令以裨地方事竊照山陽縣知縣周儀暐
病故於道光貳拾陸年柒月初柒日具
題開缺所遺員缺係簡缺聲明留陝請補在案茲
據布政使裕康等詳稱查有本班大挑知縣白
本初才識明敏辦事實心堪以請署山陽縣知
縣會詳前來臣查白本初年肆拾陸歲河南武
安縣人由增廣生中式道光捌年戊子科本省
鄉試第叁拾伍名舉人拾伍年乙未科會試後
大挑壹等引
見奉

旨以知縣用欽此兹據甘肅親老告近改掣陝西循
照回籍聽候咨取在籍丁母憂服闋起復因親
父年老應仍是近省試用奉文咨取於貳拾壹
年伍月拾捌日到陜科分名次在先以之請署
山陽縣知縣實屬合例亦堪勝任仍照例試署
期滿如果稱職另請實授臣到任未及叁月例
不加考再該員係大挑知縣請署知縣銜缺相
當毋庸送部引
見謹會同督臣布彥泰合詞謹
題請
旨

陝西巡撫林則徐題本

請以潘清署理城固縣知縣

該部議奏

題

陝西巡撫林則徐題本　請以潘清署理城固縣知縣
道光二十六年七月二十四日

兵部侍郎兼都察院右副都御史巡撫陝西等處地方贊理軍務兼理糧餉臣林則徐謹

題爲詳請

題署縣令以裨地方事竊照城固縣知縣李煒調

補富平縣知縣於道光貳拾陸年柒月初柒日

具

題開缺所遺員缺係簡缺聲明留陝請補在案兹

據署布政使唐樹義署按察使張集馨詳稱遵

查例載陞調所遺缺出用各項候補即用一人

委用一人本班前先用大挑一人本班大挑一

人各項候補即用一人委用一人本班前先用

議敍一人本班議敍一人各項候補即用一人

委用一人本班前先用捐納一人本班捐納一

人又現奉新例嗣後各省道府以至佐雜等官
如有捐輸遇缺即補各員遇應留外補之中簡
缺出不論何項到班即行補用不積各項班次
之缺俟遇缺即補無人再行按班序補又道府
以下至未入流凡捐輸儘先補用者一律歸入
本班到班之前先用各等語查上次華陰縣知
縣缺出以進士即用知縣孫治請補在案今城
固縣知縣一缺按照新例應用捐輸遇缺即補
人員捐輸遇缺即補無人應用委用委用亦無
人應用捐輸儘先人員查捐輸儘先補用知縣
名次在前之潘清年壯才明辦事奮勉堪以請
署城固縣知縣會詳前來臣查潘清年伍拾歲

係直隸遵化州人由太常寺則例館供事議敘
府經歷遵籌備經費事例加捐知縣分發陝西
因親老告近改掣山西道光貳拾年貳月內領
照因在途患病繳照回籍調理在籍丁父憂服
滿起復養親事畢赴省驗看請咨赴部貳拾叁
年拾貳月拾捌日引
見奉
旨仍赴原發陝西試用欽此是月貳拾日領照告假
回籍修墓假滿患病未克就道貳拾肆年肆月
初拾日病痊起程拾壹月初伍日到陝因在順
天捐輸經費道光貳拾伍年肆月貳拾捌日奉
上諭陝西試用知縣潘清著儘先補用欽此以之請

署城固縣知縣實屬合例亦堪勝任仍俟試署
期滿另請實授臣到任未及叁月例不加考再
該員係知縣請署知縣銜缺相當毋庸送部引
見謹會同督臣布彦泰合詞具
題伏祈
皇上聖鑒勅部議覆施行爲此具本謹
題請
旨

……處地方贊理軍務兼理糧餉臣林則徐

兵部侍郎兼都察院右副都御史巡撫陝西等處地方贊理軍務兼理糧餉臣林則徐謹
題爲詳請
題署縣令以裨地方事竊照城固縣知縣李峰調
補富平縣知縣於道光貳拾陸年柒月初柒日
具
題開缺所遺員缺係簡缺聲明留陝請補在案茲
據署布政使唐樹義等詳稱查指輸儘先補用
知縣名次在前之潘清年壯才明辦事奮勉堪
以請署城固縣知縣會詳前來臣查潘清年伍
拾歲係直隸遵化州人由太常寺則例館供事
議敘府經歷遵籌備經費事例加捐知縣分發
陝西因親老告近改掣山西道光貳拾年貳月
內領照因在途患病繳照回籍調理在籍丁父
憂服滿起復養親事畢赴省驗看請咨赴部貳

陝西巡撫林則徐題本　請以潘清署理城固縣知縣
道光二十六年七月二十四日

拾叁年拾貳月拾捌日引
見奉
旨仍赴原發陝西試用欽此是月貳拾日領照告假
回籍修墓假滿患病未克就道貳拾肆年肆月
初拾日病痊起程拾壹月初伍日到陝因在順
天捐輸經費道光貳拾伍年肆月貳拾捌日奉
上諭陝西試用知縣潘清著儘先補用欽此以之請
署城固縣知縣實屬合例亦堪勝任仍俟試署
期滿另請實授臣到任未及叁月例不加考再
該員係知縣請署知縣銜缺相當毋庸送部引
見謹會同督臣布彥泰合詞謹
題請
旨

陝西巡撫林則徐題本 **審明刀犯張蒜尾把等聚衆中途奪犯等情分別定擬**

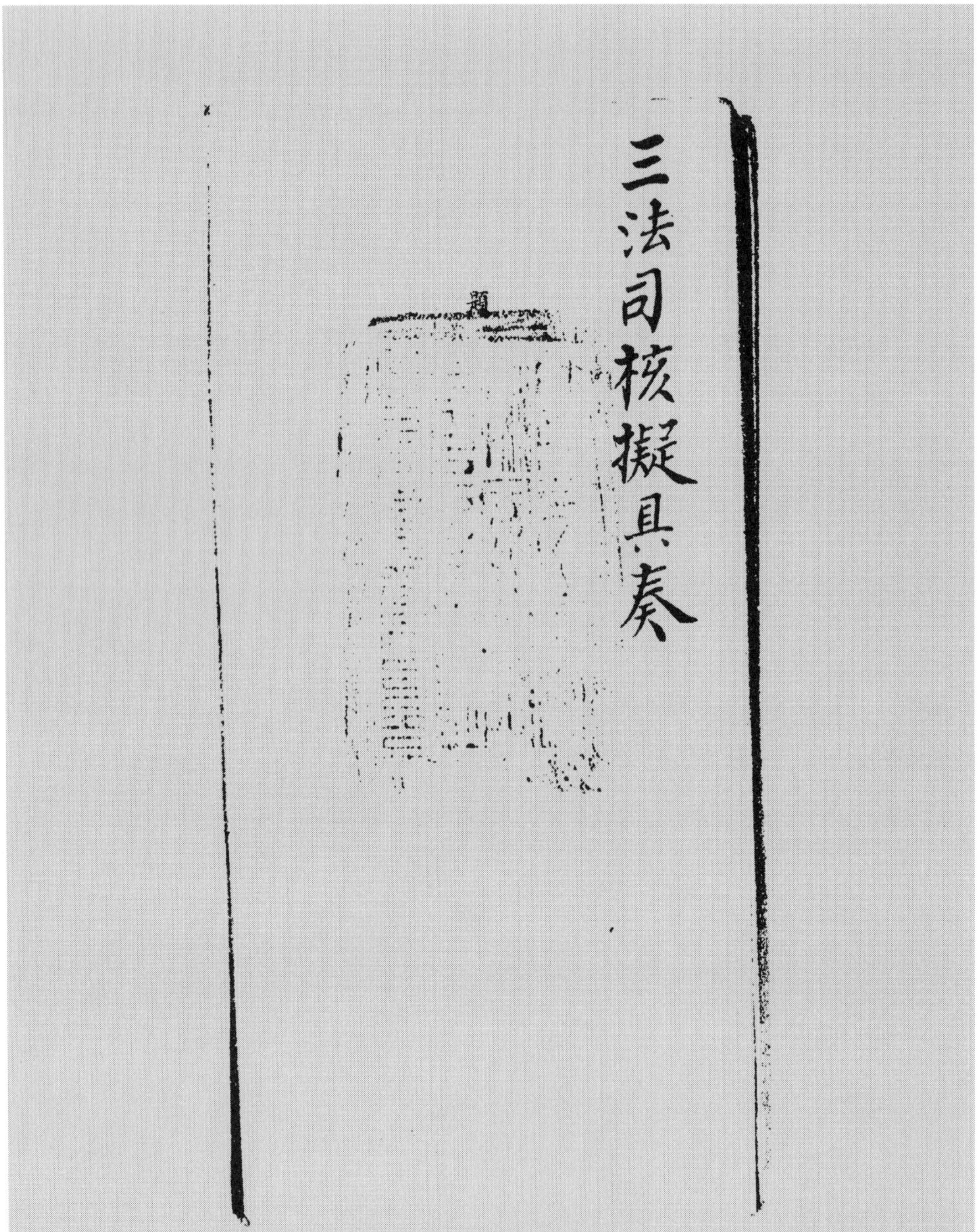
三法司核擬具奏

兵部侍郎兼都察院右副都御史巡撫陝西等處地方贊理軍務兼理糧餉臣林則徐謹
題為稟報事據署陝西按察使張集馨呈據西安
府知府徐棟暨同署富平縣知縣曹士鶴蒲城
縣知縣張肇元詳稱案奉臬司委審富平縣等
稟獲打奪遣犯火要子案內刀匪張蒜尾把等
一案遵先查富平縣卷內開道光貳拾陸年叁
月拾叁日卑職曹士鶴因公由省旋署拾肆日
接准卑職張肇元移稱本年叁月拾壹日蒲城
縣僉差解役楊幅陳芳同營兵任振玉李進幅
押解發往甘省遣犯火要子赴富平縣投收晌
午時陳芳李進幅中途落後楊幅任振玉解犯
先行至富平縣到賢鎮外被火要子夥黨李四

根等杂人各執刀矛突出攔住用順刀砍斷火要子鎖鏈將其攙扶馬上往南跑走復有馬進兒等隨後趕至一同護送逃逸兵役等追趕無踪回縣稟報當提兵役訊供無異驗明攜回鐵鍊係用刀砍斷形跡查火要子即孟義兒於道光貳拾叁年拾月間在蒲城地方訛詐惠繼升錢文用順刀砍傷惠繼升脊背左手復貳拾肆年貳月間又聽從李羅兒結夥向監生程庭蘭訛詐並與馬進兒李四根拒捕傷差被獲審擬改發新疆酌撥種地當差奉准部覆詳請發給兵牌解赴陝甘總督衙門投收轉發之犯茲據報中途被奪相應通稟移會緝拏等因准此當

經移營遴差兵役嚴緝一面會詣確勘奪犯處所距蒲城縣伍拾伍里係在富平縣境內附近並無墩臺營汛隨經據情通報蒙委即補知縣沈壽曾漢陰廳通判韓治先後馳赴蒲富貳縣會同嚴拏並通飭各州縣一體究擒旋於肆月初玖貳拾貳拾捌並伍月初叁等日會同營委各員帶領家丁兵役先後協同臨潼宜君等縣差役拏獲逸犯火要子即孟義兒從犯張隨有馮老三即馮根兒張有兒張小鼠兒雷春旺即拱春秀陸名並協同咸長貳縣兵役將首犯張蒜尾把即張自義拏獲訊據供認因與逸犯火要子交好糾同張隨有張小鼠兒雷春旺並在

逃之李四根即禿子張來兒即張西銘王煥兒
分攜刀械在富平縣到賢鎮外攔奪不諱張有
兒馮老三即馮根兒與在逃之張十二係聽從
逸犯馬進兒即馬湘林糾往接應屬實均未傷
人等語質之遣犯火要子供亦相同當將現犯
收禁錄供通報加差勒緝逸犯務獲因從犯雷
春旺即樊春秀帶病到案飭醫調治罔效於伍
月初陸日在保病故復經驗訊店保看役人等
均無淩虐情弊填格取結詳報旋奉批飭解犯
來省札委卑府審辦遵即督同卑職士鴻肇元
提集各犯暨原解兵役到案悉心研訊據解役
陳芳供年肆拾歲楊幅供年叁拾貳歲營兵李

進幅供年叁拾陸歲任振玉供年叁拾捌歲又
據同供小的們充當蒲城營縣兵役道光貳拾
陸年叁月拾壹日早本縣僉差小的陳芳楊幅
移營派撥小的李進幅任振玉押解發往甘省
遣犯火要子即孟義兒壹名赴富平縣交替晌
午時走到富平縣境内小的李進幅赴路旁出
恭小的陳芳脚痛落後小的楊幅任振玉押解
火要子先行走到到賢鎮外空僻處所忽有這
張蒜尾把們柒人各拏順刀矛杆擁出攔住張
蒜尾把喊令火要子跟他逃走火要子説他情
願赴配張蒜尾把不聽上前用順刀砍斷火要
子鎖鐐小的楊幅小的任振玉因見人多勢兇

不能抵敵沒敢阻擋張隨有們就把火要子擁扶馬上往南跑走那時又有馬進兒們肆人各拿順刀庫刀趕來一同護送逃逸小的楊幅們向小的李進幅們告知一同追趕無踪就回本縣稟稱的並沒鬆放刑具故縱的事是實據這犯火要子即孟義兒供年叁拾叁歲富平縣人父母俱故沒有弟兄妻子小的素無恒業帶刀各處遊蕩與現獲的張蒜尾把張隨有張小鼠兒馮老三張有兒已故的雷春旺並在逃的李四根張來兒王煥兒馬進兒張十二彼此熟識道光貳拾叁年拾月裏小的因在蒲城縣地方訛詐惠權升錢文並用順刀砍傷惠權升脊背

左平復貳拾肆年貳月間又聽從李羅兒結夥向監生程庭蘭訛詐因被差拏與馬進兒李四根拒傷差役逃逸後來把小的拏獲問了遣罪貳拾陸年叁月拾壹日蒙蒲城縣移營差派兵役陳芳們肆名押解小的赴富平縣投收晌午時走到富平縣境內兵役李進幅赴路旁出恭陳芳腳痛落後楊幅任振玉押解小的先行走到到賢鎮外空僻處所不料張蒜尾把帶領現獲的張隨有張小鼠兒已故的雷春旺在逃的李四根張來兒王煥兒一共柒人各拏順刀矛杆齊出攔住張蒜尾把喊令小的跟他逃走小的恐怕鬧事答說情願赴配張蒜尾把不聽上

前用順刀砍斷小的鐵鍊楊幅們見人多勢兇
沒敢阻擋張隨有們就把小的攙扶馬上往南
跑走那時馬進兒也帶同張有兒馮老三並在
逃的張十二分拏庫刀順刀隨後趕來跟護同
逃問是馬進兒怕張蒜尾把人少不能濟事另
糾張有兒們前來接應的張蒜尾把們因恐差
拏隨各逃散小的逃到臨潼縣地方就被公差
拏獲的今蒙研訊實係張蒜尾把馬進兒們因
與小的交好各自糾衆中途截奪小的並沒預
謀的事逃後委無行兇爲匪及知情容留的人
兵役們也沒鬆放刑具故縱情弊馬進兒們現
逃何處不知道求恩典寬從犯張有兒供年貳

拾伍歲蒲城縣人父親已故兩年母親胡氏年
肆拾伍歲女人王氏沒生子女馮老三即馮根
兒供年貳拾玖歲渭南縣人父母俱故祖母田
氏年柒拾伍歲小的沒有弟兄妻子平日不顧
祖母養贍人據同供小的們都沒恒業向與在
逃之尚進兒張十二們帶刀各處遊蕩道光貳
拾陸年叁月拾壹日張蒜尾把糾領張隨有張
小鼠兒雷春旺李四根張來兒王煥兒各帶刀
械往富平縣到賢頭截奪發配遣犯火要子經
馬進兒路遇問知情由也因素與火要子相好
怕張蒜尾把人少不能濟事起意邀約小的們
同張十二趕往接應小的們都因相好應允當

時分拏庫刀順刀隨後趕去晌午時走到到賢
鎮外空僻處所望見張蒜尾把們已把火要子
搶獲擁扶馬上往南跑走馬進兒與小的們趕
去跟蹤同逃路上火要子向衆人問明前情因
恐差等各自逃散先後被公差等獲帶來的小
的們實止聽從馬進兒前往接應並沒奪犯逃
後也沒行兇爲匪及知情容留的人小的張有
兒的順刀小的馮根兒的庫刀都已撩棄馬進
兒們現逃何處不知道求施恩據從犯張遇有
供年貳拾柒歲蒲城縣人父親張明智年柒拾
貳歲母親史氏年伍拾捌歲張小鼠兒供年貳
拾伍歲蒲城縣人父親於道光貳拾肆年病故

母親劉氏年肆拾伍歲又據同供小的們都没
弟兄妻子平日竝無恒業帶刀各處遊蕩不顧
父母養贍與這同姓不宗的張蒜尾把竝犯桊
問遣的火要子熟識道光貳拾陸年叁月拾壹
日早張蒜尾把因探知火要子那日起解發配
要由富平縣到賢鎮路過他與火要子交好央
小的們同雷春旺李四根張來兒王焕兒同去
奪放小的們都因相好應允遂各分拏順刀矛
杆一共柒人竝牽馬匹前往路遇在逃的馬進
兒查問張蒜尾把告知情由仍與小的們同到
到賢鎮外空僻處所等候晌午時候兒蒲城縣
兵役押解火要子前來小的們一齊走出攔住

張蒜尾把喊令火要子跟他逃走火要子說他
情願赴配張蒜尾把不聽上前用順刀砍斷火
要子鎖鐐兵役們没敢阻擋小的們就把火要
子摊扶馬上往南跑走那時馬進兒也帶領張
有兒馮老三並在逃的張十、二趕來見小的們
已經得手隨跟護同逃途中火要子向衆人問
明前情因恐差拏各自逃散今蒙獲案研訊小
的們實止聽糾幫同奪犯並没拒傷兵役逃後
也没行兇爲匪及知情容留的人小的張隨有
順刀業已撩棄小的張小鼠兒的矛杆已蒙起
案張來兒們現逃何處不知道求恩典據首犯
張蒜尾把即張自義供年貳拾陸歲蒲城縣人

父親張可正年陸拾肆歲母親徐氏年肆拾玖
歲並沒弟兄妻子平日沒有恒業帶刀各處遊
蕩與這逸犯火要子即孟義兒及現獲同姓不
宗的張隨有張小鼠兒張有兒馮老三即馮根
兒已故的雷春旺即樊春秀並在逃的刀匪李
四根即禿子張來兒即張西娃王煥兒馬進兒
即馬湘林張十二都相交識聚散無常火要子
先於道光貳拾伍年因在本縣犯案收禁問了
遣罪小的是知道的貳拾陸年叁月裏小的探
知火要子定於拾壹日起解發配因與他素好
起意糾人中途截奪稔知富平縣列賢鎮是必
由路徑就於那日早糾允張隨有張小鼠兒雷

春旺李四根張來兒王煥兒同往幫助一共柒
人小的攜帶順刀他們分拏刀矛竝牽馬匹前
去路過馬進兒查問小的告知情由就與張隨
有們同到到賢鎮外空僻處所等候晌午時見
蒲城縣兵役押解火要子走來小的同張隨有
們各拏刀矛齊出攔住小的喊令火要子跟同
逃走火要子說他情願赴配小的不聽上前用
順刀砍斷火要子鎖鐐兵役們沒敢阻擋張隨
有們就把火要子攙扶馬上往南跑走那時馮
進兒也帶領張有兒馮老三竝在逃的張十二
趕到那裏見小的們已把火要子奪獲也都跟
隨同逃途中火要子向衆人問明前情因恐差

拏各自逃散小的逃往各處躲避被公差拏獲
帶案的實因與火要子交好糾衆中途奪放並
沒非傷兵役火要子也沒預謀糾奪情事逃後
委沒行兇爲匪及知情容留的人順刀業已起
案張來兒們現逃何處不知道求恩典各等供
據此查核火要子即孟義兒所供與犯事原案
相符該西安府知府徐棟督同署富平縣知縣
曹士鶴蒲城縣知縣張肇元審看得刀匪張蒜
尾把及在逃之馬進兒各自聚衆中途奪犯並
聽糾之雷春旺於取供後在保病故一案緣張
蒜尾把即張自義張隨有張小鼠兒張有兒馮
老三即馮根兒火要子即孟義兒暨已故之雷

春旺即與春秀分隸蒲城渭南富平等縣平日
均無恒業帶刀各處遊蕩與在逃之刀匪李四
根即充子張米兒即張西銘王煥兒馬進兒即
馬湘林張十二彼此交識聚散無常火要子先
於道光貳拾叁年拾月間在蒲城縣地方訛詐
惠繼升錢文並用順刀砍傷惠繼升平復貳拾
肆年貳月間又聽從李羅兒結夥向監生程庭
蘭訛詐並與馬進兒李四根拒傷差役平復被
獲審擬改發新疆酌撥種地當差奉准部覆於
貳拾陸年叁月拾壹日經蒲城縣僉差陳芳楊
幅移營撥兵任振玉李進幅解赴富平縣投收
轉解張蒜尾把先期探知因與火要子素好起

意糾人中途奪放總知富平縣到賢鎮係必由
之路遂糾允現獲之張隨有張小鼠兒已故之
雷春旺並在逃之李四根張來兒王煥兒一共
柒人分攜刀矛並牽馬匹同往途遇馬進兒向
其查問張蒜尾把告知情由各自前行馬進兒
亦因與大晏子文好恐張蒜尾把人少不能濟
事另糾現獲之張有兒馮老三在逃之張十二
各帶順刀庫刀隨後趕往接應張蒜尾把等先
至到賢鎮外僻處等候晌午時分差役楊幅營
兵任振玉押犯行抵該處時同解兵役李進幅
赴路旁出恭陳芳腳痛落後張蒜尾把等瞥見
楊幅等走至各執刀矛齊出攔住張蒜尾把喊

令火要子隨伊逃走火要子答以情願赴配張
蒜尾把不聽上前用順刀砍斷火要子鎖鐐楊
悩等因人多勢光不能抵敵未敢阻擋張隨有
等即將火要子擁扶馬上向南跑走馬進兒等
隨後趕至見張蒜尾把等已將火要子奪獲亦
即跟護同逃途中火要子向衆詢悉前情因恐
差拏隨各散逃楊悩等轉向李進悩等告知一
同追趕無踪稟縣移會鄠縣委員會同該武縣
先後獲犯訊供從犯雷春旺旋即在保病故復
經曹士鶴驗報奉批解省飭委牟府暫同審辦
提犯逐鞫各供前情不諱詰無傷差及豫謀糾
奪情事各犯逃後亦無另犯不法並知情窩留

之人嚴究不移案無遁飾查律載官司差人捕
獲罪人聚衆中途打奪者杖一百流三千里傷
人者絞監候爲從各減一等又例載聚衆奪犯
雖未傷人首犯亦照因而傷人律從重擬絞爲
從之犯仍照律坐罪又尋常發遣人犯在配脫
逃并無行兇非捕情事逃回發遣處枷號一個
月鞭一百各等語此案刀匪張蒜尾把因素好
之丈妻子發遣起解輒敢糾同張隨有等三人
中途奪放雖未傷人實屬目無法紀應按例問
擬張蒜尾把即張自義合依聚衆奪犯雖未傷
人首犯亦照因而傷人律從重擬絞監
候張隨有張小鼠兒雷春旺即樊春秀聽糾奪

犯雖係刀匪結夥叁人以上第未傷人自應仍
照奪犯爲從律各杖壹百徒叁年雷春旺業已
病故應毋庸議張有兒馮老三即馮根兒聽從
逸犯馬進兒糾往接應適張蒜尾把等已將犬
妥子奪獲逃逸該犯等僅止跟護同行並未幫
同奪犯未便照打奪爲從問擬惟該犯等均係
刀匪結夥持械已在叁人以上應請於陝省匪
徒結夥叁人以上持械傷人軍罪上量減壹等
各杖壹百徒叁年馮老三有祖母田氏張隨有
有父張明智均年逾柒拾家無次丁惟該犯等
平日遊蕩不顧養贍應請毋庸查辦與張有兒
等俱至配折責安置並於左面各刺刀匪貳字

遣犯火妟子即孟義兒雖訊無預謀糾奪情事
惟既聽從逃走自應加擬逃罪該犯本罪已至
外遣無可復加應比例問擬火妟子應請比照
尋常發遣人犯脫逃被獲遞回發遣處枷號壹
箇月鞭壹百例仍發新疆酌撥種地當差至遣
所加枷號壹箇月滿日鞭壹百解役陳芳營兵
李進臨押解遣犯並不小心護送乃於中途落
後致犯被奪殊屬不合應照不應重律各杖捌
拾折責發落分别革役革伍楊幅等中途失囚
委因力不能敵應與寓春旺在保病故訊無凌
虐之店保看役人等均請免議逸犯馬進兒等
嚴緝獲日另結起獲刀械隨招解驗未獲俟案

免起無干省釋所有首先拏獲鄰境糾衆奪犯
罪應議叙人犯壹名應叙職名係咸寧縣知縣
陸銓長安縣知縣張巍其餘獲犯應叙職名查
明另詳辦理是否允協理合連犯解候審轉等
情到司該署陝西按察使張集馨審看相同具
詳轉解到前署撫臣裕康未及提訊移交到臣
隨提犯親訊據供與該府縣司所審無異該臣
看得西安府等審詳刀匪張蒜尾把及在逃之
馬進兒各自聚衆中途奪犯拒斃糾之雷春旺
於取供後在保病故一案緣張蒜尾把即張自
義張隨有張小鼠兒張有兒馮老三即馮根兒
火要子即孟義兒暨已故之雷春旺即樊春秀

分隸蒲城渭南富平等縣平日均無恒業帶刀
各處遊蕩與在逃之刀匪李四跟即禿子張來
兒即張西銘王煥兒馬進兒即馬湘林張十二
彼此交識聚散無常久要子先於道光貳拾叁
年拾月間在蒲城縣地方訛詐惠繼升錢文並
用順刀砍傷惠繼升平復貳拾肆年貳月間又
聽從李羅兒結夥向監生程庭蘭訛詐並與馬
進兒李四跟拒傷差役平復被獲審擬改發新
疆酌撥種地當差奉准部覆於貳拾陸年叁月
拾壹日經蒲城縣僉差陳芳楊愊移營撥兵仕
振玉李進愊解赴富平縣接收轉解張蒜尾把
先期探知因與久要子素好起意糾人中途奪

放稔知富平縣到賢鎮係必由之路遂糾允現獲之張隨有張小鼠兒已故之雷春旺並在逃之李四根張來兒王煥兒一共糸人分攜刀矛並牽馬匹同往途遇馬進兒向其查問張蒜尾把告知情由各自前行馬進兒亦因與火要子交好恐張蒜尾把人少不能濟事另糾現獲之張育兒馮老三在逃之張十二各帶順刀庫刀隨後趕往接應張蒜尾把等先至到賢鎮外僻處等候晌午時分差役楊陷營兵任振玉押犯行抵該處時同解兵役李進陷起路旁出恭陳芳腳痛落後張蒜尾把等瞥見楊陷等走至各執刀矛齊出攔住張蒜尾把喊令火要子隨伊

逃走火要子答以情願赴配張蒜尾把不聽上
前用順刀砍斷火要子鐵鐐楊幅等因人多勢
允不能抵敵未敢阻擋張隨有等即將火要子
攤扶馬上向南跑走馬進兒等隨後趕至見張
蒜尾把等已將火要子奪獲亦即跟護同逃途
中火要子向衆詢悉前情因恐差拏隨各散逃
楊幅等轉向李進幅等告知一同追趕無踪稟
縣移會勘緝委員會同該貳縣先後獲犯訊供
從犯雷春旺獲即在保病故傷經驗報批飭解
省委該府督同審辦供認不諱語無偏差及夥
謀糾奪情事各犯逃後亦無另犯不法並知情
容留之人此案刀匪張蒜尾把因素好之火要

子發遣起解輒敢糾同張隨有等柒人中途奪
犯雖未傷人實屬目無法紀應按例問擬應如
該府縣司所擬張蒜尾把即張自義合依聚衆
奪犯雖未傷人首犯亦照因而傷人律從重擬
絞例擬絞監候張隨有張小鼠兒雷春旺即樊
春秀聽糾奪犯雖係刀匪結夥叄人以上第未
傷人自應仍照奪犯爲從律各杖壹百徒叄年
雷春旺業已病故應毋庸議張有兒馮老三即
馮根兒聽從逸犯馬進兒糾往接應適張蒜尾
把等已將火要子奪獲逃逸該犯等僅止跟護
同行並未幫同奪犯未便照打奪爲從問擬惟
該犯等均係刀匪結夥持械已在叄人以上應

陝西巡撫林則徐題本 審明刀犯張蒜尾把等聚衆中途奪犯等情分別定擬 道光二十六年七月二十四日

於陝省匪徒結夥叁人以上持械傷人軍罪上
量減壹等各杖壹百徒叁年馮老三有祖母田
氏張隨盲有父張明智均年逾柒拾家無次丁
惟該犯等平日遊蕩不顧養贍應毋庸查辦與
張有兒等俱至配折責安置並於左面各刺刀
匪貳字遣犯火要子即孟義兒雖訊無預謀糾
奪情事惟既聽從逃走自應加擬逃罪該犯本
罪已至外遣無可復加應比例問擬火要子應
比照尋常發遣人犯脫逃被獲遞回發遣處枷
號壹箇月鞭壹百例仍發新疆酌撥種地當差
至遣所加枷號壹箇月滿日鞭壹百解役陳芳
營兵李進福押解遣犯並不小心護送乃於中

途落後致犯被奪殊屬不合應照不應重律各
杖捌拾折責發落分別革役革伍楊福等中途
失囚委因力不能敵應與當舂旺在保病故訊
無凌虐之店保看役人等均應免議逸犯馬進
兒等飭緝獲日另結無干省釋所有首先拏獲
鄰境糾眾奪犯罪應擬絞人犯壹名應叙職名
係咸寧縣知縣陸銓長安縣知縣張蕘其餘獲
犯應叙職名查明另行辦理理合具
題伏祈
皇上聖鑒勅下法司核覆施行再此案限期應以道
光貳拾陸年肆月初玖獲犯之日起該縣至省
壹百貳拾里除程限叁日該犯張蒜尾把於閏

伍月初伍日在監患病至貳拾日痊愈除犯病

拾伍日扣至柒月貳拾柒日統限屆滿合併陳

明爲此具本謹

題請

旨

[illegible]兼理糧餉臣林則徐

兵部侍郎兼都察院右副都御史巡撫陝西等處地方贊理軍務兼理糧餉臣林則徐謹
題
爲梟報事該臣看得西安府等審詳刀匪張蒜
尾把及在逃之馬進兒各自聚衆中途奪犯並
聽糾之雷春旺於取供後在保病故一案緣張
蒜尾把張隨有張小鼠兒張有兒馮老三火要
子暨已故之雷春旺平日均無恒業帶刀各處
遊蕩與在逃之刀匪李四根張來兒王煥兒馬
進兒張十二後此交識聚散無常火要子先於
道光貳拾叁年拾月間在蒲城縣地方訛詐惠
繼升錢文並用順刀砍傷惠繼升平復貳拾肆
年貳月間又聽從李羅兒結夥向監生程庭蘭
訛詐並與馬進兒李四根拒傷差役平復被獲
審擬改發新疆酌撥種地當差奉准部覆於貳
拾陸年叁月拾壹日經蒲城縣僉差陳芳楊幅
移營撥兵任振玉李進幅解赴富平縣投收轉
解張蒜尾把先期探知因與火要子素好起意
糾人中途奪放稔知富平縣到賢鎮係必由之
路遂糾允張隨有張小鼠兒雷春旺李四根張
來兒王煥兒分攜刀矛並牽馬匹同往途遇馬
進兒向其查問張蒜尾把告知情由各自前行
馬進兒亦因與火要子交好恐張蒜尾把人少
不能濟事另糾張有兒馮老三張十二各帶順
刀庫刀隨後趕往接應張蒜尾把等先至到賢
鎮外僻處等候晌午時分差役楊幅營兵任振
玉押犯行抵該處時同解兵役李進幅赴路旁
出恭陳芳腳痛落後張蒜尾把等瞥見楊幅等
走至各執刀矛齊出攔住張蒜尾把喊令火要
子隨伊逃走火要答以情願赴配張蒜尾把

不聽上前用順刀砍斷火要子鎖鐐楊幅等因人多勢光不能抵敵未敢阻擋張隨有等即將火要子攙扶馬上向南跑走馬進兒等隨後趕至見張蒜尾把等已將火要子奪獲亦即跟護同逃途中火要子向衆詢悉前情因恐差拿隨各散逸楊幅等轉向李進幅等告知一同追趕無踪稟縣移會勘緝先後獲犯訊供從犯雷春旺旋即在保病故復經驗報批飭解省委審不諱張蒜尾把依聚衆奪犯雖未傷人首犯亦照因而傷人律從重擬絞例擬絞監候張隨有張小鼠兒雷春旺張有兒馮老三各杖徒刺字雷春旺病故應毋庸議火要子仍發新疆謹

題請

旨

陝西巡撫林則徐題本　**永壽縣客民楊成潰等捉姦砍傷姦夫白到娃身死分別定擬**

三法司核擬具奏

題

陝西巡撫林則徐題本　永壽縣客民楊成潰等捉姦砍傷姦夫白到娃身死分别定擬

道光二十六年七月二十四日

兵部侍郎兼都察院右副都御史巡撫陝西等處地方贊理軍務兼理糧餉臣林則徐謹

題爲報明驗究事。據署陝西按察使張集馨呈據

乾州直隸州知州常瀹申據永壽縣知縣趙培之詳稱：道光貳拾伍年拾貳月貳拾壹日，據鄉約王廷才報稱，民人白玉堂投稱伊子白到娃因與李大章之媳李鄭氏通姦，本月貳拾日夜復往續姦，被李大章糾同楊成潰等用刀斧砍傷伊子左腳踝等處，延至次早因傷身死。往查屬實，楊成潰業已逃遠，理合報驗緝究等情。據此，隨即飭差嚴緝，一面帶領刑仵前詣該處勘得：李大章坐北向南住房壹間，門前半箭許有向西土窯壹孔，後係廚房，前係李鄭氏臥室，該

屍仰卧地上勘畢飭舁平明地面如法相驗據
仵作管榮喝報已死白到娃問年貳拾伍歲驗
得仰面不致命左臁肕連腳腕刀尖扎傷陸點
右臁肕連腳腕刀尖扎傷捌點俱不成分寸皮
破血污合面不致命左胳肘連手腕木器傷壹
處斜長叁寸伍分寬叁分紫紅色左腳踝重疊
刀傷壹處橫長貳寸捌分寬捌分深壹寸壹分
筋骨俱斷右腳踝刀傷壹處橫長壹寸伍分寬
陸分深貳分血污餘無致傷委係生前受傷身死
報畢親驗無異飭起兇器鐵斧尖刀分別比對
屍傷相符當場塡格取結屍令棺殮隨訊據鄉
約王廷才供與報呈同據屍父白玉堂供已死

白到娃是小的抱養胡姓的兒子他何時合村
人李大章的媳婦李鄭氏通姦小的先不知道
道光貳拾伍年拾貳月貳拾日晚兒子又去合
李鄭氏續姦被李大章糾同楊成瀆李芳李添
順子各用刀斧砍傷延至貳拾壹日早因傷身
死小的聞知纔來看明投約報驗的求伸冤據
婦翁李大章供年肆拾玖歲女人馬氏兒子催
種子是箇啞叭娶媳鄭氏已死白到娃合小的
同村居住時來閑坐媳婦見面不避他何時與
媳婦通姦小的合女人兒子先不知情道光貳
拾伍年拾貳月貳拾日傍晚小的從外回家撞
見白到娃與媳婦同坐說笑見了小的各自走

去小的心疑叫媳婦盤問媳婦不能隱瞞說出
拾壹月內就與白到娃有姦開據白到娃又約
今晚要來續舊的話小的氣忿起意等他來時
捉住毆打悄悄去向族姪李芳李添順子並素
好的楊成潰告知情由央他們同去幫捉他們
允從那晚李芳拏木杠楊成潰帶鐵斧小的與
李添順子空手同在屋旁等候壹更多天暴見
白到娃走進媳婦房內小的[illegible]一齊趕去喊捉
白到娃捉出身[illegible]來[illegible]攔截李芳閃避
月木杠把月格落趁勢打傷白到娃左肐肘連
手腕白到娃接住木杠拉奪小的拾起尖刀連
扎白到娃兩臁脚連腳腕拾幾下白到娃亂踢

亂馬楊成潰肉到白到娃背後用斧砍傷他左
右腳跌倒地李添順子在旁沒有動手因見白
到娃傷重隨各歇手不料白到娃於貳拾壹日
早就死了實止起意捉姦毆打並非預謀致死
楊成潰現逃何處不知道是實據姦婦李鄭氏
供年貳拾伍歲李大章是小婦人公公婆婆馬
氏男人李催糧子是箇啞叭常在外傭工已死
白到娃合公公同村素識時來閑坐小婦人見
面不避道光貳拾伍年拾壹月內不記日子白
到娃來家問知公婆合男人都沒在家隨向小
婦人調戲成姦以後遇便續姦不記次數並沒
給過錢物公婆男人俱不知情拾貳月貳拾日

傍晚白到娃又來小婦人家約定晚上要來姦宿正在說笑適公公回家撞見白到娃隨即走去公公心疑向小婦人盤問小婦人不能隱瞞告知實情公公氣忿走去小婦人只道公公去找白到娃不依沒敢嚷聲到了壹更多天白到娃走進小婦人窯內小婦人正要叫他走避不料公公已領同李芳們進來喊捉小婦人害怕跑到婆婆房内躲避他們怎樣把白到娃毆傷身死小婦人沒有看見是實據李芳供年貳拾陸歲李添順子供年貳拾叁歲又據同供李大章是小的們無服族叔與白到娃同村居住認識沒嫌他何時合李大章的兒媳李鄭氏通姦

小的們先不知道道光貳拾伍年拾貳月貳拾
日點燈時候小的李添順子合在逃的楊成潰
在小的李芳家閒坐李大章走來向小的們說
白到娃合他媳婦有姦經他撞破今晚白到娃
又要到他媳婦窯内姦宿邀小的們同去捉拏
毆打使他不敢再來的話小的們與楊成潰均
各應允小的李芳順拏木扛楊成潰帶鐵斧小
的李添順子與李大章空手同到李大章屋旁
等候壹更多天暴見白到娃走進李鄭氏窯内
小的們與李大章一齊趕去喊捉李鄭氏逃跑
白到娃拔取身帶尖刀向小的李芳砍來小的
李芳閃避用木扛把刀格落趁勢打傷他左肐

二五　陝西巡撫林則徐題本　永壽縣客民楊成潰等捉姦砍傷姦夫白到娃身死分別定擬

道光二十六年七月二十四日

肘連手腕白到娃接住木扛拉奪李大章拾起刀子連扎白到娃兩臁肕連腳腕白到娃亂踢亂罵楊成潰悶到白到娃背後用斧砍傷他左右腳踝倒地小的李添順子在旁趕來動手因見白到娃傷重隨各歇手不料白到娃於貳拾壹日早死了實是臨時捉姦並沒起肆別故及另有在場幫毆的人楊成潰現逃何處不知道是實各等供據此當將人證審[illegible]供[illegible]比差於貳拾陸年貳月初陸日拿獲楊成潰到案訊據兇犯楊成潰供年肆拾玖歲高陵縣人父母俱故娃沒妻子哥子楊長有在原籍居住小的左腿自幼跛壞行走頗跛不能力作向在縣下平

窯村賣糖餅生理與已死白到娃同村居住認識沒嫌小的向與李大章並他族姪李芳李添順子交好白到娃何時合李大章的兒媳李鄭氏通姦小的先不知道道光貳拾伍年拾貳月貳拾日點燈時候小的合李添順子在李芳家閒坐李大章來說他媳婦與白到娃有姦經他撞破今晚白到娃又要到他媳婦窯內姦宿央小的們同去捉拏毆打使他不敢再來的話小的與李芳們允從小的帶鐵斧李芳帶木杠李大章李添順子空手同到李大章屋旁等候至更多天黑見白到娃走進李鄭氏窯內小的與李大章們一齊趕去喊捉李鄭氏當即逃跑白

到娃拔出身帶尖刀向李芳撲砍李芳閃避用
木扛把刀格落趁勢打傷他左肐肘連手腕白
到娃接住木扛拉奪李大章拾起刀子連扎白
到娃兩臁肕連腳腕白到娃亂踢亂罵小的們
到白到娃背後用斧砍傷他左右腳踝倒地李
添順子在旁並未動手因見白到娃傷重大家
歇手不料白到娃於貳拾壹日早就死了小的
害怕逃往各處躲避今被獲案的實是聽糾捉
姦被罵砍傷並非有心致死也沒起衅別故逃
後委沒行兇為匪及知情容留的人兇器鐵斧
業已起畫求恩典等供據此提訊一干人證供
各無異當將楊成潰收禁餘仍分別保押先將

驗訊獲犯緣由填格錄供詳報奉批飭審遵提
犯證覆加研鞫除各供同前不敍外訊據兇犯
楊成潰供年肆拾玖歲高陵縣人父母俱故並
沒妻子哥子楊長有在原籍居住小的左腿自
幼跌壞行走顛跛不能力作向在素下平窯村
賣麵餅生理與已死白到娃同村居住認識沒
嫌小的向與李大章並他族姪李芳李添順子
交好白到娃何時合李大章的兒媳李鄭氏通
姦小的先不知道道光貳拾伍年拾貳月貳拾
日點燈時候小的合李添順子在李芳家閑坐
李大章來說他媳婦與白到娃有姦經他撞破
今晚白到娃又要到他媳婦窯內姦宿與小的

們同去捉拏毆打使他不敢再來的話小的與
李芳們允從小的帶鐵斧李芳帶木杠李大章
李添順子空手同到李大章屋旁等候壹更多
天黑見白到娃走進李鄭氏窯內小的與李大
章們一齊趕去喊捉李鄭氏當即逃跑白到娃
拔出身帶尖刀向李芳撲砍李芳閃避用木杠
把刀格落趁勢打傷他左肐肘連手腕白到娃
接住木杠拉奪李大章拾起刀子連扎白到娃
兩膝腳連腳腕白到娃亂踢亂罵小的跑到白
到娃背後用斧砍傷他左右腳踝倒地李添順
子在旁趕來動手因見白到娃傷重大家歇手
不料白到娃於貳拾壹日早就死了小的害怕

逃往各處躲避今被獲案的實是聽糾捉姦被
罵砍傷並非有心致死也沒起衅別故逃後委
沒行兇爲匪及知情容留的人兇器鐵斧業已
起案求恩典等供據此該永壽縣知縣趙培之
審看得客民楊成潰聽從李大章糾往捉姦砍
傷姦夫白到娃身死一案緣楊成潰籍隸高陵
縣自幼跌傷左腿不能力作來至阜縣小貿營
生與已死白到娃同村居住素識無嫌白到娃
常至村人李大章家閑坐李大章之媳李鄭氏
見面不避道光貳拾伍年拾壹月間不記日期
白到娃乘間與李鄭氏調戲成姦後非壹次並
未給過錢物李大章與子李催糧子均不知情

拾貳月貳拾日傍晚白到娃復至李鄭氏窯內
約定晚間前往姦宿正在說笑適李大章外回
瞥見白到娃隨即走回李大章心疑向李鄭氏
再三盤問李鄭氏不能隱瞞告知實情李大章
氣忿起意捉拏毆打使其畏懼不敢復來隨往
向無嫌族姪李芳李添順子並素好之楊成潰
告知前情央其幫捉李芳等均各允從楊成潰
隨帶鐵斧李芳攜木扛李大章李添順子徒手
同至李大章屋旁等候更餘時分果見白到娃
走進李鄭氏窯內李大章等一齊趕進喊捉白
到娃即拔身帶尖刀向李芳撲砍李芳閃避用
木扛將刀格落趁勢毆傷白到娃左肐肘連手

腕白到娃接住木扛拉奪李大章拾起尖刀連
扎白到娃兩膝肕連腳腕白到娃亂嚷亂罵楊
成潰閃至白到娃背後用斧砍傷其左右腳踝
倒地李添順子在旁趕來動手李大章等因見
白到娃傷重隨各歇手詎白到娃延至次早殞
命報驗獲犯訊詳飭審遵復提犯研鞫據供前
情不諱詰非有心致死亦無起釁別故楊成潰
逃後並無行兇爲匪及知情容留之人案無遁
飾查例載非應許捉姦之人爲本夫有服親屬
糾往捉姦殺死姦夫無論是否登時俱照擅殺
罪人律擬絞監候又擅殺姦盜罪人案內餘人
悉照共毆餘人律杖壹百又軍民相姦者姦夫

陝西巡撫林則徐題本　永壽縣客民楊成潰等捉姦砍傷姦夫白到娃身死分別定擬

道光二十六年七月二十四日

姦婦各枷號壹箇月杖壹百各等語此案楊成
潰等聽從李大章糾往捉姦砍傷姦夫白到娃
身死查白到娃身受各傷惟楊成潰斧砍左腳
踝重至筋骨俱斷係屬致死重傷應以楊成潰
當其重罪楊成潰合依非應許捉姦之人為本
夫有服親屬糾往捉姦殺死姦夫無論是否登
時俱照擅殺罪人律擬絞監候例擬絞監候李
芳李丕順子均合依餘人律杖壹百折責發落
李鄭氏與白到娃通姦應照軍民相姦例枷號
壹箇月杖壹百係犯姦之婦杖決枷贖給本夫
領回聽其去留李大章刃傷伊媳姦夫例得勿
論白到娃與李鄭氏通姦本干例擬業已被毆

身死，應毋庸議。無干省釋。死者棺飭屬領埋。兇器
鐵斧隨招解驗。尖刀案結銷燬。是否允協，理合
造犯解候審轉。等情。到州。該乾州直隸州知州
常瀚審看無異，招解到司。該署陝西按察使張
集馨審看相同，具詳轉解到臣。隨提犯親訊。據
供與該縣州司所審無異。該臣看得永壽縣客
民楊成潰聽從李大章糾往捉姦，砍傷姦夫白
到娃身死一案。緣楊成潰籍隸高陵縣，自幼跌
傷左腿，不能力作，來至該縣小貿營生，與已死
白到娃同村居住，素識無嫌。白到娃常至村人
李大章家閒坐，李大章之媳李鄭氏見面不避。
道光貳拾伍年拾壹月間不記日期，白到娃乘

間與李鄭氏調戲成姦後非壹次並未給過錢
物李大章與子李催糧子均不知情拾貳月貳
拾日傍晚白到娃復至李鄭氏窯内約定晚間
前往姦宿正在說笑適李大章外回瞥見白到
娃隨即走回李大章心疑向李鄭氏再三盤問
李鄭氏不能隱瞞告知實情李大章氣忿起意
捉姦毆打使之畏懼不敢復來隨往向無服族
姪李芳李添順子並素好之楊成潰告知前情
央其幫捉李芳等均各允從楊成潰隨帶鐵斧
李芳攜木杠李大章李添順子徒手同至李大
章屋旁等候更餘時分果見白到娃走進李鄭
氏窯内李大章等一齊趕進喊捉白到娃即拔

身帶尖刀向李芳撲砍李芳閃避用木杠將刀
格落趁勢毆傷白到娃左肐肘連手腕白到娃
接住木杠拉奪李大章拾起尖刀連扎白到娃
兩臁肋連腳腕白到娃亂踢亂罵楊成潰閃至
白到娃背後用斧砍傷其左右腳踝倒地李添
順子在旁攔未動手李大章等回見白到娃傷
重隨各歇手詎白到娃延至次早殞命報驗獲
犯審認不諱詰非有心致死亦無起衅别故楊
成潰逃後雖無行兇為匪及知情容留之人此
案楊成潰等聽從李大章糾往捉姦砍傷姦夫
白到娃身死查白到娃身受各傷惟楊成潰斧
砍左腳踝重至筋骨俱斷係屬致死重傷應以

楊成潰當其重罪應如該縣州司所擬楊成潰
合依非應許捉姦之人爲本夫有服親屬糾往
捉姦毆死姦夫無論是否登時俱照擅殺罪人
律擬絞監候例擬絞監候李芳李添順子均合
依餘人律杖壹百折責發落李鄭氏與白到娃
通姦合依軍民相姦例枷號壹箇月杖壹百係
犯姦之婦杖決枷贖給本夫領回聽其去留李
大章刀傷伊媳姦夫例得勿論白到娃與李鄭
氏通姦本干例擬業已被毆身死應毋庸議無
干省釋理合具
題伏祈
皇上聖鑒勅下法司核覆施行再此案限期應以道

光貳拾陸年貳月初陸獲犯之日起該犯楊成
潰於肆月初陸日在監患病至伍月初柒日痊
愈除犯病壹箇月該縣由州至省貳百伍拾里
除程限伍日連閏扣至捌月拾壹日統限屆滿
合併陳明爲此具本謹
題請
旨

二五

陝西巡撫林則徐題本 永壽縣客民楊成潰等捉姦砍傷姦夫白到娃身死分別定擬

道光二十六年七月二十四日

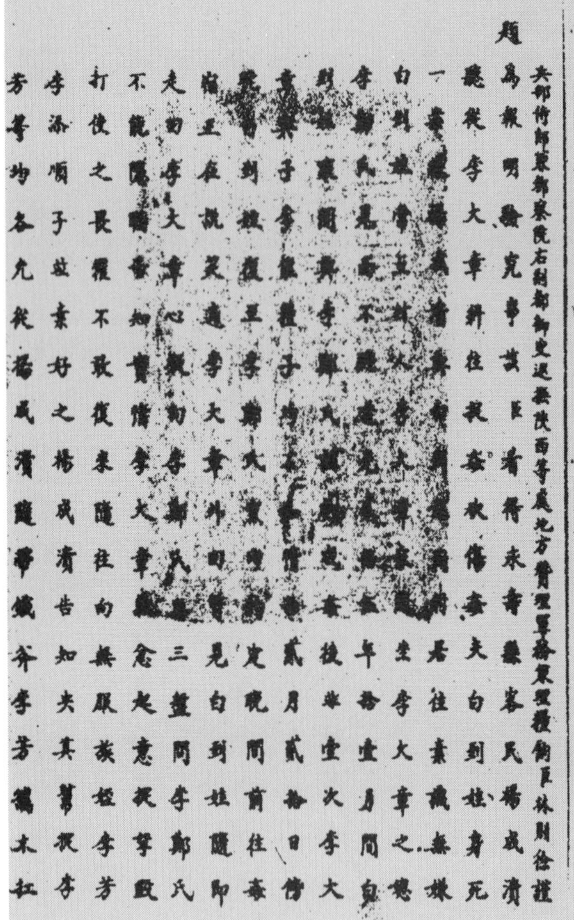

兵部侍郎兼都察院右副都御史巡撫陝西等處地方贊理軍務兼理糧餉臣林則徐謹
題為報明[illegible]究事。該臣看得永壽縣客民楊成潰
聽從李大章幫同捉姦砍傷姦夫白到娃身死
一案。[illegible]居住素識無嫌。
白到娃曾[illegible]堂李大章之媳
李鄭氏[illegible]年拾壹月間自
[illegible]後並無一次。李大
章[illegible]子[illegible]貳月貳拾日傍
晚[illegible]定晚間前往姦
宿[illegible]在說笑，適李大章外回[illegible]見白到娃隨即
走回。李大章心[illegible]三盤問李鄭氏，
不能隱瞞[illegible]如實情。李大章[illegible]念起意捉姦毆
打，使之畏懼不敢復來，隨往向無服族姪李芳、
李添順子並素好之楊成潰告知，央其幫同捉姦。李
芳等均各允從。楊成潰隨帶鐵斧，李芳攜木扛

道[illegible]兵部侍郎兼都察院右副都御史巡撫陝西等處地方贊理軍務兼理糧餉臣林則徐

李大章李添價子後手同至李大章屋旁等候
更餘時分果見白到娃走進李鄭氏房內李大
章等一齊趕進喊捉白到娃即欲身帶尖刀向
李芳撲砍李芳閃避用木扛將刀格落趁勢毆
傷白到娃左肐肘連手腕白到娃奪住木扛拉
奪李大章拾起尖刀連扎白到娃兩膁肋連腳
踠白到娃亂踢亂罵楊成潰閃至白到娃背後
用斧砍傷其左右腳踝倒地李添價子在旁並
未動手李大章等因見白到娃傷重隨各歇手
拒白到娃至次早殞命報驗獲犯審認不諱楊
成潰依來應許捉姦之人爲本夫有服親屬糾
往捉姦毆死姦夫無論是否登時俱照擅殺罪
人律擬絞監候謹
題
請
旨

上諭　著准林則徐所奏陝西鄠縣知縣沈壽曾與郃陽縣知縣陳煦對調

道光二十六年七月二十九日内閣奉

上諭林則徐奏知縣迴避本管知府揀員對調一摺陝西鄠縣知縣沈壽曾與鳳翔府知府白維清係屬兒女姻親自應照例迴避著照所請准其以沈壽曾調補郃陽縣知縣所遺鄠縣知縣員缺即以陳煦對調該部知道欽此

上諭 著林則徐嚴審究辦已革之陝西大荔縣典史薛謙

道光二十六年七月二十九日奉

旨這所參疏防監犯越獄之陝西大荔縣典史薛謙

著即革職拏問交林則徐提同刑禁人等嚴審確

情按律究辦大荔縣知縣熊兆麟是否奉委出境

著切實查明並届限能否將逸犯弋獲再行分别

辦理欽此

陝西巡撫林則徐奏摺 剿番蒙加軍功三級謝恩

林則徐 謝優敘恩由

奏 ○

八月十一日

陝西巡撫臣林則徐跪
奏為恭謝
天恩仰祈
聖鑒事竊臣接准部咨欽奉
上諭布彥泰等奏官兵剿辦番莊逆族四散酌量
撤兵一摺所辦迅速可嘉之至布彥泰林則徐調度有方
達洪阿身先士卒不辭勞瘁均著交部從優議敘
等因欽此旋經部議以一等軍功優敘之例各
給予軍功三級等
旨依議欽此欽遵行知到臣當即恭設香案望
闕叩謝
天恩訖竊臣於上年冬間仰蒙

聖主格外恩施

命臣陝甘提督並

諭以番務尤關緊要遇事即馳往經理迄本年三月

卸篆後復經奉

旨留於甘省會辦番案交卸遵

畀任感悚交深幸叨

訓示周詳俾獲遵循與署督臣布彥泰籌防堵

奸細激勵弁兵偵探賊蹤嚴防卡隘雜治邊

安靜已閱半載有餘但各番種類紛繁皆

以搶掠為技能以牲畜為性命實患無常

永遠之策惟切就三百里錯寺一處因其

積慣兇殺蒐於僅過問幸當

諭旨使其畏害殲厥渠魁始得仰藉
皇威盡情遠遁臣雖會商調度已屢奉機宜既
乏煙塲戎馬之勞更無帷幄運籌之策乃
一長莫効濫叨
甄敘之隆復荷三級同加之渥茲
恩慈之俯逮感深淪髓慄切汗顏臣惟有恪供職
守倍矢慎勤冀以稍酬
高厚生成於萬一所有微臣感激下忱理合繕摺叩
謝
天恩伏乞
皇上聖鑒謹
奏

道光二十六年八月十七日奉

硃批 知道了欽此

八月初五日

陝西巡撫林則徐奏摺 剿番蒙加軍功三級謝恩

道光二十六年八月初五日

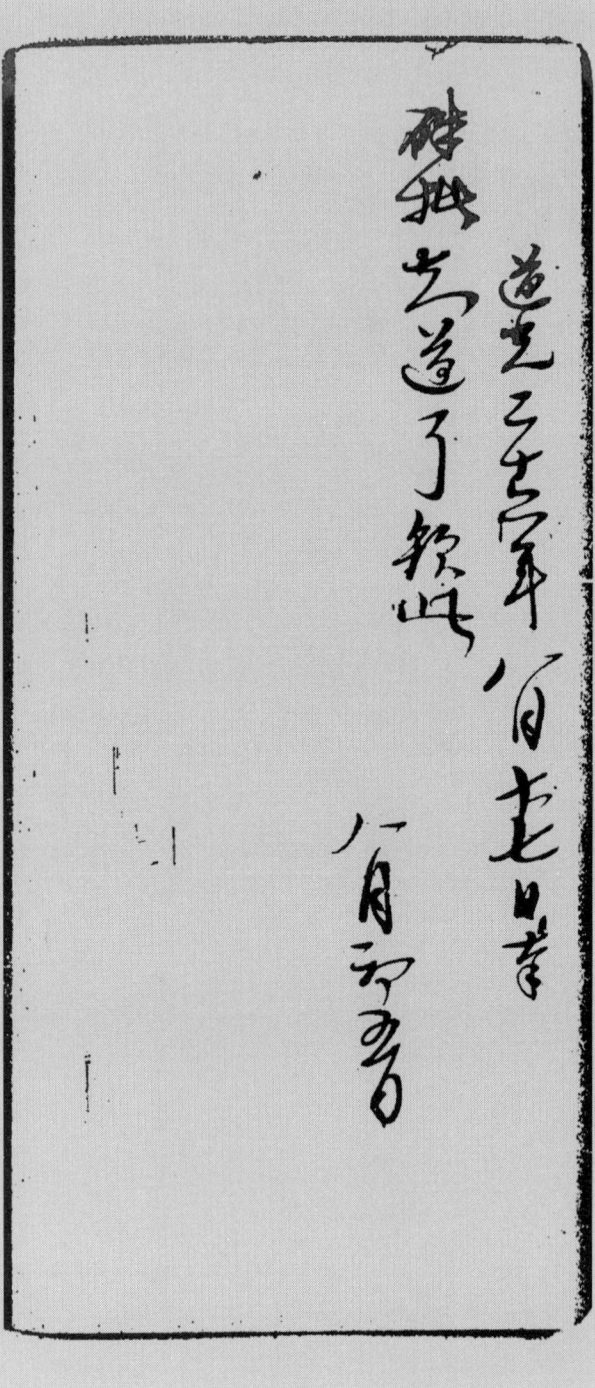

陝西巡撫林則徐奏摺　盤查司道庫貯銀錢無虧挪情弊

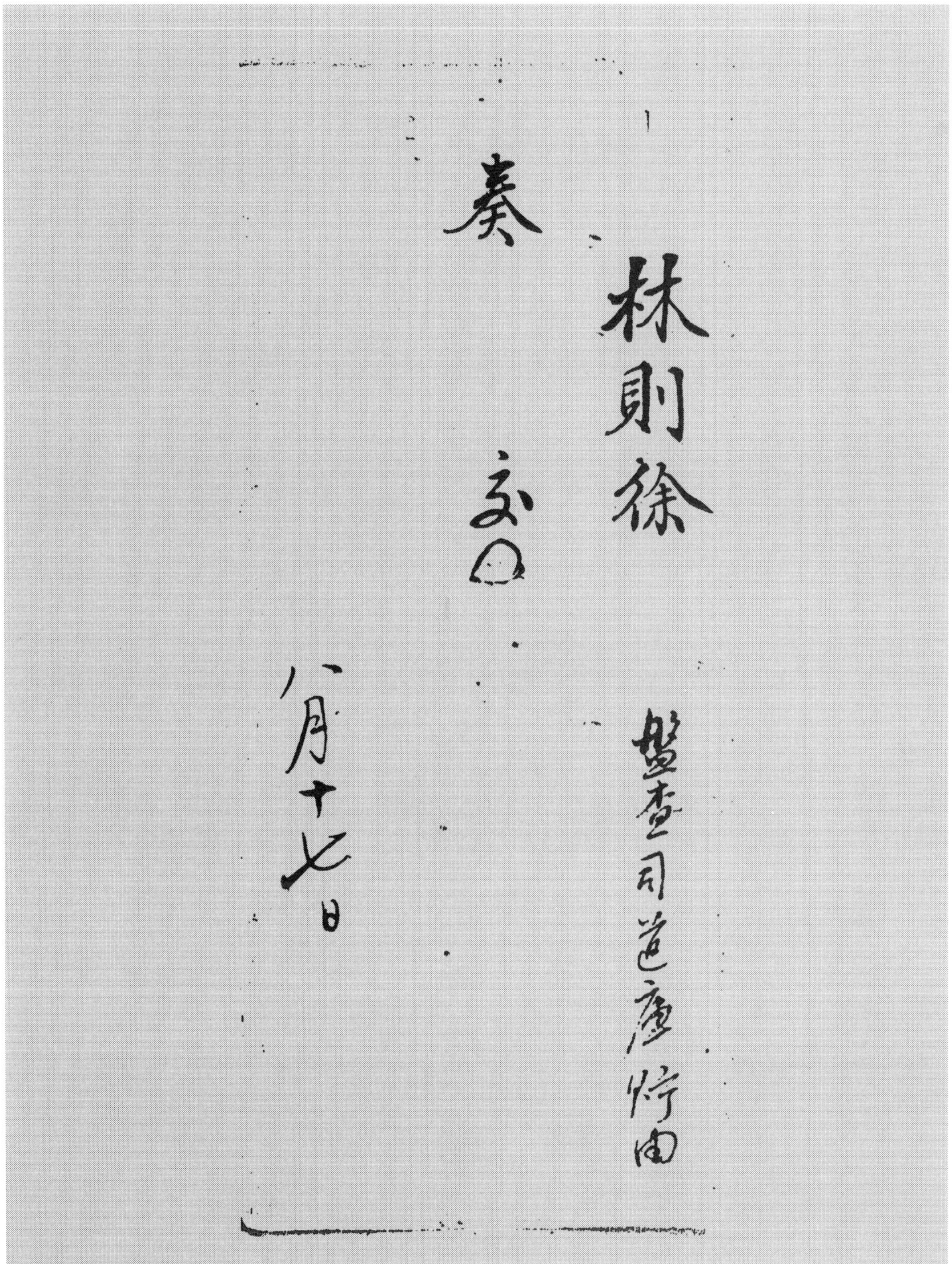
林則徐
盤查司道庫貯由
奏
八月十七日

陝西巡撫林則徐奏摺　盤查司道庫貯銀錢無虧挪情弊
道光二十六年八月初五日

二五　陝西巡撫林則徐奏摺　盤查司道庫貯銀錢無虧挪情弊　道光二十六年八月初五日

陝西巡撫林則徐跪

奏為盤查司道庫貯銀錢遵例奏

聞仰祈

聖鑒事竊照督撫到任例應將司道庫貯銀錢親

歷盤查又司庫每屆地丁耗羨奏銷及藩司糧

道兩庫後任接收交代均應盤查一併報歷經遵辦

在案茲臣蒙

恩補授陝西巡撫于道光二十六年七月初九日到任

時在奏銷地丁耗羨之際又值藩司[illegible]回任

接收前署藩司唐樹義交代並督糧道陳集

廣回任接收前署糧道崇倫交代均應併案盤

查辦理隨即飭該司道各將庫貯銀兩錢文

分晰造册呈送前來。臣親詣各庫挨款盤
驗，省藩庫正雜款項，截至道光二十六年七月
初九日止，共實貯銀一百六十萬八千六百二十一兩
零，錢五萬一千一百二十四串零；道庫共實貯
銀一萬七千五百五十兩零，經臣逐一彈兌，銀數均屬
相符，並無虧挪情弊。除循例于藩司回任接
收交代案內另行出結具
題外，理合將盤查司道庫貯銀錢緣由恭摺具
奏，伏乞
皇上聖鑒。謹
奏。
道光二十六年八月十七日奉

硃批戶部知道欽此

八月初五日

陝西巡撫林則徐奏摺

寶鷄縣估修神農皇帝等祠宇動支庫貯陵租銀數

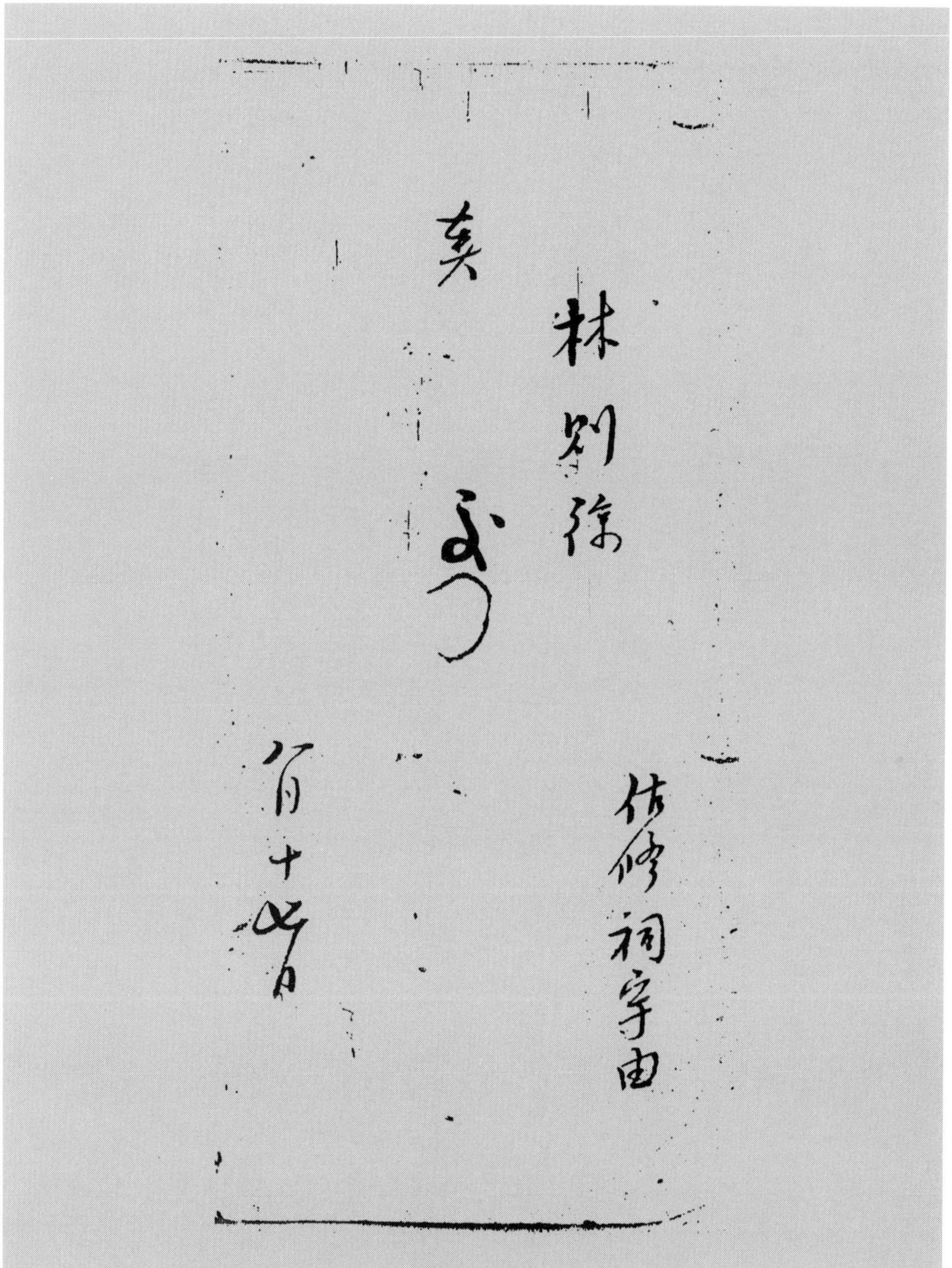
估修祠宇由
林則徐
奏
奏
月十四日

陝西巡撫臣林則徐跪

奏為估修祠宇動用本款陵租照例奏

聞仰祈

聖鑒事竊據寶雞縣詳修

神農皇帝等祠一案經前署撫臣批司委勘詳辦去

後茲據署藩司庇樹義詳據鳳翔府知府白維

清稱據委員鳳翔縣知縣易世澤會同寶雞

縣知縣李夢異勘明該縣東關舊有

神農皇帝祠一座正殿三間獻殿三間左右廊房四

座共計一十二間又照壁一座又於東南距城七

十里之磻溪於中山麓建有

太公祠一座正殿三間獻殿三間左右廊房十二

向北正殿一座以及
文王殿三間自乾隆四十六年及五十年興修後迄
今六十餘載久未逾因而一切房間木料朽腐磚
瓦動碎牆壁傾裂亟須拆補倘遲甚自應修整
以昭誠敬而重祀典並經該府親履復勘實係
不可再緩之工逐一撙節確估共需工料銀一千
八百九十四兩零造具估冊加具印勘各結由
司核明並將所需工料銀兩請在西備修理陵
墓庫貯存徵解陵租銀內動支具詳請
奏到臣當經覆核飭據該廳移查去後茲查上年恭逢
皇太后七旬萬壽欽奉
恩詔內開歷代帝王陵寢祠宇有損壞者該督撫察

明具奏修葺等因欽此今前項祠宇既因年久俱
經損壞確實勘估請修查現有庫款銀兩可動未
便拘泥停修後自應照案
奏明妥理工竣委勘核實造冊責令保固除將估
計冊結另疏具
題送部查核外謹將動庫貯陵租銀兩修理
祠宇緣由理合循例恭摺具
奏伏祈
皇上聖鑒謹
奏
道光二十六年八月十三日奉
硃批工部議奏欽此
八月初五日

大學士管理户部事務潘世恩等題本 題撥前署陝甘總督林則徐請撥甘省道光二十五年兵馬銀糧

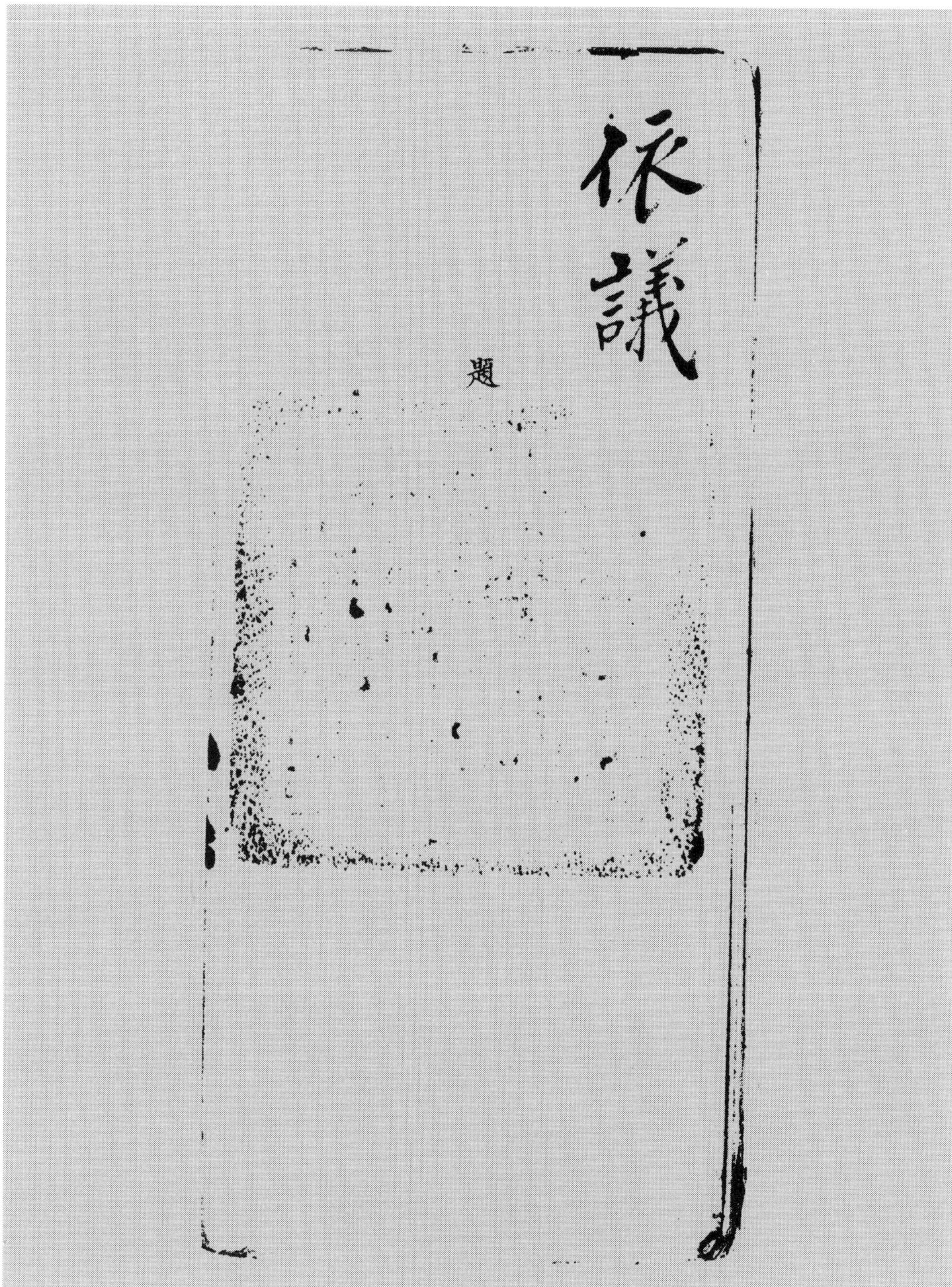
依議
題

大學士管理户部事務潘世恩等題本 題撥前署陝甘總督林則徐請撥甘省道光二十五年兵馬銀糧 道光二十六年八月初七日

太子太保大學士管理户部事務臣潘世恩等謹
題為酌撥等事户科抄出前署陝甘總督林則徐
將甘肅省道光貳拾伍年皋蘭縣等處原估各
營兵馬銀糧草束請在倉貯糧内改撥供支一案
道光貳拾陸年貳月初捌日題伍月初陸日奉
旨該部議奏欽此欽遵於本日抄出到部
該臣等查得前署陝甘總督林則徐疏稱據甘
肅布政使實清詳稱查得皋蘭洮州武威紅水
等廳縣縣丞各詳稱該處駐劄各營驛兵馬道
光貳拾伍年原估銀糧草束或因額徵未徵足
數或因倉廒存貯不敷供支各請改撥倉貯撥

二五　大學士管理户部事務潘世恩等題本　題撥前署陝甘總督林則徐請撥甘省道光二十五年兵馬銀糧

道光二十六年八月初七日

運額徵糧石並應扣建曠草束以及新增地丁
銀兩前來均經隨時逐案詳請咨部在案除將
改撥前項銀糧草束統入甘省道光貳拾伍年
兵馬奏銷案內造報外相應照例彙詳呈請具
題前來臣覆覈無異相應具題等因前來
查甘肅省道光貳拾伍年各屬原估各營兵馬
銀糧草束先據陝甘總督咨報蘭州城守營道
光貳拾伍年兵糧內估撥皋蘭縣倉貯河州撥運
買獲盤查案内前任李清傑原虧嘉慶拾捌年
鎮番縣撥運倉斗小麥貳千石據該縣詳稱倉
貯河州撥運倉斗小麥伍千石內除估撥蘭州
城守營道光貳拾貳年兵糧倉斗小麥壹千柒

百肆拾柒石伍斗柒升壹合壹勺督標蘭營道
光貳拾肆年兵糧倉斗小麥叁千石只實貯倉
斗小麥貳百伍拾貳石肆斗貳升捌合玖勺照
數供支外尚不敷倉斗小麥壹千柒百肆拾柒
石伍斗柒升壹合壹勺請在倉貯道光貳拾年
西寧縣撥運買穫盤查案内撥運省倉糧内改
撥供支又洮岷協營道光貳拾伍年兵糧内估
撥洮州廳應徵道光貳拾肆年額徵倉斗青稞
貳百壹拾壹石陸斗肆升叁合叁勺據該廳詳
稱前項奉估兵糧只徵獲倉斗青稞貳拾陸石
貳斗壹升貳合照數供支外尚不敷倉斗糧壹
百捌拾伍石肆斗叁升壹合叁勺請在道光貳

拾肆年額賦倉斗大豆内改撥供支又涼州滿
營道光貳拾伍年馬草内估撥武威縣應扣滿
營道光貳拾肆年建曠麥草五萬束據該縣詳
稱涼州滿營道光貳拾肆年兵馬奏銷冊造止
扣回建曠麥草四萬九千九百四十九束八分
四釐照數供支外尚不敷草五十束一分六釐
請在應扣滿營道光貳拾伍年建曠麥草内改
撥供支業經該督詳請咨部在案今據陝甘總
督將臯蘭縣等處改撥各營兵馬糧料草束循
例具題到部臣部查臯蘭縣等處改撥糧料草
束數與咨報原案相符應令該督轉飭造入道
光貳拾伍年兵馬奏銷冊内送部覈銷外至蘭

州府屬寬三二驛原額夫馬道光貳拾伍年工料銀兩内估撥紅水縣丞應徵道光貳拾伍年舊額地丁正項銀壹百伍拾玖兩柒錢壹分柒釐據該縣丞詳稱前項應徵銀壹百伍拾玖兩柒錢壹分柒釐内有武生宋長春等開墾海子灘荒地額徵銀伍兩叁錢伍分玖釐該生等開墾之地實在平番縣界内業經詳明改歸平番即於道光貳拾伍年陞科納糧所有寬三二驛原額夫馬工料留支不敷銀伍兩叁錢伍分玖釐請在徵獲道光貳拾伍年新增地丁正項銀内改撥留支等語查平番縣等處道光貳拾伍年開墾地畝應徵新增地丁銀糧未據該督題

報到部應令該督即飭題報陞科所有蘭州府
屬寬三二驛原額夫馬工料留支不敷銀伍兩
叁錢伍分玖釐並令該督在於該縣閑款項下
改撥供支此案於道光貳拾陸年伍月初陸日
科抄到部兹於捌月初柒日辦理具
題合併聲明臣等未敢擅便謹
題請
旨

道光[illegible]年八月初七日[illegible] 臣潘世恩

經筵講官[illegible]都統 臣賽尚阿

[illegible]房行走 臣祁寯藻

左侍郎兼管三庫事務[illegible] 臣柏葰 差

刑部侍郎署户部左侍郎兼管三庫事務[illegible] 臣麐福

左侍郎兼管三庫事務 上書房行走 臣賈楨

右侍郎兼管錢法堂事務[illegible] 臣花沙納

經筵講官右侍郎兼管錢法堂事務 上書房行走 臣徐士芬 差

署户部右侍郎兼管錢法堂事務 臣朱鳳標

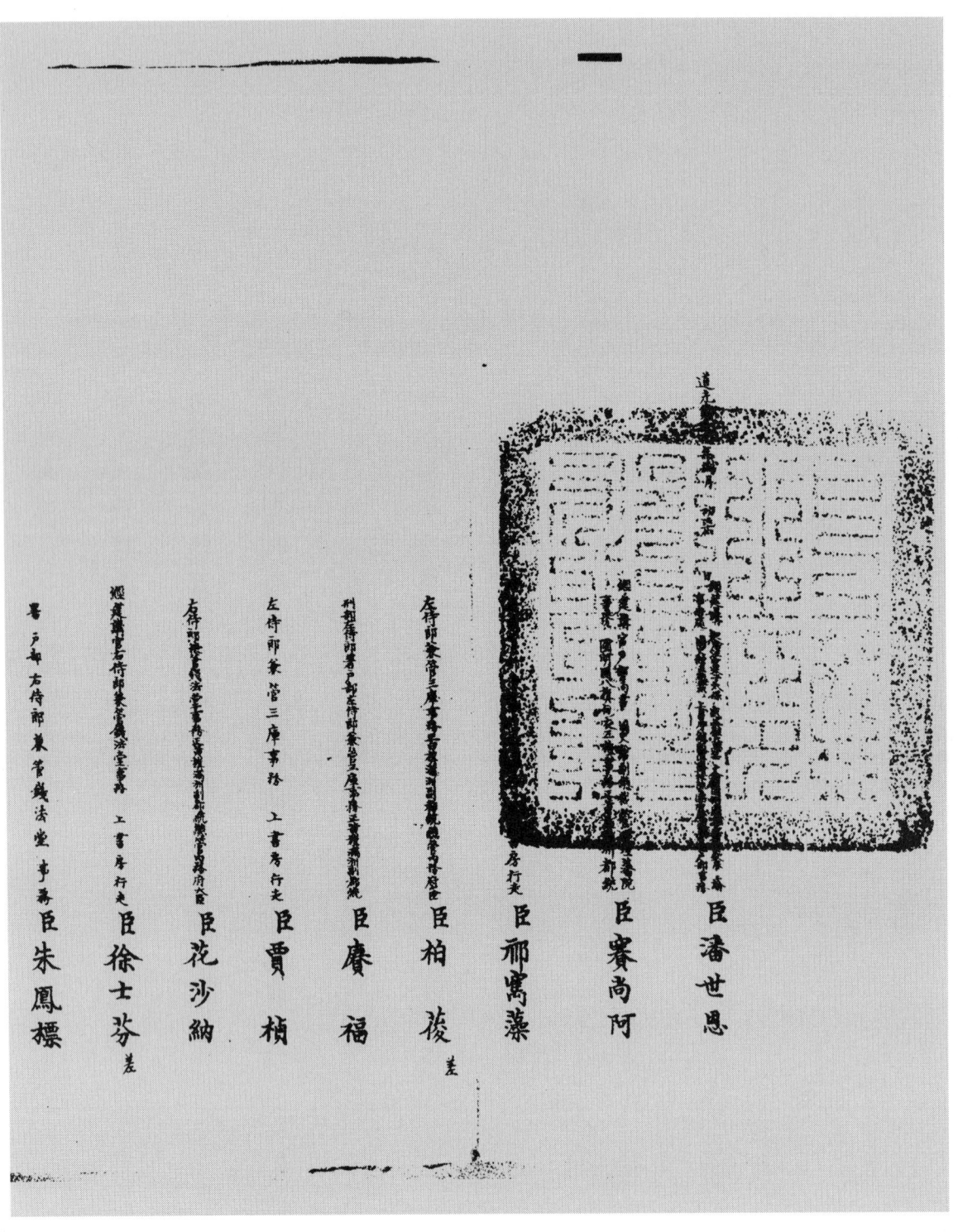

陝西清吏司郎中臣常思
郎中臣全順
郎中臣王楗
員外郎臣慧成
員外郎臣春暉
員外郎臣扎克當阿
員外郎臣李應昌
員外郎臣白讌卿
主事臣玉慶
主事臣張銘謙
額外主事臣額爾登布
額外主事臣丁守存

額外主事臣翁學濬

額外主事臣錢寶青

額外主事臣石元珪

額外主事臣郭夢惠

陝西巡撫林則徐奏片

請以候補道程德潤接署潼商道印務

林則徐片

再，臣接准吏部咨，欽奉

上諭：山東鹽運使員缺，著劉源灝補授。欽此。當經轉行。所遺潼商道印務，應即委員接署，以便劉源灝交卸起程，前赴新任。查有候補道程德潤，前任甘肅藩臬兩司，堪以委令署理。除檄飭遵照外，理合附片陳明，伏乞

聖鑒。謹

奏。

道光二十六年八月十七日奉

硃批：覽。欽此。

陝西巡撫林則徐奏片　**降調編修胡林翼請援照成案改捐中書並捐陞知府**

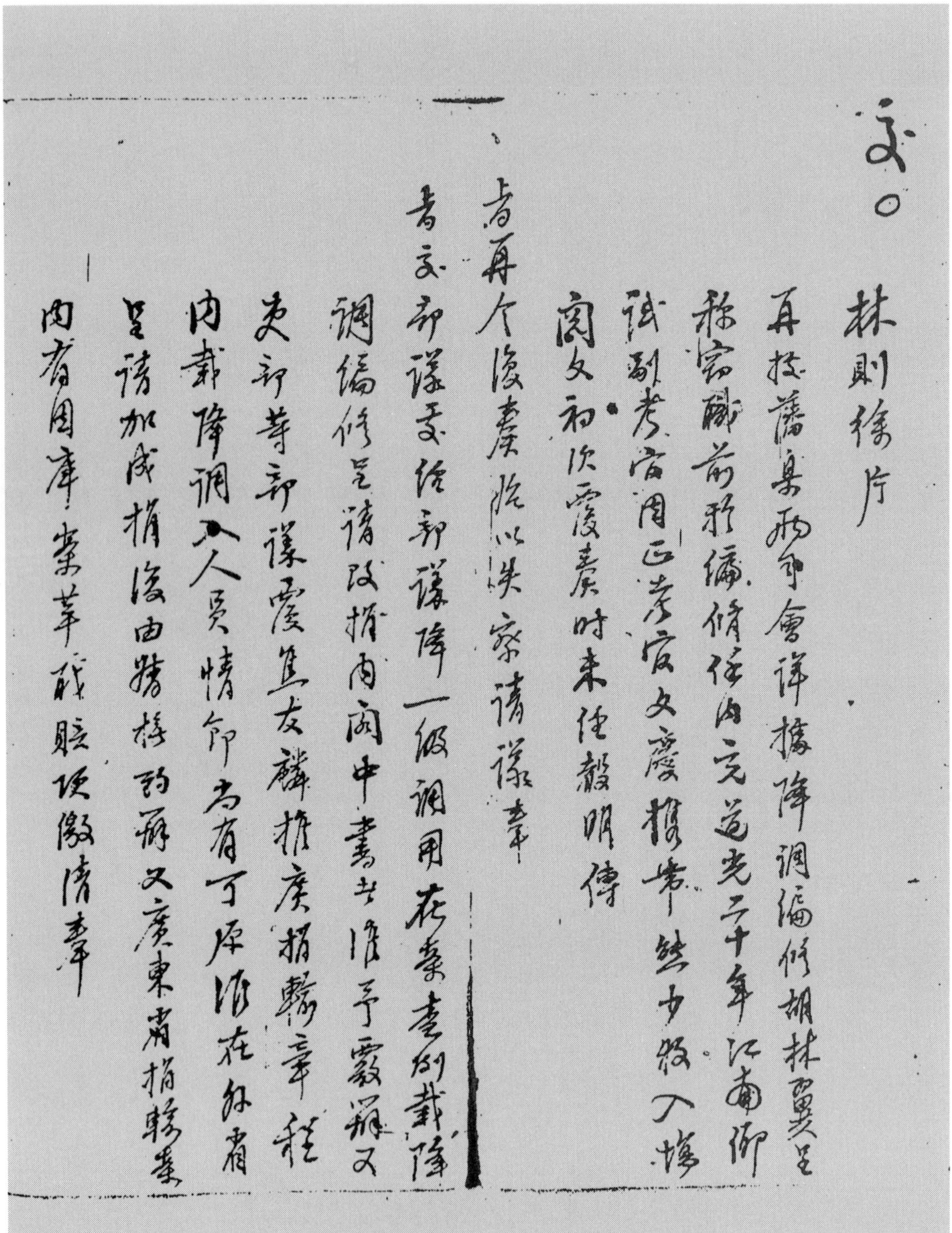

奏。

林則徐片

再，據藩臬兩司會詳，據降調編修胡林翼呈
稱，竊職前於編修任內，充道光二十年江南鄉
試副考官，因正考官文慶攜帶舉人熊少牧入場
閱文，初次覆奏時未經聲明，傳
旨再令復奏，文慶始以洪家請議奏。
旨交部議處，經部議降一級調用，在案。查例載降
調編修呈請改捐內閣中書者，准予議敘。又
吏部等部議覆，莫友麟於捐廣捐輸章程
內載降調人員情節尚有可原，准在外省
呈請加成捐復，由籍捐輸河南又廣東肅捐輸案
內有因庫案革職賠項繳清奏

旨以主事用，嗣於任肇慶府知府趙長齡呈請捐陞
知府並捐升道員指省分發廣東，隨又部議胡
林翼前被議降調之案，並非本員自
犯私罪及情願遵例繳銀一千二百十兩，又加五
成銀六百五兩，對品改捐內閣中書，並請援照趙
長齡捐復捐升之案，遵例再繳銀八千三百三
十兩捐升知府，又繳捐免保舉指省分發銀
四千六百八十六兩，以知府分發貴州試用等情，
由司具詳請
奏前來。臣查胡林翼降調原案，並非該員自犯
私罪，覈與
奏定章程情節尚有可原加成捐復之語似屬相

陝西巡撫林則徐奏片　降調編修胡林翼請援照成案改捐中書並捐陞知府

道光二十六年八月十七日

符改援捐輸銀一萬四千八百三十三兩未逾限
其急公報効之忱係援照部查覈外相應
遵照原定章程附奏請
旨勅下吏部查明該員原案如係例准加成捐復
即請援照趙長齡捐復捐陞併錄之案准其對
品改捐中書並捐陞知府分發貴州試用俟
奉到部覆准行後再行給咨該員照例
赴部引
見謹附片具
奏伏乞
聖鑒謹
奏

道光二十六年八月十七日奉

硃批該部議奏欽此

陝西巡撫林則徐奏片 降調編修胡林翼請援照成案改捐中書並捐陞知府

道光二十六年八月十七日

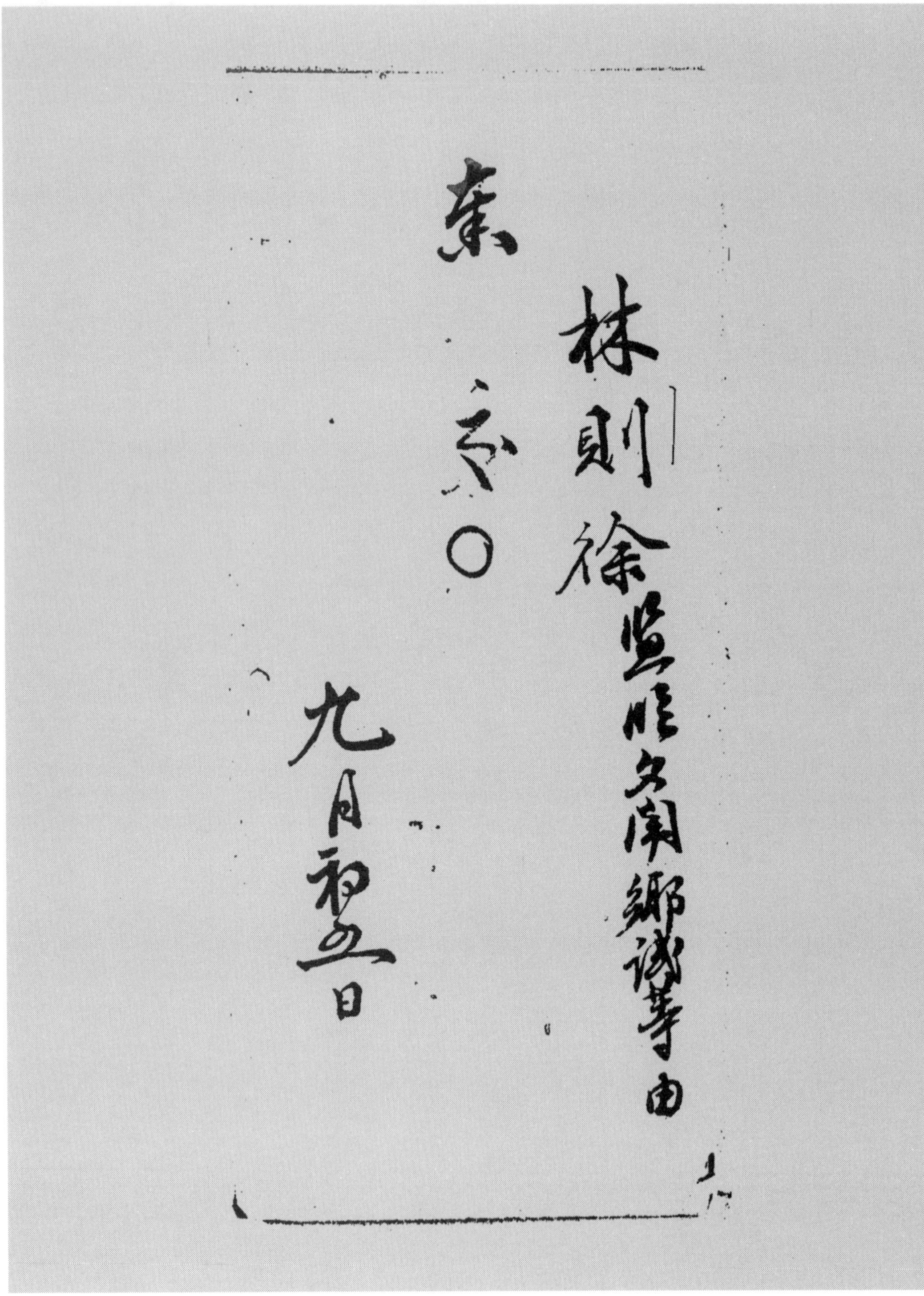
林則徐監臨文闈鄉試等由
奏 交〇
九月初五日

陝西巡撫林則徐奏摺 **監臨文闈鄉試暨駐防翻譯情形**

陝西巡撫林則徐奏摺　監臨文闈鄉試暨駐防翻譯情形
道光二十六年八月二十四日

陝西巡撫臣林則徐跪

奏，為監臨文闈鄉試暨駐防繙譯事竣，恭摺奏

聞，仰祈

聖鑒事。竊照本年丙午科陝甘文闈鄉試，應調內簾官二

十一員，先經署陝西巡撫布政使臣祐康照例於陝甘兩省分別

檄調，並考選四十二員，先于十年通判、舉積特分發人員詳加甄選與

實缺人員，一俟兆當臣到任後，即於八月初四日傳齊調到各員，在

省中嚴密面試，擇其文理優長者派令分校，計同考官十

員，內陝甘兩省實缺知縣共六員，尚不敷三員，以先補盩厔

知縣知縣蔡鳳岐、候用知縣趙林成、大挑知縣潘泰壽一體派

充。臣隨於初六日照例入闈，辦理監臨事務，計兩省入場士子

共七千四百餘名，三次點名，搜檢歸號，散題以至收卷，放牌，並不

循規蹈矩，極其恬靜。臣屢見各省鄉闈，其士習之醇謹，實
以陝甘為最。至三場畢後，應揀（試）驗駐防繙譯生。准西安、寧夏將
軍、涼州副都統咨送應試旗生共二十八名前來，即照例於八
月十七日點進貢院，隨由內簾恭領
欽命題紙在闈中嚴密妥防，謄寫刊刻，十八日發給士子，十九日交卷
出場。即揭出文闈所經□檢嚴事，隨將繙譯試卷二
十八本逐一彌封，總包鈐印，於試畢次日交付本員，即行封發
禮部，另外詳有原摺。
欽頒繙譯鄉試題紙六道，並
硃書三件，謹於以次隨摺恭繳。其文闈三場試卷，業經
臣督同闈內各員陸續解送內簾，於二十一日全行送竣。臣
即於是日出闈回署，籌辦事件，當提調監試兩道交去

陝西巡撫林則徐奏摺 監臨文闈鄉試暨駐防翻譯情形
道光二十六年八月二十四日

闈內稽查彈壓以昭慎重謹將監臨闈務情形循
例繕摺具
奏伏乞
皇上聖鑒謹
奏
道光二十六年九月初四日奉
硃批 禮部知道欽此
八月二十四日

陝西巡撫林則徐奏摺　奏報陝西省道光二十六年七月中旬至八月雨水田禾情形

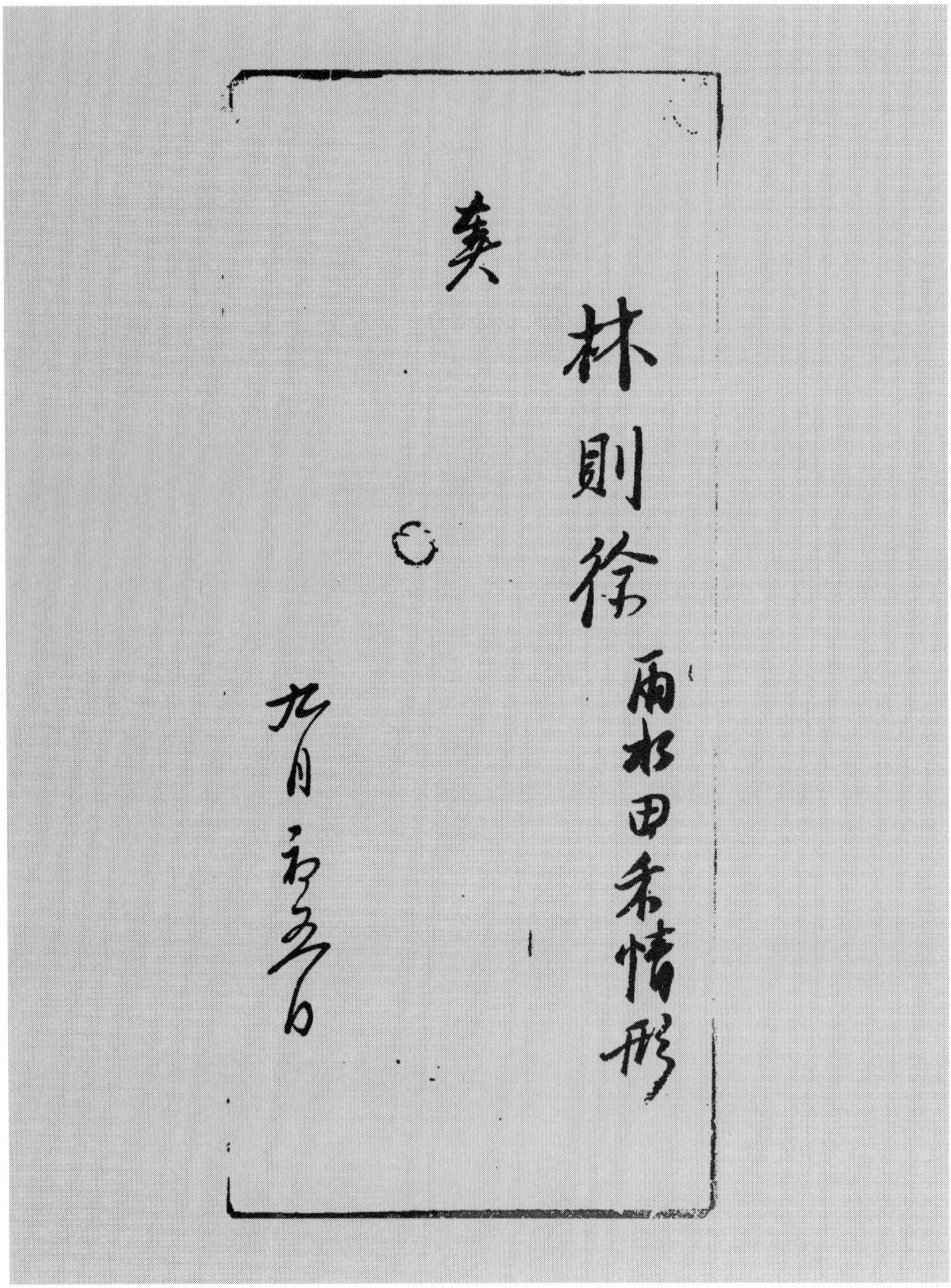
林則徐
雨水田禾情形
奏
九月初五日

陝西巡撫林則徐奏摺 奏報陝西省道光二十六年七月中旬至八月雨水田禾情形 道光二十六年八月二十四日

陝西巡撫臣林則徐跪
奏為恭報雨水田禾情形仰祈
聖鑒事竊照陝省各屬六月內暨七月上旬雨水情
形業經臣恭摺具
奏在案茲據西安延安鳳翔漢中榆林同州興安
商州乾州邠州鄜州等府州屬陸續具報七月十二
十八九二十二十一並八月初一二等日先後
得雨二三四寸不等查本年入秋以後天時仍
熱地土易乾南山雨水應時秋禾均極茂盛而
平原一帶僅得數次小雨猶未普霑優渥所種
秋禾鮮能及時長發第民間向以麥收為重秋
糧偶形歉薄於民食尚屬無礙所有市肆糧價

亦尚不至昂貴惟節逾秋社正播種二麥喫緊
之時待澤孔殷迭經設壇祈禱茲省城於八月
二十日戌刻得雨越至次日丑刻止入土三寸
目下飭委查附近州縣大略相同雖因田地久乾
易於消涸尚未見十分透足然土脈已經滋潤
即可翻犁播種不至失時四境安帖民情歡悅
堪以仰慰
宸懷至北山之神木府谷二縣種秋秋禾向已被旱
咸歉之處亦經飭司委員確切履勘應否量
加調劑容俟稟到另摺陳
奏謹將七月分各屬糧價數目繕清單恭呈
御覽伏乞

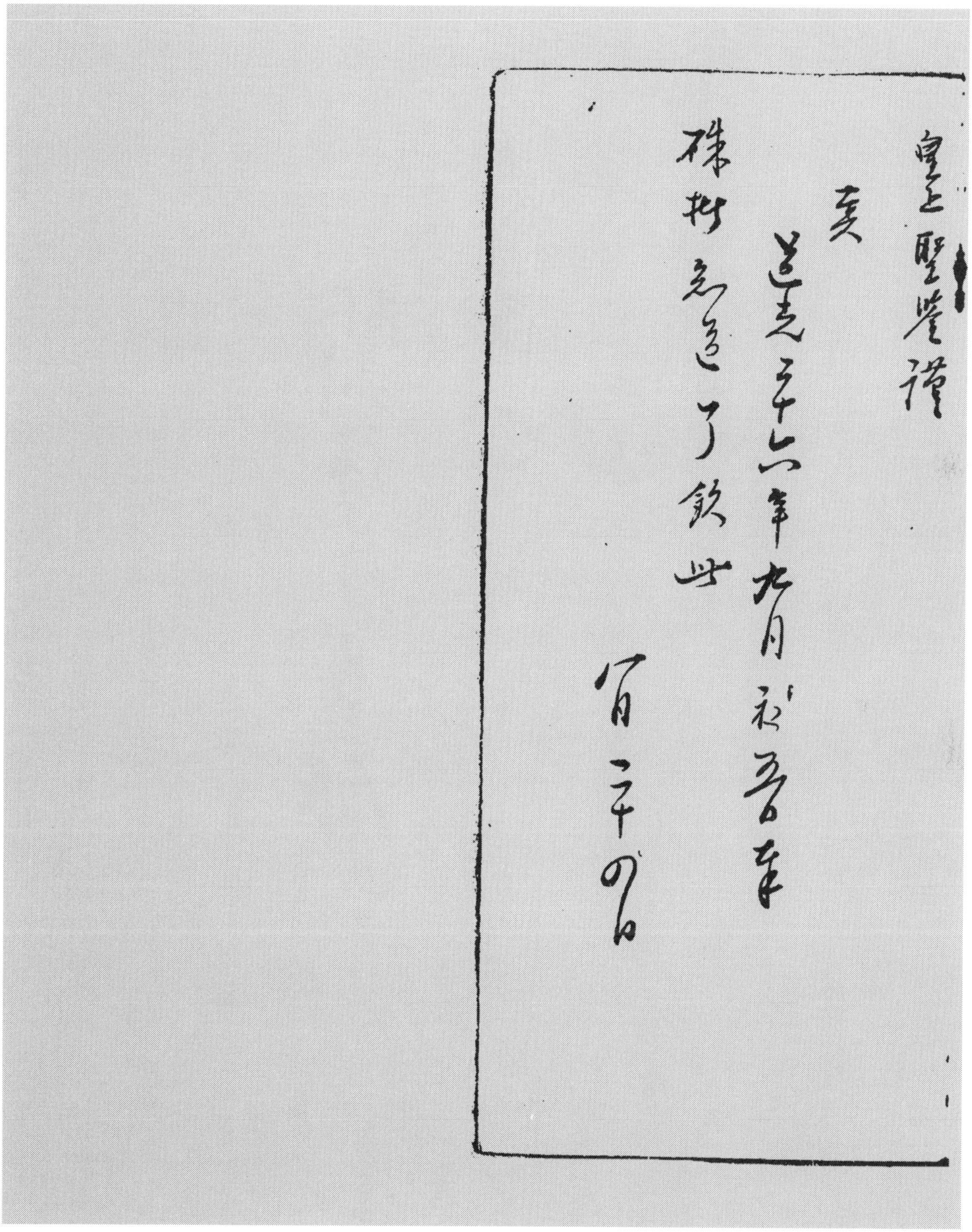
皇上聖鑒謹
奏
道光二十六年九月初五日奉
硃批知道了欽此
八月二十四日

陝西巡撫林則徐奏片 **奏報陝西省道光二十六年七月份收捐監生銀數**

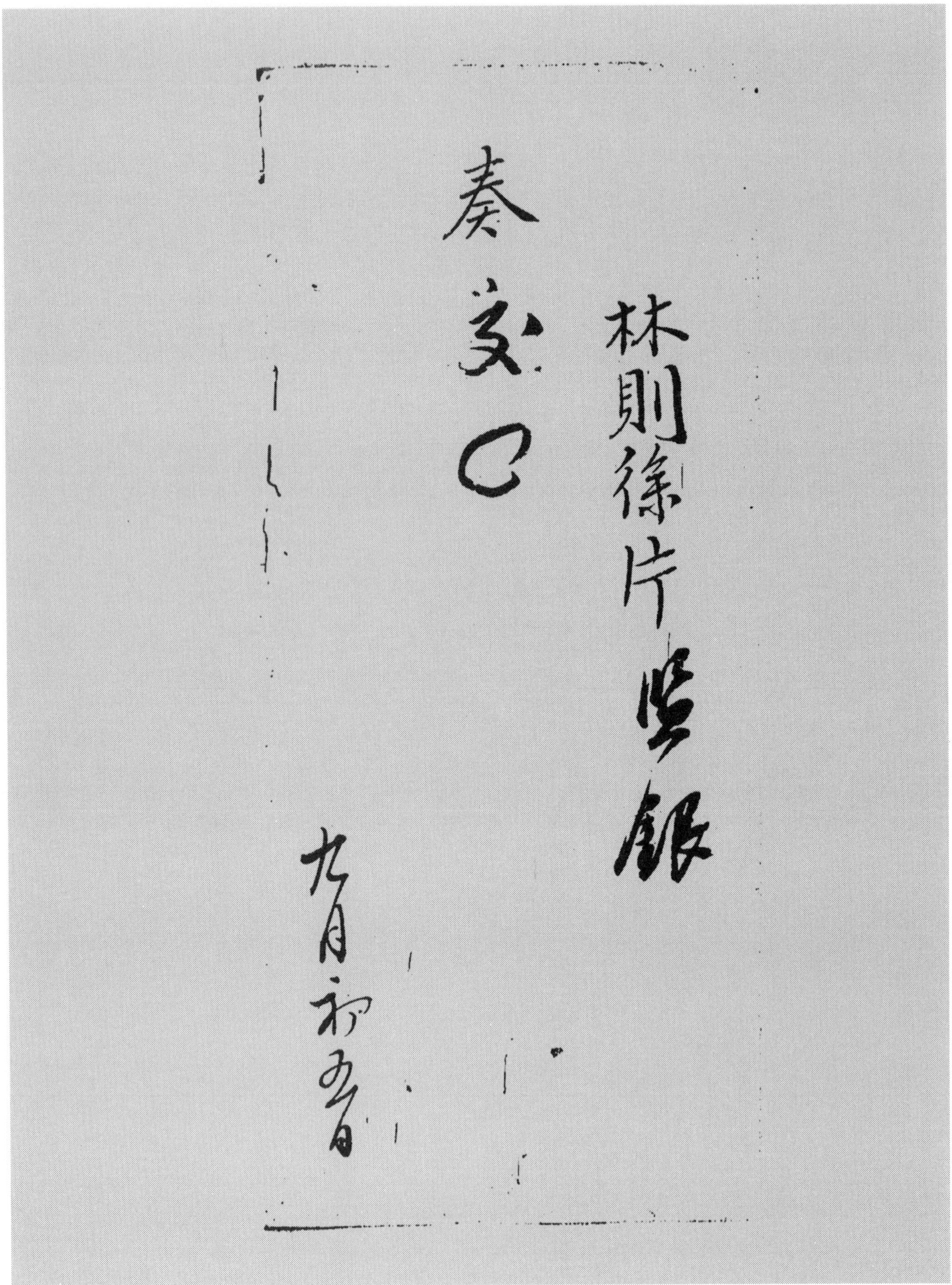

陝西巡撫林則徐奏片　奏報陝西省道光二十六年七月份收捐監生銀數

道光二十六年八月二十四日

再查陝省收捐監生銀兩截至道光二十六年
六月底止共存銀一萬六千二百六兩業經具附
片
奏明在案今七月分又報捐監生一千七名收銀司
庫銀一千八百三十六兩連前共實存銀一萬
八千四十二兩理合循例附片奏
聞謹
奏
道光二十六年九月初五日奉
硃批户部知道欽此

陝西巡撫林則徐奏摺 前任漢中鎮總兵伍魁英進京陛見途次西安患病請回籍調理

道光二十六年八月二十四日

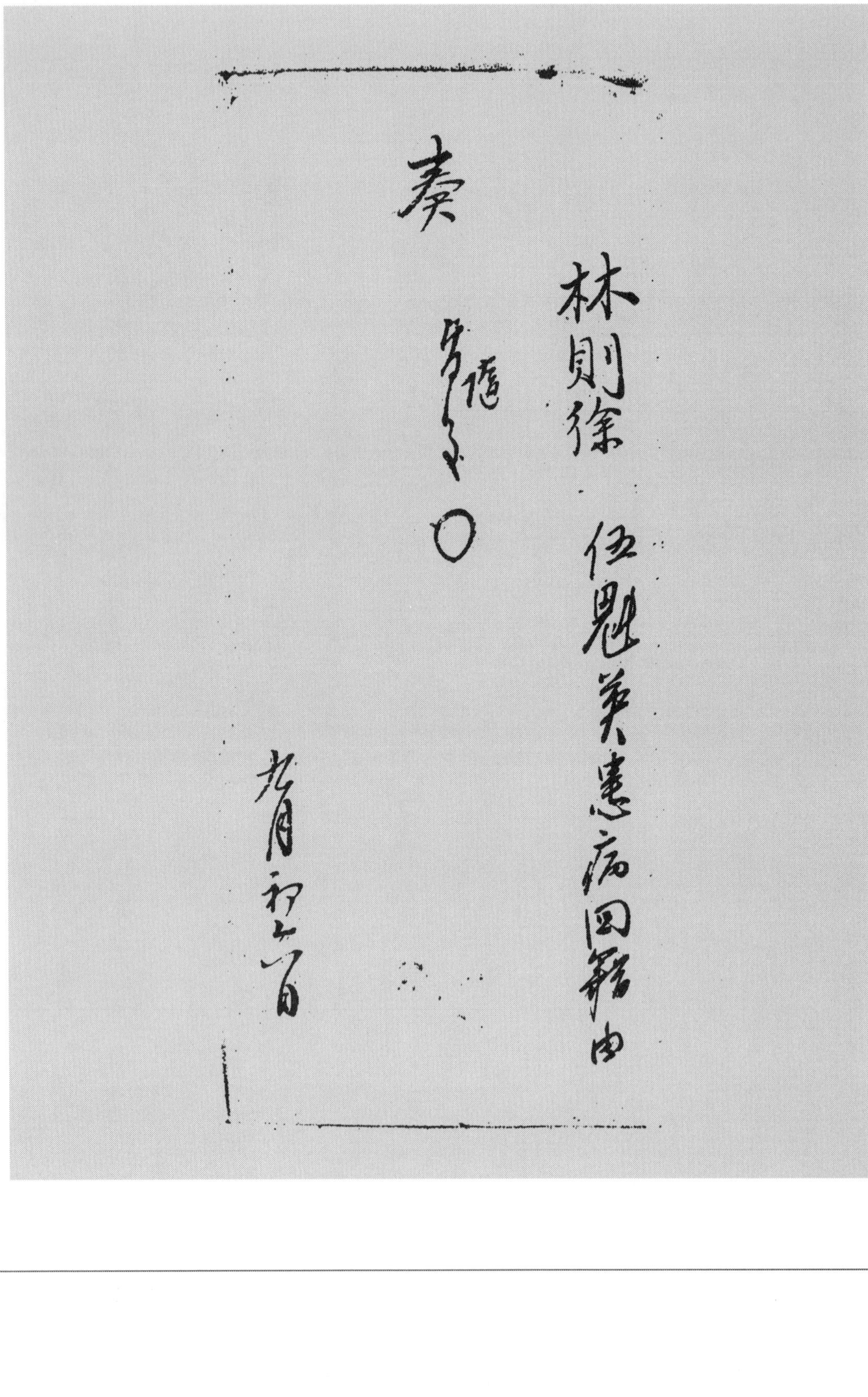

林則徐 伍魁英患病回籍由

奏

知道了〇

八月初六日

陝西巡撫林則徐奏摺 **前任漢中鎮總兵伍魁英進京陛見途次西安患病請回籍調理**

陝西巡撫林則徐奏摺 前任漢中鎮總兵伍魁英進京陛見途次西安患病請回籍調理 道光二十六年八月二十四日

陝西巡撫臣林則徐跪
奏為總兵在途患病委驗屬實恭摺覆奏事
竊臣前准署藩司錫康轉准西安府具詳報有任漢中
鎮總兵伍魁英奉
旨來京陛見隨將署務交代清楚束裝起程適因舊有
筋骨疼痛病症復發沿途服藥後程行走維艱因
長路受風日覺增劇於行抵西安省城益加沉
重難以前進是以在途地方官呈懇轉詳照例委驗
並懇代
奏回籍調理等情臣在文闈監臨當經檄委臬司唐
樹義前往驗視該鎮委因舊疾復發患形瘦憔
悴步履艱難並無捏飾情弊出具印結詳覆前來

陝西巡撫林則徐奏摺　前任漢中鎮總兵伍魁英進京陛見途次西安患病請回籍調理

道光二十六年八月二十四日

再，臣查漢鎮伍魁英欽奉

諭旨赴京陛見，已出省。

簡放青海總鎮，業經到任。伍魁英現患病症，驗明實係沉重，碍難調理就痊。除咨明督臣布彥泰外，查前有陝安鎮總兵任果邦行至西安省城患病不能前進，經前撫臣代

奏在案。今伍魁英患病屬實，懇請回籍調理，可

否仰邀

恩允之處，恭候

諭旨遵行。所有據報總兵患病，照例委驗屬實緣由，謹附片具

奏。伏乞

皇上聖鑒訓示謹

奏

道光二十六年九月初四日奉

硃批　欽此

八月二十四日

陝西巡撫林則徐題本　**報明甘肅中衛縣知縣李懷庚嗣父病故丁憂日期**

吏部知道

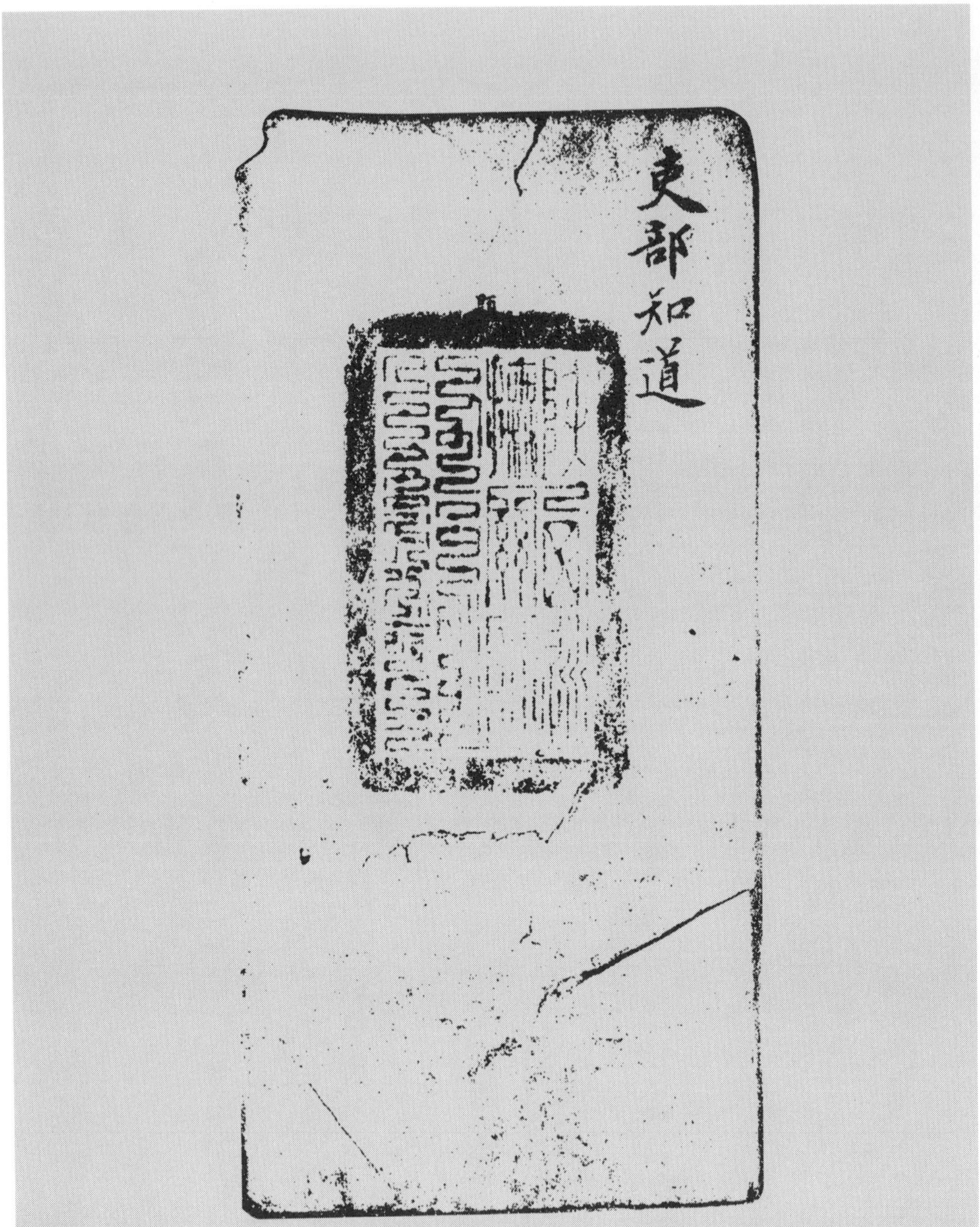

二五

陝西巡撫林則徐題本 報明甘肅中衛縣知縣李懷庚嗣父病故丁憂日期 道光二十六年八月二十四日

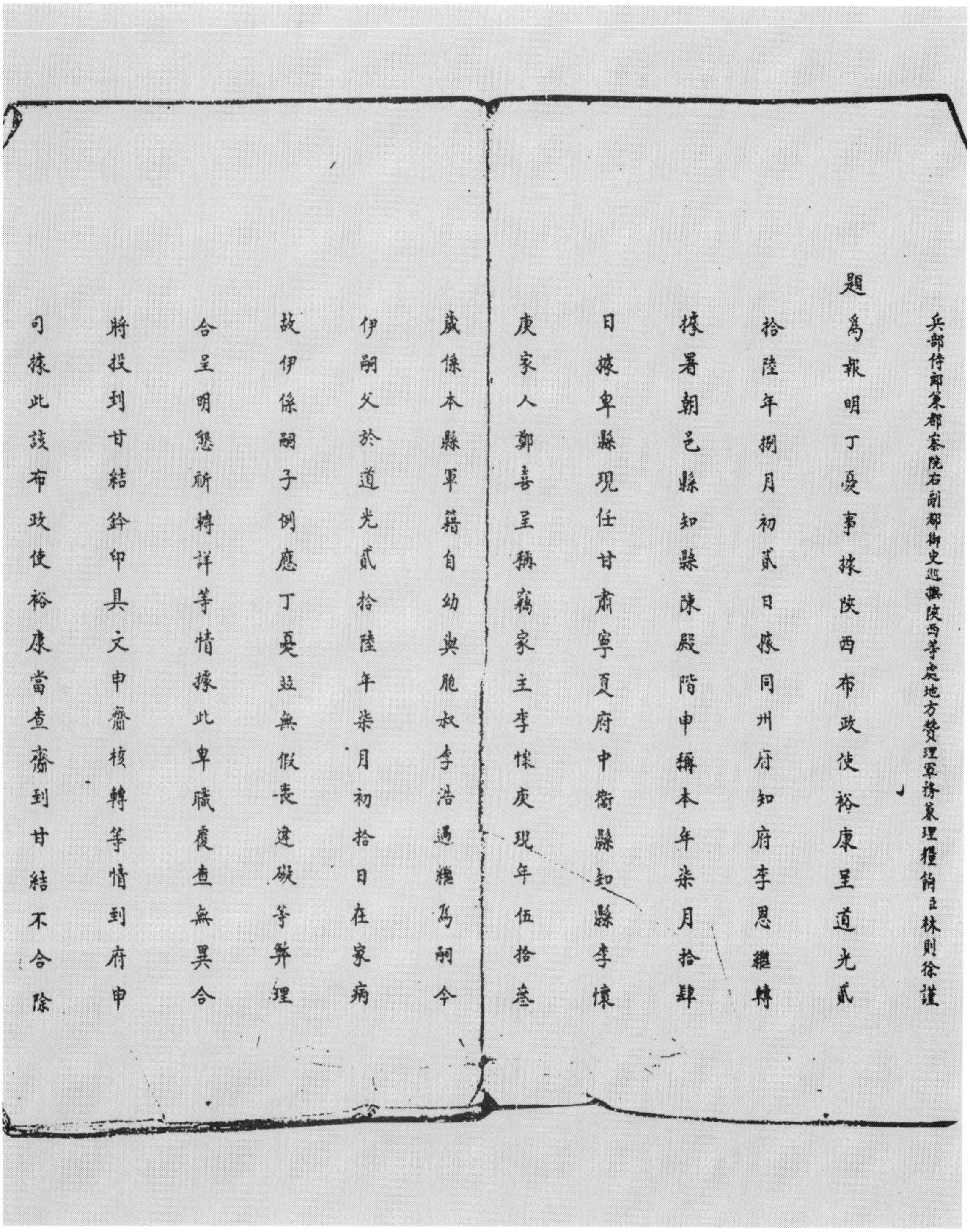

兵部侍郎兼都察院右副都御史巡撫陝西等處地方贊理軍務兼理糧餉臣林則徐謹

題爲報明丁憂事。據陝西布政使裕康呈：道光貳

拾陸年捌月初貳日，據同州府知府李恩繼轉

據署朝邑縣知縣陳殿階申稱：本年柒月拾肆

日，據卑縣現任甘肅寧夏府中衛縣知縣李懷

庚家人鄭喜呈稱：竊家主李懷庚現年伍拾叁

歲，係本縣軍籍，自幼與胞叔李浩過繼爲嗣。今

伊嗣父於道光貳拾陸年柒月初拾日在家病

故，伊係嗣子，例應丁憂，並無假冒違礙等弊。理

合呈明，懇祈轉詳等情。據此，卑職覆查無異，合

將投到甘結鈐印具文申齎，核轉等情到府，申

司。據此，該布政使裕康當查齎到甘結不合，除

俟飭換至日另行補送外所有該員丁憂日期
相應先行詳請核
題等情到臣該臣看得朝邑縣現任甘肅寧夏府
中衛縣知縣李懷庚嗣父李浩於道光貳拾陸
年柒月初拾日在家病故該員例應丁憂據布
政使裕康詳報前來臣覆查無異並移咨甘肅
總督飭取該員聞訃丁憂親供就近送部移陝
備案外所有該員丁父憂日期理合具
題伏祈
皇上聖鑒勅部查照施行為此具本謹具
題
聞

陝西巡撫林則徐題本　報明甘肅中衛縣知縣李懷庚嗣父病故丁憂日期　道光二十六年八月二十四日

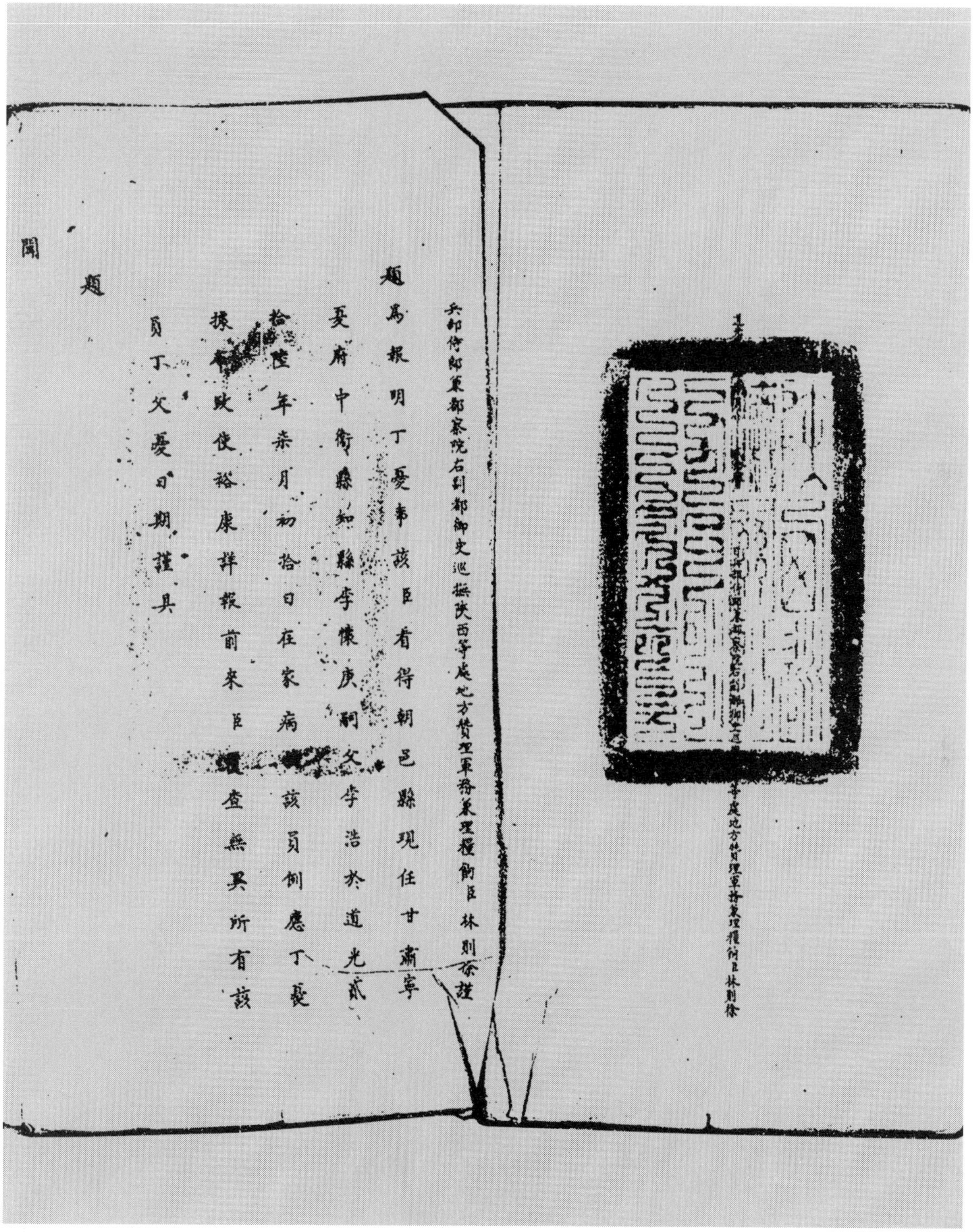
兵部侍郎兼都察院右副都御史巡撫陝西等處地方贊理軍務兼理糧餉臣林則徐謹

題為報明丁憂事該臣看得朝邑縣現任甘肅寧
夏府中衛縣知縣李懷庚嗣父李浩於道光貳
拾陸年柒月初拾日在家病故該員例應丁憂
據布政使裕康詳報前來臣覆查無異所有該
員丁父憂日期謹具

題

聞

等處地方贊理軍務兼理糧餉臣林則徐

上諭　著照林則徐所奏陝西渭南縣知縣余炳燾送部引見

道光二十六年九月初五日内閣奉

上諭林則徐奏請將拏獲匪徒多名之知縣鼓勵等語陝西渭南縣知縣余炳燾督率兵役親拏匪徒先後格殺捦獲三十餘名辦理尚為迅速不致釀成巨案余炳燾著送部引見欽此

陝西巡撫林則徐奏摺　已獲回民糾聚包庇逃軍奪犯傷差首從多名審明分別定擬

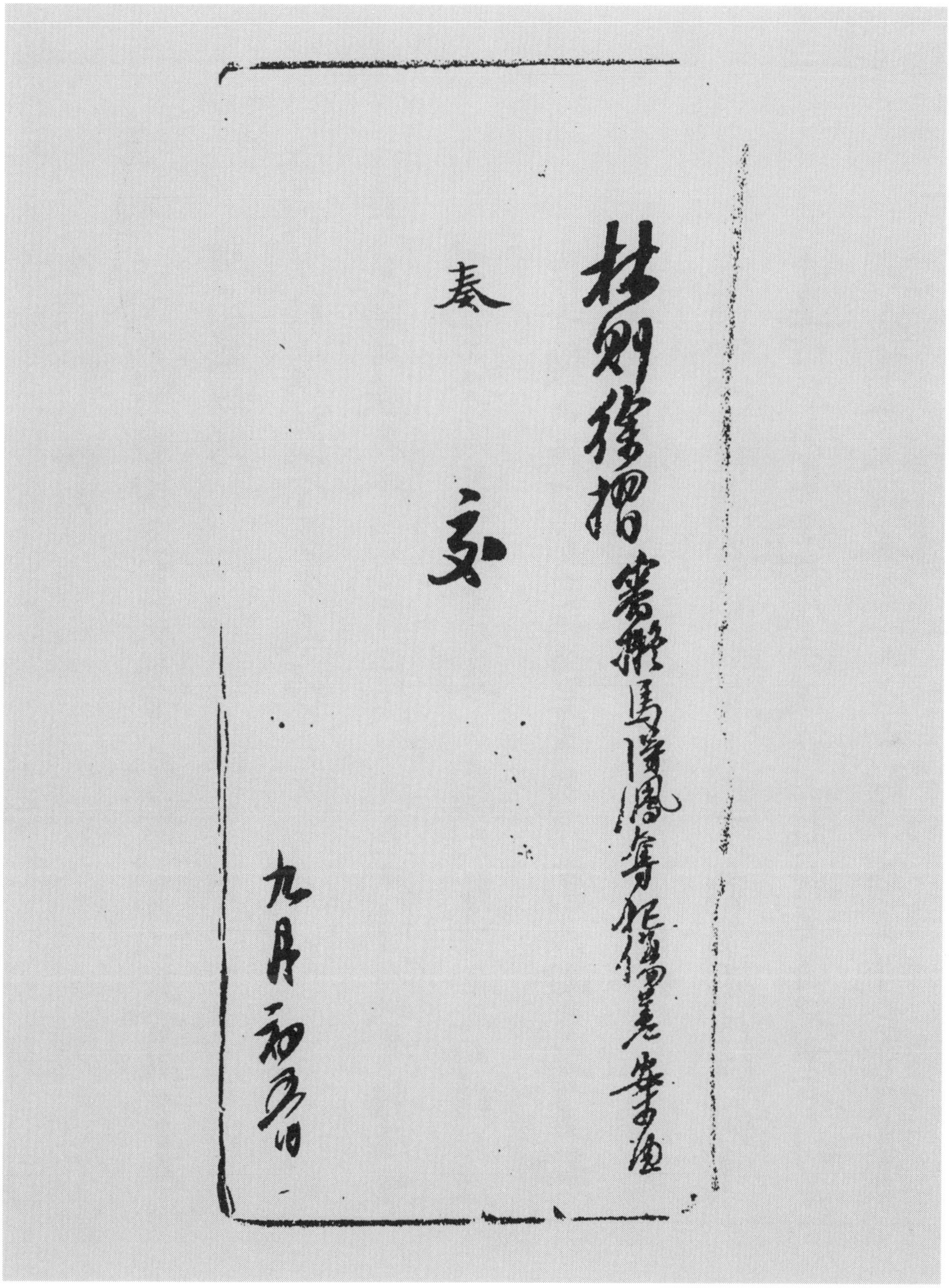
林則徐摺 審擬馬[illegible]風奪犯傷差案由
奏
文
九月初五日

陝西巡撫林則徐奏摺　已獲回民糾聚包庇逃軍奪犯傷差首從多名審明分別定擬　道光二十六年九月初五日

陝西巡撫臣林則徐跪

奏為回民糾聚刀匪包庇逃軍奪犯傷差已獲首從多名

審明定擬請

旨從重懲辦以靖地方恭摺奏祈

聖鑒事竊照陝省各属每有匪類佩執兇刀結黨成羣剽掠生

事而西安同州二属素不安分之回民往往與之勾結欺壓

良善聚衆抗官最為地方之害其渭南縣回民著名稔

惡者尤多飭據該縣金炳燾訪有窩賭搶竊之逃軍

馬得全業經緝獲被其黨兄已革武生馬得沉糾衆

中途打奪開鳥槍拒傷兵役該縣旋將馬得沉查拏到案

并親帶兵役赴其窩巢搜緝馬得全復糾衆持械拒捕

當將馬得全並夥犯格殺三名情急自戕者三名生擒

陝西巡撫林則徐奏摺 已獲回民糾聚包庇逃軍奪犯傷差首從多名審明分別定擬 道光二十六年九月初五日

夥犯二十名將情形據實通詳隨飭解省審辦茲據西
安府審擬由臬司轉解前來臣親提研鞫緣馬得汎洪
一兒即洪禿子李一恩兒李梨兒李狗娃子沙長林兒
李三喜兒李玉環禹四沅即禹四兒馬四沅馬忠潮即
馬金玉馬年兒即馬步月係渭南大荔兩縣回民趙恩
科子史双兒孫之玉惠牛兒段首道士唐林兒分隸大
荔蒲城甘泉縣馬得汎于嘉慶二十二年考進武學其長
子即在逃之馬步階次子即現獲之馬步月亦均係武生
俱因犯事先後褫革已死馬得全係馬得汎同祖弟
兄於道光十二年因用刀鎗傷人擬軍發配廣東長樂
縣脫逃被獲改發貴州安置解至河南復逃往各處
逃竄並無定址二十六年三月潛回原籍探望姪馬得

沨留住旋此已犯另案逃軍馬呈娃子及沒一覓李一思覓
李鞋覓李狗娃子沙長祿覓李三喜覓李玉環遇道賀
雅馬得金起意招賭窩窮要允馬得沨包庇許其抽頭分
肥馬得沨隨給予賭本錢五十千文馬得金復糾回民李
奴覓李四九覓李三撒藍山覓郭藍三雅覓及未獲之
李喜句覓秦四包沙滿覓馬葫蘆覓馬有城覓入夥白
晝開場招引不識姓名人彈錢賭博贏得錢文隨時分用
不記確數是月初八日在李四也覓攜帶木棒李狗娃子李
三喜覓沙一覓李謀覓李喜句覓馬葫蘆覓馬有城
覓一共八人偕赴縣屬交斜鎮攔路搶奪大荔縣回民
李京武之姪李喜成衣物同差窮牛驢變賣錢文馬得沨
儀分花用經該縣余炳燾訪聞差拘李京武並程會春

陝西巡撫林則徐奏摺　已獲回民糾聚包庇逃軍奪犯傷差首從多名審明分別定擬　道光二十六年九月初五日

派撥兵役於四月二十九五月初二等日拏獲馬黑娃子李狗娃
子訊供勒緝馬得洪恐官究出包庇即以馬得金自
配逃回窩留經伊屢訓不聽等詞走捏呈具諱為剌
官勒飭地方兩次會同馬得金糾約刀匪劉獲拒捕
馬得洪隨逃其子馬步階馬步月姪馬忠潮及馬
得金之子馬四泥子逃往糾允大荔蒲城以及同縣回
民刀匪趙恩科子等至家連賭窩原夥共四十一人與馬
得洪馬得金散給鳥槍刀械囑候差至節同拒捕閏
五月初七日早差役烏祥等設法將馬得金誘出拏獲
帶走馬得洪同知趙意中途打奪隨帶刀棄馬
率領趙恩科子等分携鳥槍刀矛[illegible]追至中
途將馬得金奪回兵役攔阻馬得洪喝令下

放槍擊傷馬占翔、馬四丘頂門，王蘇計生子照放鳥槍
致殺子飛傷兵役馬保祿右肩甲、馬中右額顱、咽喉，將
芋花右腿腰，兵役力不能敵，回縣呈驗。係差役馬得順
馬得全等分別躲避，竟將匿存逃軍役正玉福、潘添地方協
同捕役將馬得順、馬有月等拒殺馬得全在途
同犯伏階回村，照集原夥，並係洋刀逃郭尚余等
法買走家藏匿。六月初六日，余炳春、尚書、王理、李至等從現
往捕獲解，縣勇四更時十一人聚於解，並將馬得全內
更至大晉家，如見王來、楊子義、馬悅、楊太高、花李、李梁
等各持刀矛並通營工人余二升、宋唐、林安、俞勇、吳發
三十人，一同出村，兵役兩截，上前捕拿馬得全，喝令立
放鳥槍，敕子飛傷兵役馬添保右乳、李懋右腿兩處，翻

左血盆馬伏右胳肘馬午明右膝胸右腿李子四漢右脚
兩晉貴成右腿汝江臨胸膛馬吾保左肩甲牛金屋右
肩甲右肋也莫右耳馬莫不足角馬代典胸膛馬金右
手背汝江林左腿頸項差馬祥馬六七兒馬滿隊手
殺馬托技傷馬日金胸膛肚腹李四兒左角咽喉王素
掐子肚腹左右膝脚部尚名李四兒王素掐子傷重者

各殞命李四九兒李四撒二性急即用刀自戕肚腹身
死隊部指揮兵役將馬志潮馬四沅李子三喜兒李玉
孫李保兒只双兒惠牛兒叔恩祥子李一恩兒孫三玉段
道士浩一兒馬四沅沙克緣家李二兒唐怀兒任收娃法七老
蓋山兒部尚名二十名擒獲拴獲刀械一件鳥槍七件矛
桿十八枝帖刀十二把鐵炮六件當即同起獲各送至監

因傷因病身死亦照別項擬罪並無致死傷
斃已平復依照罪犯所犯各倍不准若語此次再
無另犯別〔不〕清另情案差追飾書律載官司差人
捕獲罪人聚眾中途打奪聚至十人者首犯發邊
為從減一等又罪人逃走拒〔捕〕殺所捕人至折傷以上者
絞監候為從減一等又例載罪人已經逃走被捕
如本罪已至流而拒敵在傷人以上者照律加等
絞又官司差人捕獲罪人如聚眾中途打〔奪〕犯
中初未入協助且無傷人者杖一百徒三年又凶徒
糾眾逞兇聚眾至十人以上執持花械無論傷人
不分首從俱發極邊烟瘴充軍又回民結夥三人以上
毆人之案但有一人執持花械不分首從發雲貴兩廣

極邊烟瘴充軍。又回民行竊結夥三人以上，但有一人執
持器械，不分首從，不計贓數、次數，改發雲貴兩廣極邊
烟瘴充軍各等語。[illegible]軍流徒罪[illegible]
此案已革武生馬花佩包庇逃軍馬佔全、東端
完、高伏因馬佔全被獲，糾約回民馬魁、沙子英等四十一
人中途打奪，喝令韓啟馬拴將解役殺傷，實屬不法已極。
律同。馬得佩係藏匿逃軍，高蟠、高二助勢，罪不
知情，合依官司差人捕獲罪人中途打奪，原五十人為首者
斬律，擬斬監候。該犯以已革武生膽敢包庇逃軍，聚衆
窩伏，聚衆至四十餘人之多，奪犯傷差，藐法已極，擬請

陝西巡撫林則徐奏摺　已獲回民糾聚包庇逃軍奪犯傷差首從多名審明分別定擬　道光二十六年九月初五日

情罪秋審亦必入情實尚未悉令逃犯之際除凡
係著名積惡未便稍從寬貸
已即正法以昭炯戒馬得全因馬托筆逃回從前飛號逃
於二十日糾匪同中放槍排搶傷丁差更用火炮傷人已
並於伙以上率眾接伙同搶馬得全除並臨逃脫逃犯緒
聽從入夥罪不致死合依罪人已拘逃殺時拒
捕殺勿論以上者照律擬流擬徒以照擬
殺應照廉政回民馬一兒李一思兒李犁兒陳李保兒
李三喜兒李玉林馬四德馬忠湖李收兒李四九兒
李二撥藍山兒馬延叔尼拜子央雙兒孫文玉秀牛兒段
一道士王車幅子任收娃楊存大吉兒邢向吞等聽從馬
得汎被奪犯指捕同馬四說馬忠湖趙小虎子弟犯

打奪[illegible]犯起意之回民康野執械傷人之馬七十八
從重問擬，除各犯所從犯前罪各按其所犯打傷[illegible]外，仍
獲罪不[illegible]之一案內洪充子、李一恩、李梨兒、沙[illegible]
保兒、李三十六兒、李玉林、李四花、沙[illegible]、馬四兒、馬四花、馬
志潮、沙馬金、王李[illegible]、母兒李四、九兒李二撒、豆三兒、[illegible]
豆三、猴兒，均合依回民康野三人以上執持花械
不分首從發雲貴兩廣極邊煙瘴充軍，[illegible]恩科
子、[illegible]兒、陳三、王忠牛兒、野道士王東暢子、任[illegible]娃、洪大
五兒、郭尚名、[illegible]郭江兒，均合依陝西回民糾夥五人十人
以上執持花械，不分首從，發雲貴兩廣極邊煙瘴充軍
例發極邊煙瘴充軍，以上各犯所從奪犯拒捕放
槍傷人，致之持械羣毆殺人之[illegible]，[illegible]

之李幼兒、王來幅子、已死之郭尚名、李四九兒、李四撒薩
小兒、任妳娃、侯大吾兒、保以有、白成玉、侯一虎、苟十四，犯均
請從重發往新疆種地當差。馬黑娃子、侯占彪，從犯
係照未於拒捕但係軍犯犯逃在依調發
充軍脫逃者改發新疆種地當差例改發新疆種地
撥種地當差，苟法一定苟白均面刺外遣二字，內有回民
仍迴避附近回疆地方，以免生事。一、回民李四狗娃子，犯
於案內一次，結夥至三人以上，究係相幫，自應從一科
斷。李狗娃子合依回民搶奪結夥三人以上例，定發雲
貴兩廣極邊烟瘴充軍，面刺搶奪二字。王年武生、
馬年兒、田馬占月于伊父馬得成奪犯之時雖未在
場，惟並非聽從，其父與人同為伴勢，未便率

依應奪本罪上加奪犯照例之罪人所犯場所發配一並
未傷人杖一百徒三年加杖一百流三千里係從犯
唐懷兒于馬自全供中推稱聽從在場助勢係
被奪免供在于非助傷差役情罪上並減一等各
杖一百徒三年均照犯杖事主監禁俟生定從發
老丁隊惟乃匪丐窩留隨同在場不能禁阻一並
馬祥馬六七兒馬幅海旋被馬挑輕殺推擠衆人
馬保全李如兒王李幅子等死律自何論李一恩兒等
公李文吉將自李發兒李文李成自李三大書兒李文李文
英豹不能禁阻與子為匪應與失察從一定李一恩
兒李梁兒聚往以窩之聊保無預於別除黨李樣
李二書兒均未如以窩留尚難解免周貴無從查究

陝西巡撫林則徐奏摺　已獲回民糾聚包庇逃軍奪犯傷差首從多名審明分別定擬　道光二十六年九月初五日

該逃軍改回回籍不[illegible]雖係人並無重[illegible]於案[illegible]至
于法犯名下照應追繳者[illegible]事屬[illegible]所備情虧
各犯無辜[illegible]追[illegible]免追[illegible]
其房[illegible]起獲抬槍鳥槍刀矛[illegible]藥[illegible]用逸犯[illegible]
[illegible]子等各係獲日[illegible]藍山[illegible]十[illegible]病進監[illegible]
刑禁[illegible]均無[illegible]其[illegible]出[illegible]此案[illegible]犯[illegible]
捕均已獲犯[illegible]獲[illegible]犯[illegible]刀[illegible]已[illegible]獲[illegible]
除[illegible]奏[illegible]各[illegible]俱[illegible]間[illegible]俱[illegible]分
該[illegible]書[illegible]定擬[illegible]理合[illegible]奏
奏伏乞
皇上聖鑒勅部核覆施行謹
奏　道光二十六年九月初五日[illegible]

硃批刑部速議具奏欽此

陝西巡撫林則徐奏片　**渭南縣知縣余炳燾緝拏刀犯尤為出力請予鼓勵**

另有旨
○

林則徐片

再陝省之渭南、富平、大荔、蒲城一帶，久為刀匪出沒經途。緣此數處回族最多，素以爭鬥為能，據窩為利，與刀匪互相勾結，勢燄益張。攫財物則彼此分贓，闖衙署則伙同抗拒。有富巢以為藏身之固，有器械以為抵禦之資，不獨兵役避其兇鋒，即州縣營員亦不免畏而卻步。雖訪知莠民惡黨，並應搜捕驅除，而轉思惹費惟勞，不如省事；又恐負嵎恃眾，易致損威。且即破一巨巢，獲一大夥，而又慮及在逃餘犯，或設計指使，或揑控抵制，其為後累非止一身；是又懼干吏議之處，因起獲此器刀矛，而轉咎其從前之失察。是畏累之心愈甚，即縱匪之勢愈熾。溯因循斷至養癰貽患。臣抵將此等錮習

陝西巡撫林則徐奏片　渭南縣知縣余炳燾緝拏刀犯尤為出力請予鼓勵

道光二十六年九月初五日

硃

剳飭閿鄉等縣令極力設法，此次果能俾捕得真

硃

有犯要獲，不獨寬其既往，並予獎其微勞，若仍存

硃

避就私心，畏難粉飾，即必立加參劾，以杜徇庇。

致。茲此次渭南縣知縣余炳燾督率兵役親赴此

集匪往，計先後格殺擒獲共二十餘名，每獲其

器軍械多件，實能除暴安良，不避艱險，並手足勞

豫加布置，周密妥詳，督領兵役多受槍傷，而辦理

尚能迅速，不致釀成巨患，民間輿論咸謂除一禍根。

著各州縣皆能似此認真，匪類何從托足，可否將

該縣余炳燾量加鼓勵，俾州縣咸知激勸之處，出

自

皇上逾格天恩，謹附片陳。

陝西巡撫林則徐奏片　渭南縣知縣余炳燾緝拏刀犯尤為出力請予鼓勵　道光二十六年九月初五日

奏獎乞

聖鑒訓示謹

奏

道光二十六年九月初五日

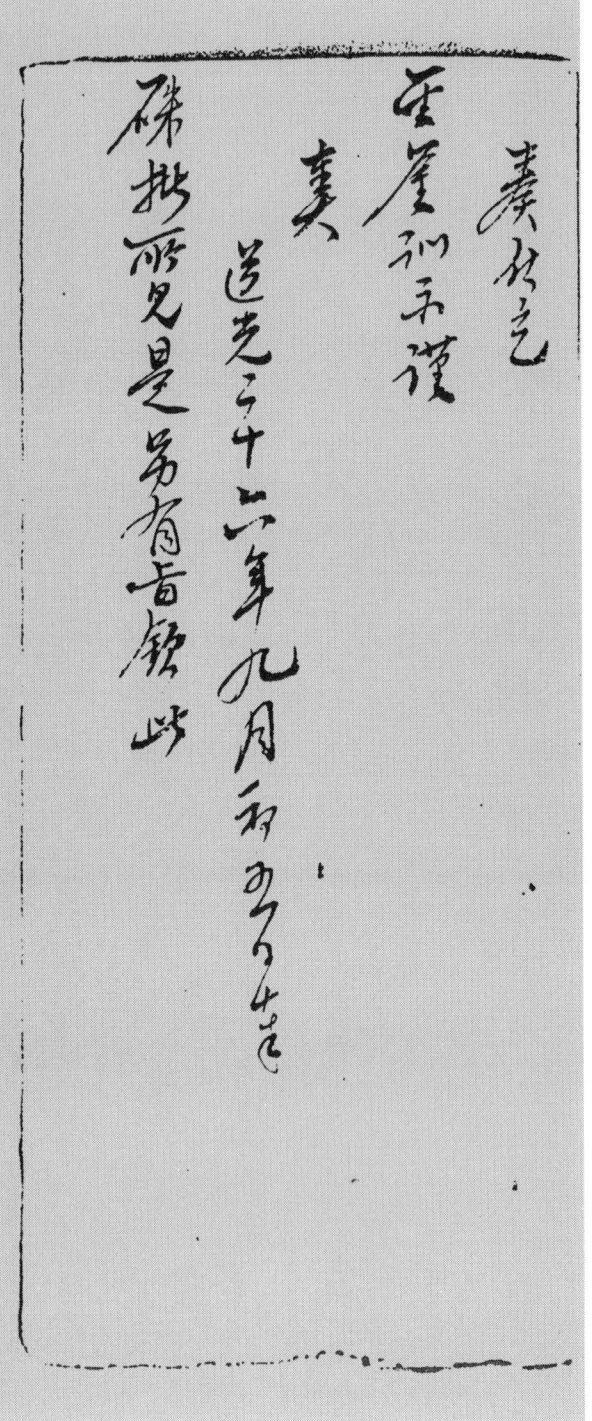

硃批所見是另有旨欽此

上諭 著照林則徐所奏漢中鎮總兵伍魁英以原品休致賞給全俸

道光二十六年九月初六日內閣奉

上諭林則徐奏總兵在途患病一摺前任陝西漢中鎮總兵伍魁英年逾七旬著以原品休致該員曾經出兵打仗著有勞績著賞給全俸以養餘年欽此

陝西巡撫林則徐奏摺　署延長縣知縣詹世申自揣才具疎庸稟請改教　道光二十六年九月十六日

陝西巡撫林則徐奏摺　**署延長縣知縣詹世申自揣才具疎庸稟請改教**

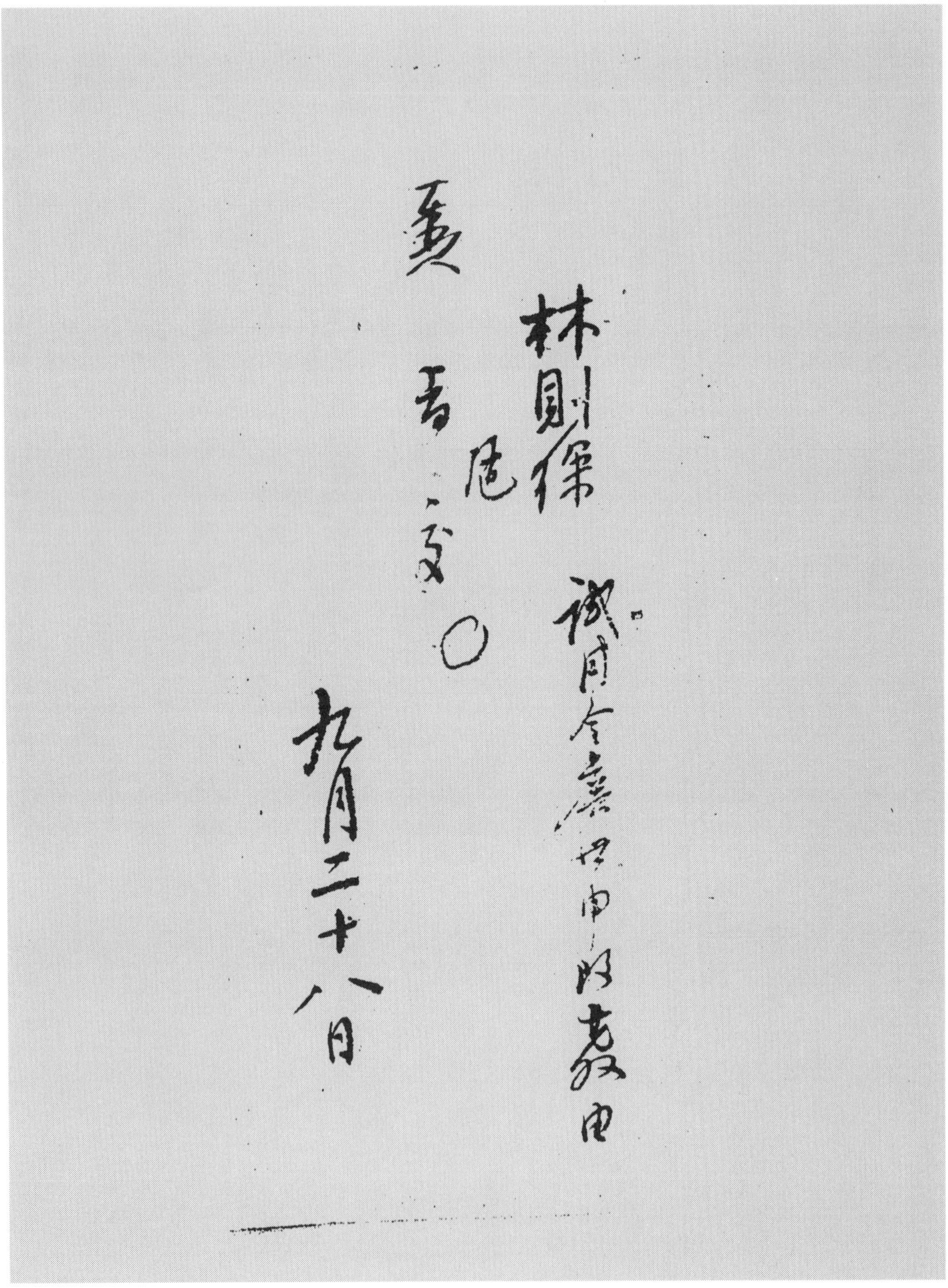

林則徐

九月二十八日

陝西巡撫林則徐奏摺 署延長縣知縣詹世申自揣才具疏庸稟請改教 道光二十六年九月十六日

陝西巡撫臣林則徐跪
奏為大挑試用知縣稟請改教恭摺具奏祈
聖鑒事竊據藩司楊以增臬司唐樹義會詳據署延長
縣事大挑試用知縣詹世申稟稱年五十一歲江
西玉山縣人由附生中式道光乙酉科本省鄉試
舉人甲辰科會試後大挑一等引
見奉
旨以知縣用截掣陝西於二十四年六月二十日
到省二十六年三月委署延長縣知縣四月初
二日到任一切公事尚無貽誤惟自揣才具疏
庸願改教職等情具詳請
奏前來臣查例載大挑一等舉人如蒙各省試用

人員未經得缺或僅止試署而有疎改教職者
毋庸定以年限等語今大挑試用知縣詹世申
僅止委署尚未得補實缺茲擬請改教職
核與定例相符相應請
旨將大挑試用知縣詹世申准改教職由部照例
選用除咨明吏部暨江西撫臣查照外謹繕
摺具
奏伏乞
皇上聖鑒謹
奏
道光二十六年九月二十八日奉
硃批
欽此

陝西巡撫林則徐奏摺 署延長縣知縣詹世申自揣才具疎庸稟請改教

道光二十六年九月十六日

九月十六日

陝西巡撫林則徐奏摺

甄别未能稱職之府縣請旨分别開缺察看勒休以肅吏治

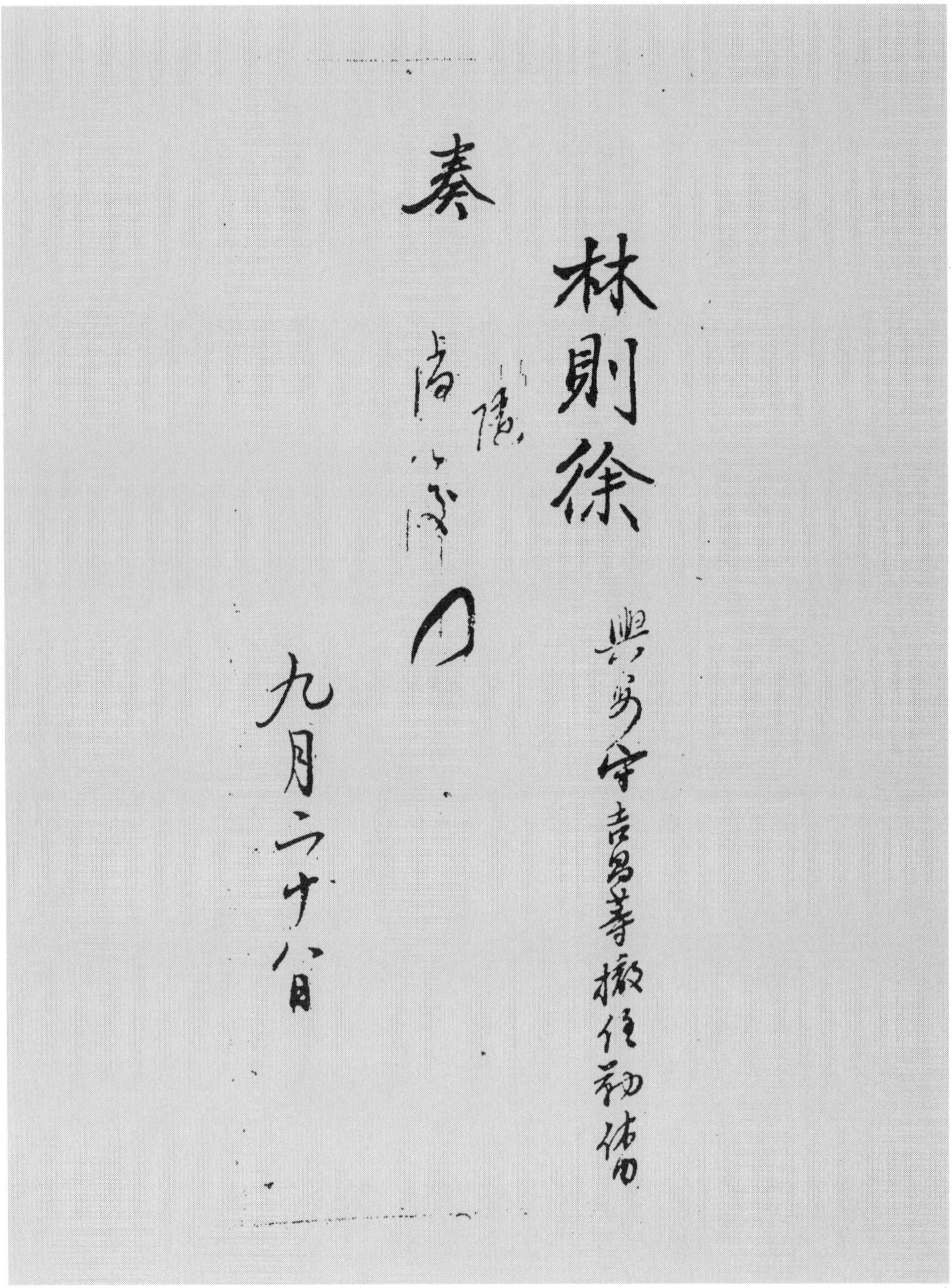

林則徐

興安守吉昌等撤任勒休

奏

九月二十八日

陝西巡撫林則徐奏摺　甄別未能稱職之府縣請旨分別開缺察看勒休以肅吏治

道光二十六年九月十六日

陝西巡撫臣林則徐跪

奏為甄別未能稱職之府縣請

旨分別開缺勒休以肅吏治恭摺奏祈

聖鑒事竊臣蒙

恩畀任封圻首在察吏必須治理得人方足以收

實效自六月間到陝履任即于各屬員內逐加

考察其近省及經過之處業已接見雖省較遠

者核其現辦公事並密訪平日官聲雖目前尚無

著名貪酷之員惟才或淺歉頗稟性或耽安

硃

逸即難任其悉機宜查有興安府知府吉昌

性情怠惰遲緩闒茸起居以為常取捨物致雖

尚無實在劣蹟殊難以表率屬僚休府積員已

硃

硃

請開缺送部引
見恭候
欽定又商州知州傅德謙本因韓城縣治理不宜
經前撫臣李星沅奏請調補商州知州兹查該
員在商州任內亦多仍不相宜疊經該管知
府孫松贊飭段正素請紀過現據兩司會詳因
商州現有要案該令傅德謙難期妥辦將其先
行撤任另委葭州知州凌樹棠前往署理勘辦
實屬查傅德謙業經以簡調簡仍復狃于積
習殊難望其改觀應請勒令休致又褒城知
知縣侯國璋于南山驛站孔道辦理未能妥協人
地殊屬不宜惟以未見其以閱其膂力剛強頗

陝西巡撫林則徐奏摺　甄别未能稱職之府縣請旨分别開缺察看勒休以肅吏治　道光二十六年九月十六日

有作用未便遽予廢棄應請將侯國琛開缺
調省親加察看再行酌辦除飭司委員摘印署
理所遺興安府知府係由外揀題之缺府
屬襄城二缺係選缺而陝省現有候補人員均
請留陝補用照例
題補至此外州縣以上有才難稱職者容臣隨時確查
奏明
奏請陸續甄別其佐貳以下另行咨部斥革從不
敢稍有姑容以期仰副
聖主澄敘官方之至意所有甄別府縣緣由謹會同
陝甘總督臣布彥泰合詞恭摺具
奏伏乞

皇上聖鑒訓示謹

奏

道光二十六年九月二十八日奉

硃批 欽此

九月十六日

奏報陝西省西安等府州屬道光二十六年秋禾約收分數

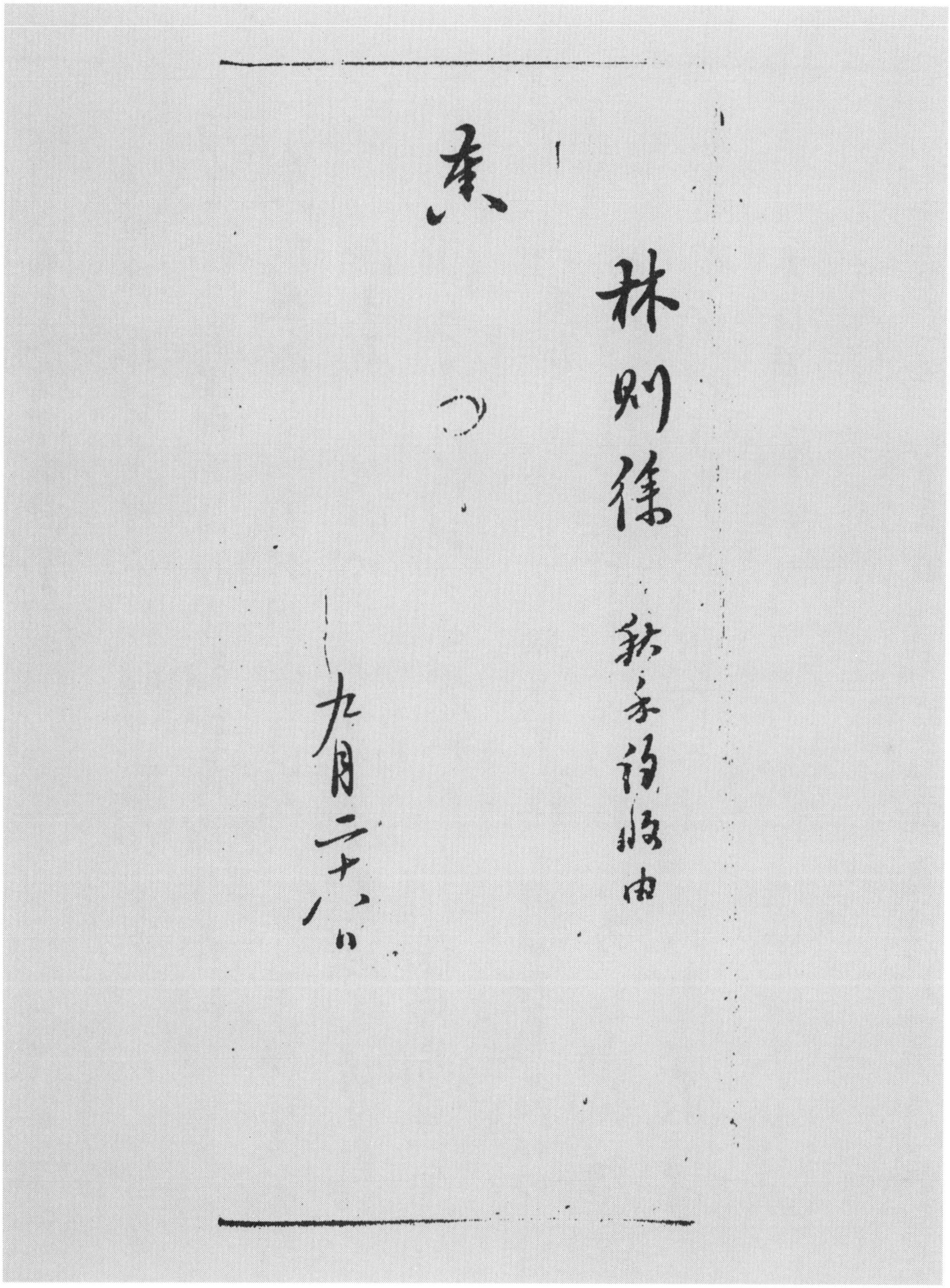

奏

林則徐

秋禾約收由

九月二十八日

陝西巡撫林則徐奏摺　奏報陝西省西安等府州屬道光二十六年秋禾約收分數　道光二十六年九月十六日

二五

陝西巡撫林則徐奏摺　奏報陝西省西安等府州屬道光二十六年秋禾約收分數

道光二十六年九月十六日

陝西巡撫臣林則徐跪

奏為奏報陝省秋禾約收分數仰祈

聖鑒事竊照秋禾約收分數例應先行恭摺

奏報查本年夏秋雨澤惟南山一帶普律優沾

而平原與北山地方得雨皆稀並因天燥土乾

間有因以致秋禾未能及時長發收成遠遜南

山茲據西安延安鳳翔漢中榆林同州興安商州邠

州乾州鄜州綏德十二府州將所屬秋禾約收分

數開報前來臣復加查覈除神

木府谷二縣秋禾受旱現在委勘收成分數

容俟

題報實收外其餘同再西核計所有五廳八十九廳

陝西巡撫林則徐奏摺 奏報陝西省西安等府州屬道光二十六年秋禾約收分數 道光二十六年九月十六日

手容章等錄計收成分數緣由理合繕具
清單恭呈
御覽伏祈
皇上聖鑒謹
奏
道光二十六年九月二十八日奉
硃批覽欽此
九月十六日

陝西巡撫林則徐清單　西安等府州屬道光二十六年秋禾約收分數清單

謹將道光二十六年西安等十二府州屬秋禾約收分數開列清單恭呈
御覽
計開
約收七分有餘者
孝義寧陝盩厔鄠縣城固洋縣西鄉褒城沔縣永壽商州等十一廳州縣
約收七分者
南鄭洵陽漢陰等三廳縣
約收六分有餘者
興平同官延川保安延長甘泉定邊鳳翔寶雞郿縣隴州畧陽定遠寧羌留壩鳳縣葭州

大荔郃陽朝邑華州白水澄城韓城華陰潼關紫陽平利石泉磚坪三水長武商南鎮安雒南山陽鄜州洛川中部宜君等四十廳州縣

約收六分者

耀州藍田膚施岐山汧陽扶風麟遊佛坪安康白河邠州乾州武功等十三廳州縣

約收五分有餘者

咸寧長安臨潼渭南咸陽醴泉富平高陵涇陽三原宜川安塞安定靖邊榆林懷遠蒲城淳化綏德米脂清澗吳堡等二十二州縣

以上西安等十二府州所屬除神木府谷二縣具報秋禾缺雨受旱情形均已委員

驗勘不計外實在八十九廳州縣多寡牽
算秋禾約收六分有餘

知道了

陝西巡撫林則徐奏摺

奏報陝西省道光二十六年八月下旬至九月上旬雨水田禾情形

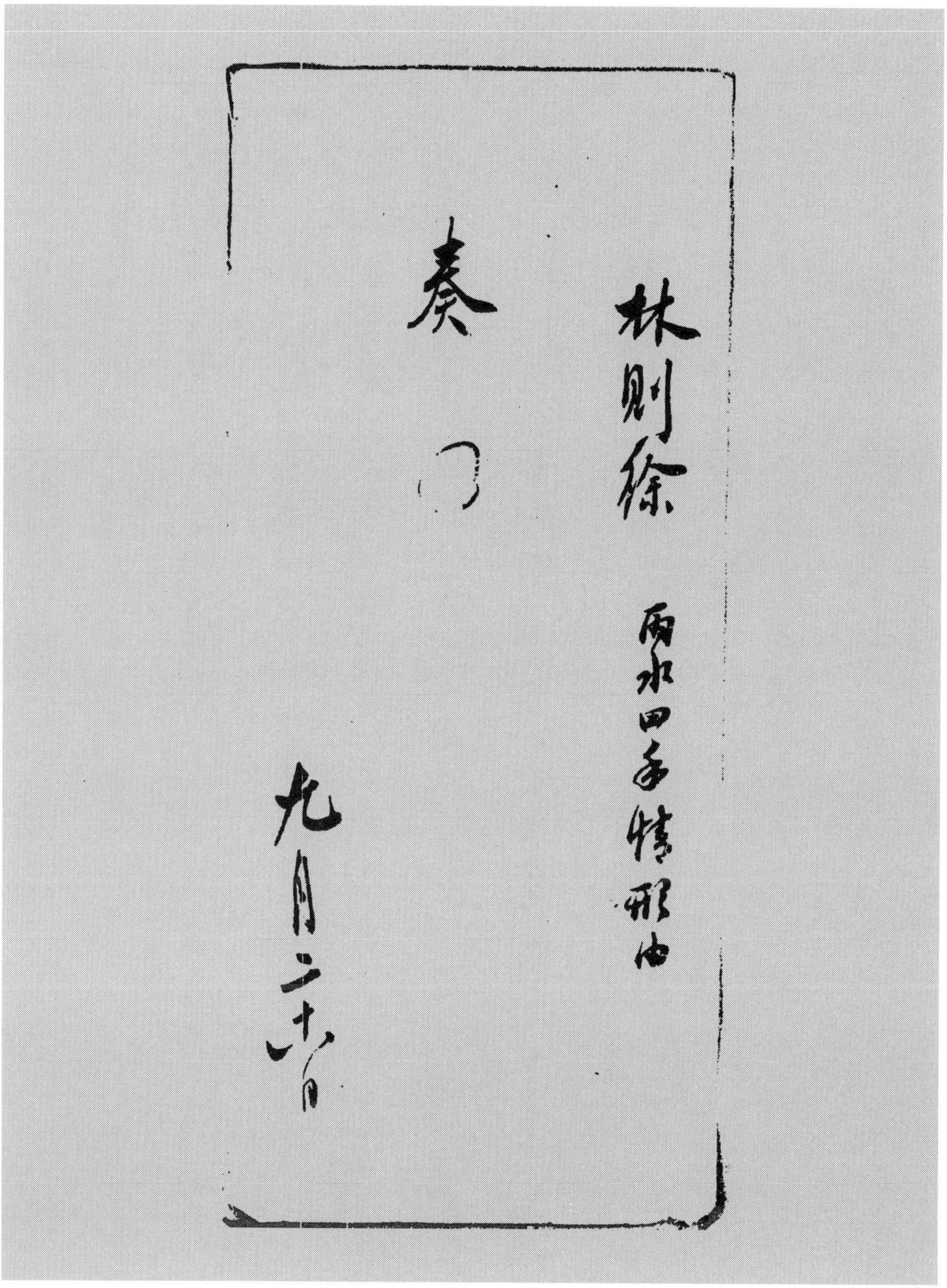
林則徐

雨水田禾情形由

奏

九月二十八日

陝西巡撫林則徐奏摺　奏報陝西省道光二十六年八月下旬至九月上旬雨水田禾情形

道光二十六年九月十六日

陝西巡撫臣林則徐跪

奏爲恭報雨水田禾情形仰祈

聖鑒事竊照陝西各屬七月中旬暨八月二十以前雨

水情形業經臣恭摺具

奏在案茲據西安鳳翔漢中同州鄜州各府州屬

陸續具報于八月二十七八並九月初三四等

日先後得雨一二三寸不等臣查陝省平原一

帶因夏秋以來雨澤未能充足秋禾不免減收

近亟須種麥之時先後得雨兩次農民翻犂

起土咸思播種乘時惟田地多係久乾而雨澤

未經深透現查已種之麥方及十之五六其高

阜處所即恐難免失時且已種者亦須續得甘

陝西巡撫林則徐奏摺　奏報陝西省道光二十六年八月下旬至九月上旬雨水田禾情形

道光二十六年九月十六日

霑時秋發苗出土是以日前望澤盼禱彌殷除

飭查各屬有無續得透雨情形歸入下次

奏報外謹將八月分各屬糧價繕清單恭呈

御覽伏乞

皇上聖鑒謹

奏

道光二十六年九月廿八日奉

硃批知道了欽此

九月十六日

陝西巡撫林則徐奏片 奏報陝西省道光二十六年八月份收捐監生銀數

道光二十六年九月十六日

陝西巡撫林則徐奏片 **奏報陝西省道光二十六年八月份收捐監生銀數**

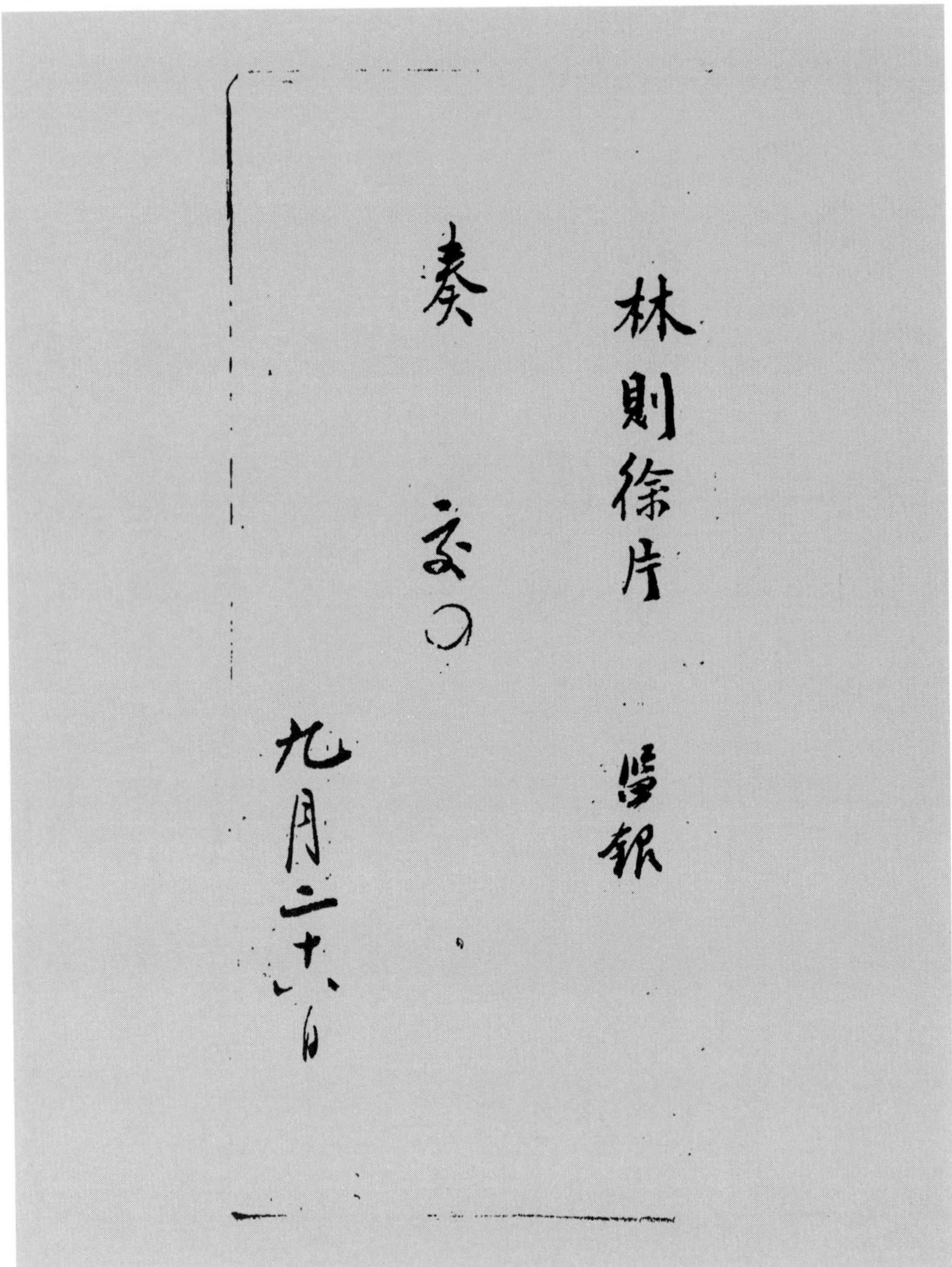
林則徐片　監銀

奏　交〇

九月二十六日

陝西巡撫林則徐奏片　奏報陝西省道光二十六年八月份收捐監生銀數
道光二十六年九月十六日

再查陝省收捐監生銀兩截至道光二十六年
七月底止共存銀一萬八千四十二兩業經具
附片
奏明在案今八月分又報捐監生二十一名收貯
司庫銀二千二百六十八兩連前共實存銀二
萬三百一十兩理合循例附片奏
聞謹
奏
道光二十六年九月二十六日奉
硃批户部知道欽此

陝西巡撫林則徐奏摺　**廣西大挑知縣張榮先患病回籍現病痊資斧不給請改教職**

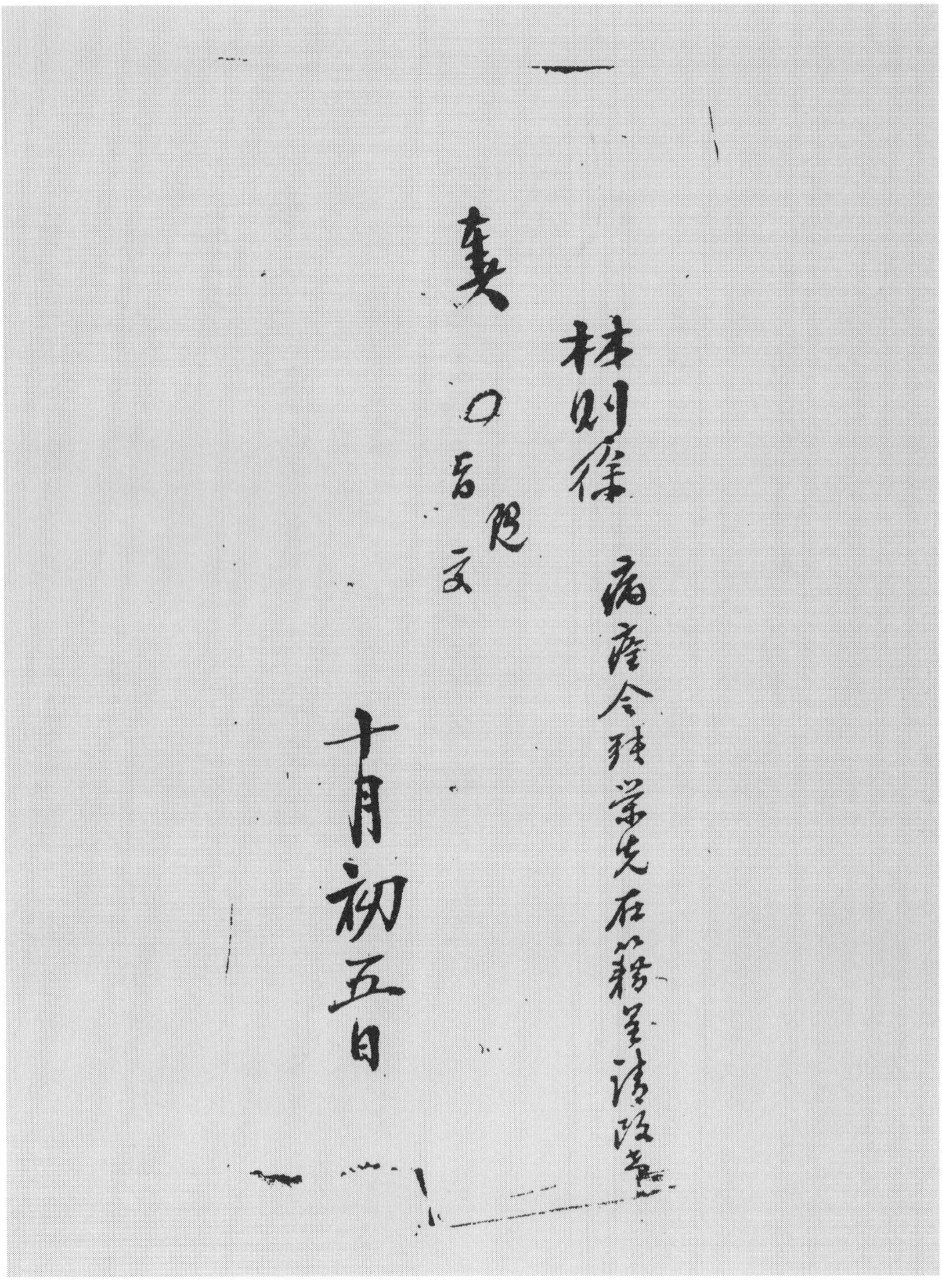

林則徐　病痊令張榮先在籍呈請改教
奏
〇旨　隨
交
十月初五日

陝西巡撫臣林則徐跪

奏為病痊知縣呈請改就教職恭摺具奏仰祈

聖鑒事竊據醴泉縣詳據原掣廣西大挑試用知

縣張榮先呈稱現年五十五歲陝西醴泉縣人

由廩生中式道光壬午科舉人乙未科會試後大

挑一等引

見奉

旨以知縣用簽掣廣西十六年十一月到省委

署荔浦縣知縣十七年十月到任二十年三月

因患怔忡病症奉諭回籍調理茲已病痊例應

仍赴廣西候補惟資斧不給情願改就教職

用等情由藩司詳送驗看請

奏前來臣隨經傳諭該員張榮先年力正強堪
用既據懇改就教職查該員係由舉人出
身與定例相符相應請
旨將原掣廣西大挑知縣張榮先准以教職改補歸
部銓選除咨明吏部查照外理合恭摺具
奏伏乞
皇上聖鑒訓示謹
奏
道光二十六年十月初五日奉
硃批
欽此
九月二十二日

鄉試查出中式副榜硃墨不符據實檢舉自請議處

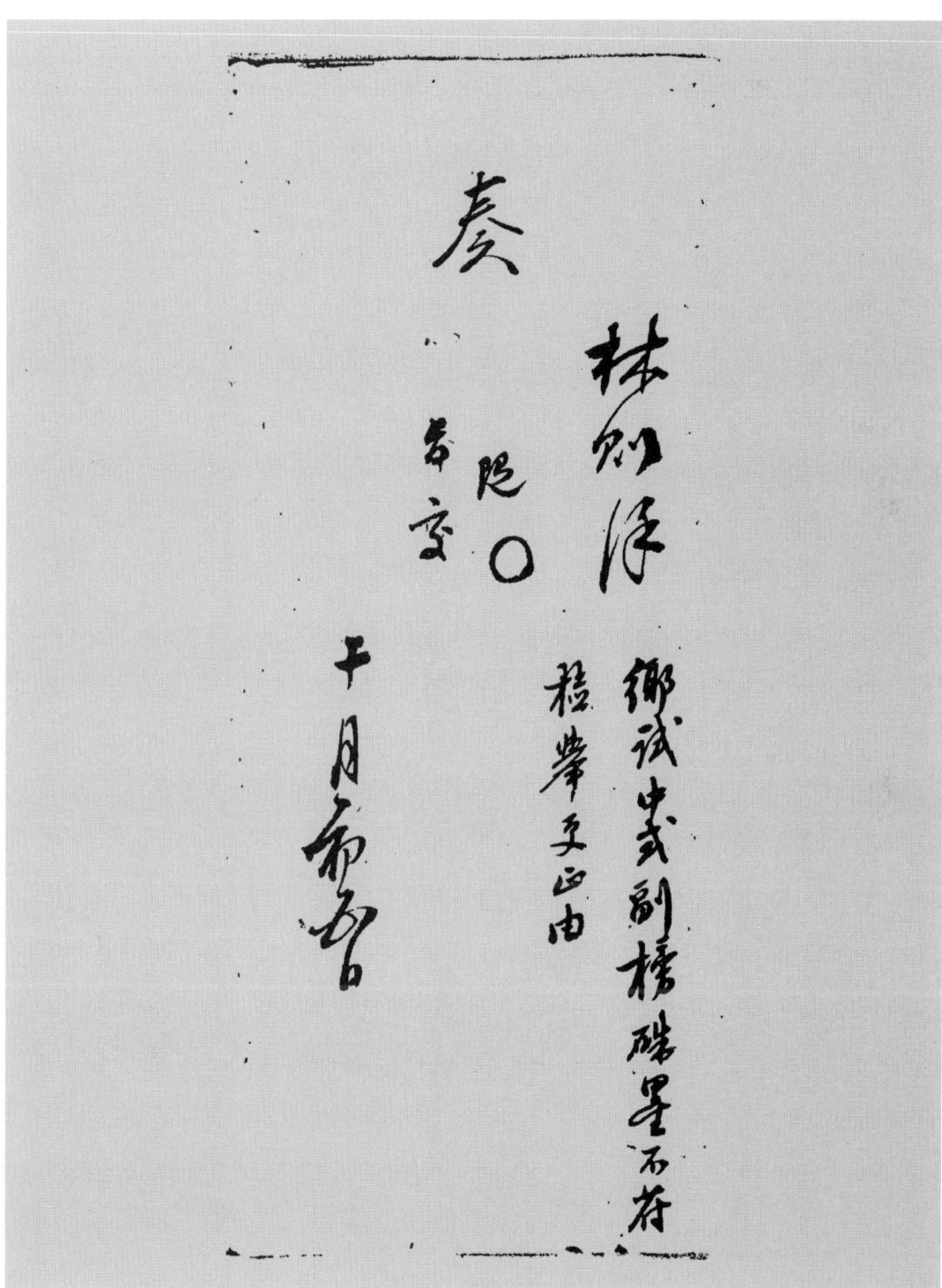

奏

林則徐

鄉試中式副榜硃墨不符

檢舉交部由

限○

奉交

十月初旨

陝西巡撫林則徐奏摺　鄉試查出中式副榜硃墨不符據實檢舉自請議處
道光二十六年九月二十二日

陝西巡撫臣林則徐跪
奏為鄉試揭曉之後查出中式副榜內有一卷硃墨不
符係因紅號字音相同以致錯誤據實檢舉
請
旨飭部更正將臣交部分別議處以重貢舉事竊照本年
丙午科陝西鄉試臣職司監臨與正考官沈寶禾
副考官青麐先於九月初四日揭曉臣即於初
三日夜間率同提調監試道至貢院內簾會同
兩考官拆封填榜當查禮部頒發科場條
例內載御史林彥華奏請飭禁考官磨勘墨
卷一摺奉
旨飭部議令於填榜時正副榜核對紅號填寫其兩考

將伊墨卷私自磨擦潛囑提調監試等官將試卷歸箱
封固俟即自起程解部此項是以及甘結送部
俟考官填寫硃墨卷面謄榜揭曉之後
並將試卷於發藩司即予部查填給文批發
遞貢解赴部照文將硃墨各卷按年遞庫
以備士子領取茲據提調監試等查明試字
七十兩號有硃卷而無墨卷成字七十兩號有墨
卷而無硃卷是取中之付榜卷內竟有一名硃墨
不符其為錯誤無疑隨據提調監試等聯銜稟
到臣當即備文咨查考官前往內簾填寫紅
號對榜之時究竟取中之卷是否成字七十
兩號抑係成字七十兩號據實查覆以憑詳辦

覆核戊字七十五號係中付榜第十名曹良海卷字
之時書吏一人宣唱紅號一人查取墨卷係織成
二字既係同音即字畫亦屬偏旁小異該書吏付
書吏在燈下閱看未將名次細辨致將誠字之
十五號卷誤以填榜墨卷歸於填作付榜第十
名而此卷查取中之戊字七十五號硃卷而三名
即填寫姓名迨謄錄之名條對照名數始覺墨卷
號係楷式殊不致錯卷既查硃卷與名符覺係
錯誤當經自行據實查覆核對無訛即當即將
同日同場係在闈內將卷之書吏雖同在場
業已查訊據該書吏等供均有應填寫之
榜之後檢點付榜業已更正伊等因趕填精神

恍惚遠來每處遇之間查核墨卷偏值誠成二字書
同字似一時未及辨別遂將誠字抄出而草墨卷
檢呈實係謄錄疏誤並非有心舞弊惟查
是夜填出付榜當時已在深宵後來閱唱名
檢卷呈帝未及細加分別而墨卷有于朱卷下聞於
卷面亦未將偏旁字畫詳細辨明以致違新例不敢
磨勘墨卷失於覆實而有因為乎榜已揭卷
已解部迨至中式後本日提調監試甘自川查出
咨詢各付考官詳查該考官查明此榜仁字亦
即
自行檢舉並非別有情弊惟當據實
奏明不敢稍為隱飾其咎所有疏忽之處未敢擅便應
請

敕下禮部查核磨勘及與提調監試毋難于可及查出
自行檢舉實屬疎于稽察咎有應得相應請
旨交部議處並將檢墨卷之書吏應照不應重律杖
八十斥責革役以示懲儆除將內成字七十五等三場
墨卷簽題誠字七十五等三場硃卷一併備文咨送
禮部核辦外所有查明檢舉緣由謹會同正考
官翰林院侍讀臣陳寶禾副考官右春坊右中
允臣青麐合詞恭摺具
奏伏乞
皇上聖鑒謹
奏
道光二十六年十月初六日奉

陝西巡撫林則徐奏摺　鄉試查出中式副榜硃墨不符據實檢舉自請議處

道光二十六年九月二十二日

硃批　欽此

九月二十六日

陝西巡撫林則徐奏摺　**迭飭各屬拏獲著名刀犯訊出搶劫輪姦拒捕傷差各情分別飭辦**

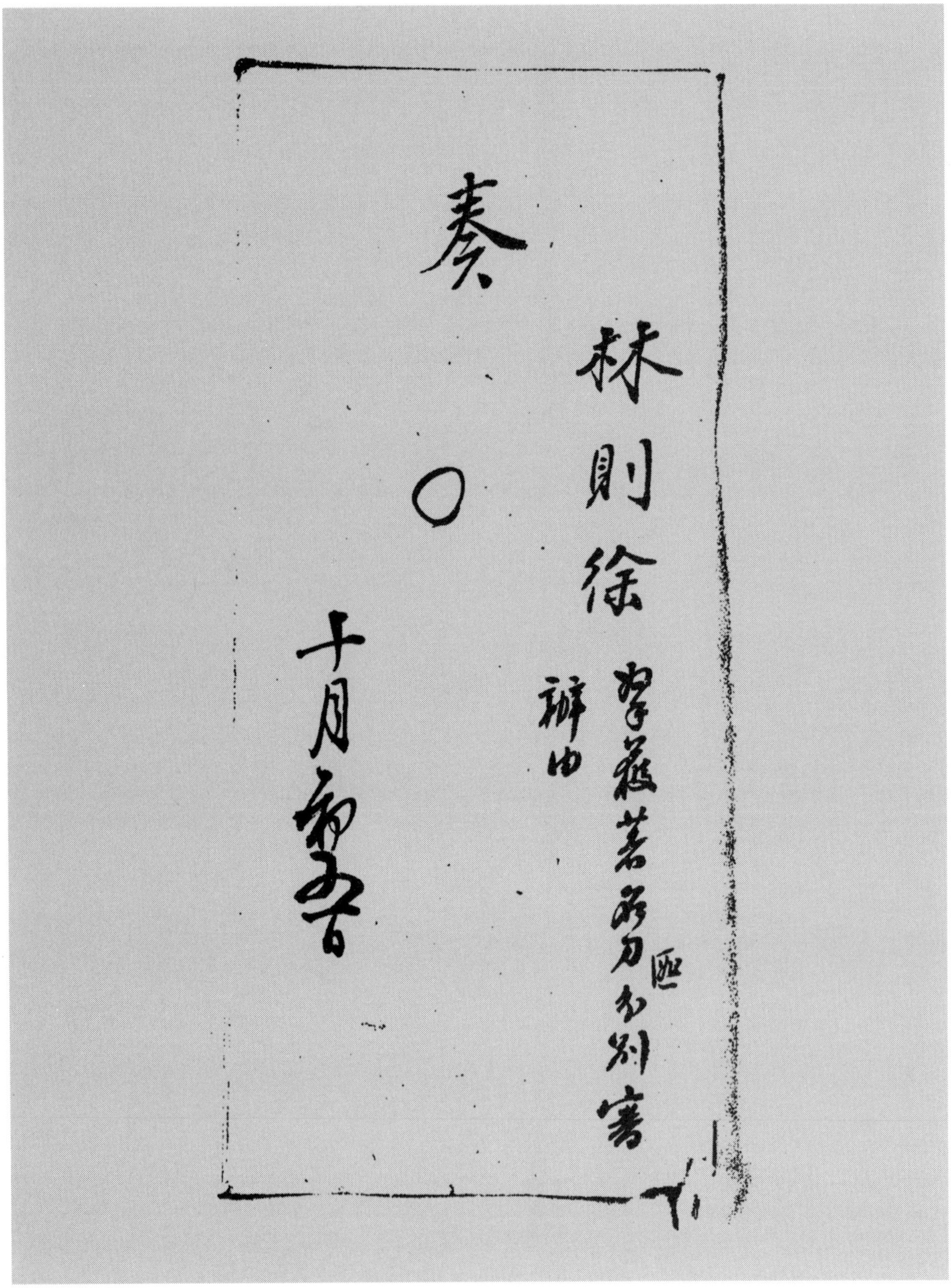
奏
林則徐
拏獲著名刀匪分別審辦由
〇
十月初五日

陝西巡撫臣林則徐跪

奏爲續獲著名刀匪訊出搶劫輪姦拒捕

傷差各情分別飭提審辦恭摺奏祈

聖鑒事竊照陝省有刀匪最爲閭閻之害經臣疊飭嚴緝

已據渭南縣拏獲要犯多名當場格斃拒犯并

奪獲刀械出具印結經臣提犯審明定擬奏案

聖鑒事竊查此等匪徒糾同夥黨衆多並有私藏器

械胆敢逞兇藐法屢懲罔悛且毗連甘肅之河

州靈州民風亦多獷悍每當在甘省犯案即潛匿陝

省界亦有回匪刀匪潛越甘省連界地方勾結

匪類伺劫擄人倚恃山路紛歧往往此拏彼竄有

與甘督臣布彥泰提臣[illegible]熟商擬飭文武員

於所域嚴密訪拏前據咸陽縣查出甘省派員在
長武縣要獲賊頭丁大犯同夥寄存逃犯必潛回
原籍密札大荔縣知縣熊兆麟飭即督帶兵
弁設法偵拏去後旋據熊兆麟稟稱訪有
該縣丁家村實有甫自甘省竄回刀匪即著名
差役前赴該村圍捕陸續獲犯丁六八丁來成
丁丙三丁培娃丁沙嘎兒王囊壹六等訊認派從
丁雙受伊胞兄丁舉庫刀匪與伊一夥搶
劫成案隨即添派差役密拏首犯丁雙受逃
至山西交界地方將丁雙受拏獲訊據供
認伊于月劫搶並在甘被獲之丁六兒將事主
婦女輪奸不諱又傳該縣派遣丁役偕至山西吉

陝西巡撫林則徐奏摺　迭飭各屬拏獲著名刀犯訊出搶劫輪姦拒捕傷差各情分別飭辦

道光二十六年九月二十二日

知犯丁僖族逸犯丁芳山芝茂業敢前來此案
丁双变廿什夥拒劫輪姦稱不法係無甘由
此等陝省各處犯案匠屈資甘省專犯屬省
一面勤提各犯來省嚴訊據亦又據三原縣知縣
周魯盛東稱訪聞刀匪張振有廿在該縣曹
泖凹地方家居夥搶婦女勒贖輪姦即今管
趕往　周署該匪抗拒捕差役受傷又派
該縣率差法警芝茂獲犯張振有弟全渠
李蕉李振魁賀春孔炸西沖荊有芝荊有
樊南昂應訊認從來攜帶順刀夥搶婦女成狀
氏劉李氏易苟氏王高氏孫劉氏閻樣勒贖輪姦
拜拒捕傷差役屬實現已提省嚴訊又查藩

二五　陝西巡撫林則徐奏摺　迭飭各屬拏獲著名刀犯訊出搶劫輪姦拒捕傷差各情分別飭辦

道光二十六年九月二十二日

城鄉刀匪逃之所當經臣訪悉姓名密飭該縣找
據之遠差分投密拏擒獲犯據之先後案獲
楊才程太和訊係搶奪鄉試士子車上子文之
犯并起獲順刀半刀各一把又獲王煥章訊係
併更中途打奪遣犯失雲子案內從犯又
獲逃軍劉化恩係因從搶擬軍發配廣東臨逃
回籍又獲吳犬完吳春有姓全完科李朋吳
聯貞楊雙遂母僕興富年臨僕渭南縣
手又畢高令令璁等謀花母被逼情急窺
入蕭城境內之化木寨中樓負嵎抵拒經兵
役圍捕一晝一夜惠發就擒起獲順刀七把長矛
三桿鳥槍一杆又獲惠柳有惠兜兜係持刀藏匿逃犯

陝西巡撫林則徐奏摺　迭飭各屬拏獲著名刀犯訊出搶劫輪姦拒捕傷差各情分別飭辦　道光二十六年九月二十二日

倘被拏犯拒傷差役，酌將出力差役亦由重賞
究辦，陝省各屬拏獲，又節次拏獲持刀訛詐傷人
之刀匪馮定第、刀傷之劉伏定、劉魁定、楊福、曹重
及才犹、唳鬼對、犹小九、寬得來、寬其犯先之民、常振帝
來均係擬同多餘黨，現並將伊等夥黨逸犯黨羽務獲
不得稍有鬆勁，此次該撫於境內查拏如此嚴
能見事遇設法儘得獲多名，尚屬認真，朕甚欣慰
積習似將務移有起色，現屬今歲不易於窩藏
且要由細而有序，圖再於輕躁，秋青來躁過稍
料償不免增罪，尤恐匪徒以荒歉為名乘機
搶劫，仍諄飭各首府營汛等帶兵役加意訪
緝，務使有犯必獲，無稍忽破，以期仰付

聖主戢暴安良之至意。所有查拏刀匪疊獲要犯分別
訪緝及情形理合恭摺具陳伏乞
皇上聖鑒謹
奏。
道光二十六年十月初五日奉
硃批：查緝甚屬認真，勉力爲之。欽此。
九月二十二日

上諭　著照林則徐所奏未能稱職之吉昌傅德謙侯國璋各員分別開缺休致

道光二十六年九月二十八日内閣奉
上諭林則徐奏甄別未能稱職各員請分别改撤勒休一摺陝西興安府知府吉昌性情怠惰難膺表率之任著開缺送部引見府谷縣知縣傅德謙係以簡調簡之員仍復狃於積習辦事不能得宜著即勒令休致褒城縣知縣侯國璋於南山要缺人地不宜著即開缺交該撫詳加察看再行酌辦餘依議該部知道欽此

上諭　著照林則徐所奏陝西大挑知縣詹世申改就教職歸部銓選

道光二十六年九月二十八日内閣奉
上諭林則徐奏知縣呈請改教一摺陝西大挑知縣
詹世申著准其改就教職歸部銓選該部知道欽
此

陝西巡撫林則徐奏摺　審明朝邑縣民親屬相姦商同謀殺本夫命案分別定擬

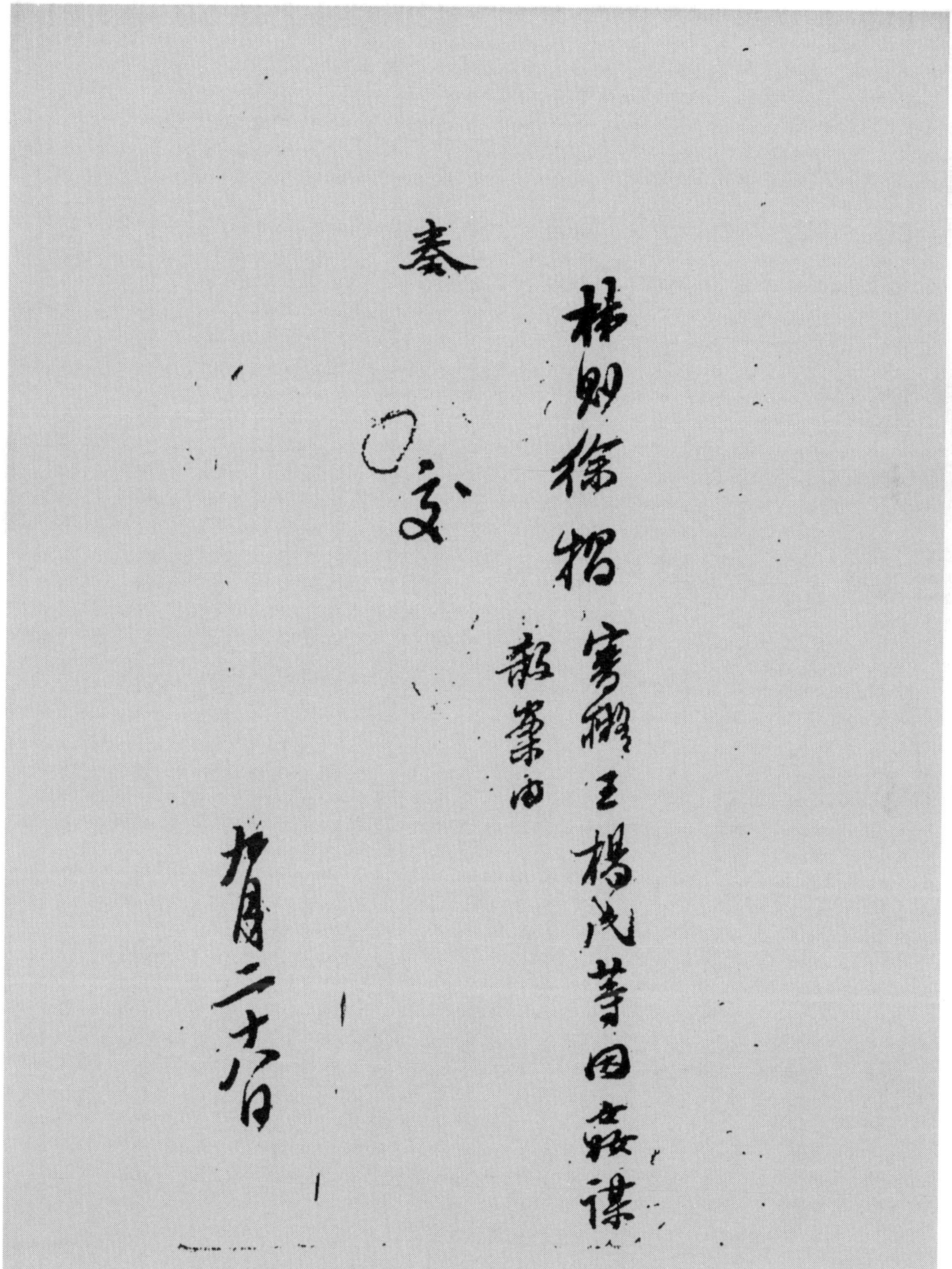
林則徐摺　審擬王楊氏等因姦謀
殺案由
奏
交
九月二十八日

二五

陝西巡撫林則徐奏摺　審明朝邑縣民親屬相姦商同謀殺本夫命案分別定擬

道光二十六年九月二十八日

陝西巡撫臣林則徐跪

奏為審明親屬相姦商同謀殺本夫事犯按律定擬恭摺奏祈

聖鑒事竊據署朝邑縣知縣徐良楒驗詳誘獲民婦王楊氏與

伊夫小功服兄王長太通姦商謀致死本夫王剛兒

私埋匿報一案當因情罪重大提省審辦並據臬司唐樹

義督同委員西安府知府徐棟等審明定擬解勘前來

臣親提研鞫緣王楊氏王長太均籍隸朝邑縣王長太

係王楊氏之夫王剛兒小功堂兄與氏見面不避王剛兒

平日嗜酒游蕩不務正業每因王楊氏屢次規勸動輒

毆詈遂致不睦道光二十五年四月內王剛兒竊取家中什

物出外浪費經伊老病臥床之父王積用同母王馬氏

相邀王長太同族姪王得安子王金武至家囑令王長太

代為訓責王長太並當各用言劝息鄰里咸知是年五
月不記日期王長太乘間與王楊氏調戲成姦後非
一次並未給與々物王剛兒暨王積用並俱不知情王楊
氏因常被王剛兒打罵轉仍向姑買端王長太將夫訓責
起意商同王長太乘机致死可以長久姦好王長太悪
姦情热允從遇便下手六月初六日王積用查知王剛
兒復將伊寿衣窃賣花消向其斥罵王剛兒出
言頂撞王積用又令王長太代為重責王剛兒畏懼
逃逸王長太找尋無蹤王積用嫡係回時去處找月
十二日早王剛兒潛回向王楊氏詢知伊母王馬氏出外探親
声称在伺回家睡宿仍即外出傍晚王長太走至王楊
氏告知前情商允王長太藏匿廚房俟王剛兒睡热一下

年二更時分王剛兒酒醉回歸脫衣上炕就寢王楊氏隨
即令王長太携帶木棒推進房時有燈火微光照見王
剛兒側身向裏而臥王長太舉棒向其頭面毆打適王
剛兒驚醒翻身致傷其右肩甲王剛兒下炕用手將棒揪
落揪住王長太髮辮拉出院內往下撳按王楊氏恐
王長太力難抵制尋將廚房所用菜刀一把暗中遞
給王長太接刀過手戳傷王剛兒肚腹王剛兒
負痛鬆手仰跌倒地亂嚷王長太恐其不死又用刀
連戳其右肩甲右血盆並傷左頷頦刀尖[illegible]透腦
地上不能掙扎王剛兒當時殞命王楊氏取出衣服
給王長太換下血衣代為收藏並將血跡洗淨喚醒
王積用假稱王長太了等因王剛兒訓責不服爭毆失

手致斃,王積用往買食,王素太喚回王馬氏看視殮
埋,王馬氏不依,欲報官,王素太跪求情急,將其
暴露,王積用求以王氏免論,如隱瞞死不足惜,且
係嫡令刑責致斃阻止,王馬氏允從,遂未追究。至今
王素太復邀王全武幫同抬埋,王全武並不查詰,
王積用夫婦一力擔承,與伊無涉,輒允從行幫同
隨擡,擱抬赴村外空地掩埋,旋被該管訪獲,驗
訊詳報,將案犯解省後,加親鞫,據供前情不諱。查
例載加功之人,知而不首,各照本律。又律載:妻因
姦同謀殺死親夫者,凌遲處死。又例載:親屬相姦,婦女之夫
之婦商同謀殺本夫者,姦婦依律問擬,姦夫擬斬立
決,各等語。此案王林氏因與伊胞夫小功服兄王素太

係其起意商同，因王毛太阻攔，遂令王州兒隨惡
已極，應照律問擬。王楊氏除與夫小功堂兄通姦、
及私埋匿屍不報，均合依妻因姦同謀殺死親夫
凌遲處死律，凌遲處死。王毛太之女所從謀殺，年應
按例問擬。王毛太係與小功弟妻通姦、又埋屍不報
罪不止於，合依親屬相姦姦夫也，因姦同謀死本
夫者亦斬立決例，擬斬立決，照例先行刺字。御旨
王楊氏先于妻之姦，應照不應重律杖八十，折責
發落。王積用因其子王剛兒不肯嫁，令王毛太代為
訓責，以致乘機謀命，即將被圍王陵私埋匿報。王
全武聽從抬埋，均屬不應，自俱已痛於應照律議所
各予概以皆釋。查字由隨去去，並無徐民擬議，問斷親完案

光審犯各至竟同這除供招咨部外所有分別定擬緣
由理合專摺具陳並請刑部議定條款著為例案
奏伏乞
皇上聖鑒勅部核覆施行謹
奏道光二十六年九月二十八日奉
硃批刑部速議具奏欽此

上諭　著查明更正陝西鄉試硃墨不符之處林則徐等交部議處

道光二十六年十月初五日内閣奉

上諭林則徐奏鄉試揭曉後查出中式副榜内有硃墨不符據實檢舉請旨更正一摺本年陝西鄉試中式第十名副榜之誠字七十五號與實在取中之成字七十五號紅號錯誤以致硃墨卷不符著該部查明更正監臨官林則徐正考官陳寶禾副考官青麐未能詳細查對均著交部議處提調監試等官著一併查取職名交部議處餘依議欽此

上諭

著照林則徐所請廣西大挑知縣張榮先改就教職歸部銓選

道光二十六年十月初五日内閣奉

上諭林則徐奏病痊知縣呈請改教一摺原摺廣西

大挑知縣張榮先病痊後在籍呈請改教該員係

舉人出身著准其改就教職歸部銓選該部知道

欽此

陝西巡撫林則徐奏摺　**陝西布政使裕康因病出缺唐樹義堪委兼署請旨迅賜簡放**

林則徐　藩司出缺請　簡由

奏○隨

旨交

十月二十二日

陝西巡撫臣林則徐跪

奏為藩司因病出缺，據實由驛奏

聞，理合奏明酌委先行護理，並籲懇

旨迅賜簡放，仰祈

聖鑒事。竊照陝西藩司裕康自臣到陝後，時與接晤，

見其辦事認真，秉公持正，深資得力。八月間偶患

瘧疾，值臣辦理文闈之際，仍赴貢院隨同臣監

臨，稽查一切，並未稍懈。迨經臣武闈御試，又隨同

臣校閱弓場，毫無疲倦。將十月初旬接奉

偶患傷寒，病勢頗沉，該員延醫診治，臣遣人看視，尚稱

在署力疾辦公，當諭安心調理，詎十三日下午忽然

發痰，上壅，醫藥罔效，延至戌刻出缺，查該司

年力正強甫病數日遽爾不起實為可惜伊子
三人俱在京中僅有幼孫隨任身後一切即臣率
同司道妥為照料其藩司印務應即委員署
理現在各屬報解下忙錢糧漸次完竣公務
殊簡查臬司唐樹義本年夏間曾奉
諭旨兼理藩篆一切辦理裕如此次堪以委令兼署除
飭遵照外所遺陝西布政使員缺相應請
旨迅賜簡放以專職守理合恭摺由驛具
奏伏乞
皇上聖鑒謹
奏
道光二十六年十月二十六日奉

依擬。欽此。

十月十四日

圖書在版編目（CIP）數據

清宮林則徐檔案匯編.25/中國第一歷史檔案館　福建省林則徐研究會　編.—福州：海峽文藝出版社，2020.3

ISBN 978-7-5550-2126-1

Ⅰ.①清…　Ⅱ.①中…②福…　Ⅲ.①林則徐（1785~1850）—檔案資料—匯編　Ⅳ.①K827=52

中國版本圖書館CIP數據核字（2019）第265456號

清宮林則徐檔案匯編　25

中國第一歷史檔案館　福建省林則徐研究會　編

責任編輯　陳　婧
美術編輯　劉小岳
出版發行　海峽文藝出版社
經　　銷　福建新華發行(集團)有限責任公司
社　　址　福州市東水路76號14層　**郵編**　350001
發 行 部　0591-87536797
印　　刷　福建新華印刷有限責任公司　**郵編**　350011
廠　　址　福州市福新中路42號
開　　本　889毫米×1194毫米　1/16
字　　數　788千字
印　　張　36
版　　次　2020年3月第1版
印　　次　2020年3月第1次印刷
書　　號　ISBN 978-7-5550-2126-1
定　　價　300.00元